OEUVRES COMPLÈTES

DE M. LE VICOMTE

DE CHATEAUBRIAND.

TOME XII.

DE L'IMPRIMERIE DE CRAPELET,
RUE DE VAUGIRARD, N° 9.

ŒUVRES COMPLÈTES

DE M. LE VICOMTE

DE CHATEAUBRIAND,

MEMBRE DE L'ACADÉMIE FRANÇOISE.

TOME DOUZIÈME.

VOYAGE EN AMÉRIQUE.

PARIS.

POURRAT FRÈRES, ÉDITEURS.

M. DCCC. XXXVI.

AVERTISSEMENT.

DE L'ÉDITION DE 1827.

Je n'ai rien à dire de particulier sur le *Voyage en Amérique* qu'on va lire ; le récit en est tiré, comme le sujet des *Natchez*, du manuscrit original des *Natchez* même : ce Voyage porte en soi son commentaire et son histoire.

Mes différents ouvrages offrent d'assez fréquents souvenirs de ma course en Amérique : j'avois d'abord songé à les recueillir et à les placer sous leur date dans ma narration ; mais j'ai renoncé à ce parti pour éviter un double emploi ; je me suis contenté de rappeler ces passages : j'en ai pourtant cité quelques-uns lorsqu'ils m'ont paru nécessaires à l'intelligence du texte, et qu'ils n'ont pas été trop longs.

Je donne, dans l'*Introduction*, un fragment des *Mémoires de ma vie*, afin de familiariser le lecteur avec le jeune voyageur qu'il doit suivre outre-mer. J'ai corrigé avec soin la partie déjà écrite ; la partie qui relate les faits postérieurs à l'année 1791, et qui nous amène jusqu'à nos jours, est entièrement neuve.

En parlant des républiques espagnoles, j'ai raconté (en tout ce qu'il m'étoit *permis* de raconter) ce que j'aurois désiré faire dans l'intérêt de ces États naissants, lorsque ma position politique me donnoit quelque influence sur les destinées des peuples.

AVERTISSEMENT.

Je n'ai point été assez téméraire pour toucher à ce grand sujet avant de m'être entouré des lumières dont j'avois besoin. Beaucoup de volumes imprimés et de mémoires inédits m'ont servi à composer une douzaine de pages. J'ai consulté des hommes qui ont voyagé et résidé dans les républiques espagnoles : je dois à l'obligeance de M. le chevalier d'Esménard des renseignements précieux sur les emprunts américains.

La préface qui précède le *Voyage en Amérique* est une espèce d'histoire des voyages : elle présente au lecteur le tableau général de la science géographique, et, pour ainsi dire, la *feuille de route* de l'homme sur le globe.

Quant à mes voyages en Italie, il n'y a de connu du public que ma lettre adressée de Rome à M. de Fontanes, et quelques pages sur le Vésuve : les lettres et les notes qu'on trouvera réunies à ces opuscules n'avoient point encore été publiées.

Les *Cinq jours en Auvergne*, morceau inédit, suivent, dans l'ordre chronologique, les Lettres et les Notes sur l'Italie.

Le *Voyage au Mont-Blanc* parut en 1806, peu de mois avant mon départ pour la Grèce.

PRÉFACE [1].

Les voyages sont une des sources de l'histoire : l'histoire des nations étrangères vient se placer, par la narration des voyageurs, auprès de l'histoire particulière de chaque pays.

Les voyages remontent au berceau de la société : les livres de Moïse nous représentent les premières migrations des hommes. C'est dans ces livres que nous voyons le patriarche conduire ses troupeaux aux plaines de Chanaan, l'Arabe errer dans ses solitudes de sable, et le Phénicien explorer les mers.

Moïse fait sortir la seconde famille des hommes des montagnes de l'Arménie ; ce point est central par rapport aux trois grandes races, jaune, noire et blanche : les Indiens, les Nègres et les Celtes ou autres peuples du nord.

Les peuples pasteurs se retrouvent dans Sem, les peuples commerçants dans Cham, les peuples militaires dans Japhet. Moïse peupla l'Europe des descendants de Japhet : les Grecs et les Romains donnent Japetus pour père à l'espèce humaine.

Homère, soit qu'il ait existé un poëte de ce nom, soit que les ouvrages qu'on lui attribue n'offrent qu'un

---

[1] Obligé de resserrer un tableau immense dans le cadre étroit d'une préface, je crois pourtant n'avoir omis rien d'essentiel. Si cependant des lecteurs, curieux de ces sortes de recherches, désiroient en savoir davantage, ils peuvent consulter les savants ouvrages des d'Anville, des Robertson, des Gosselin, des Malte-Brun, des Walkenaer, des Pinkerton, des Rennel, des Cuvier, des Jomard, etc.

recueil des traditions de la Grèce, Homère nous a laissé dans l'*Odyssée* le récit d'un voyage ; il nous transmet aussi les idées que l'on avoit dans cette première antiquité, sur la configuration de la terre : selon ces idées, la terre représentoit un disque environné par le fleuve Océan. Hésiode a la même cosmographie.

Hérodote, le père de l'histoire comme Homère est le père de la poésie, étoit comme Homère un voyageur. Il parcourut le monde connu de son temps. Avec quel charme n'a-t-il pas décrit les mœurs des peuples ? On n'avoit encore que quelques cartes côtières des navigateurs phéniciens et la mappemonde d'Anaximandre corrigée par Hécatée : Strabon cite un itinéraire du monde de ce dernier.

Hérodote ne distingue bien que deux parties de la terre, l'Europe et l'Asie ; la Libye ou l'Afrique ne sembleroit, d'après ses récits, qu'une vaste péninsule de l'Asie. Il donne les routes de quelques caravanes dans l'intérieur de la Libye, et la relation succincte d'un voyage autour de l'Afrique. Un roi d'Égypte, Nécos, fit partir des Phéniciens du golfe Arabique : ces Phéniciens revinrent en Égypte par les colonnes d'Hercule ; ils mirent trois ans à accomplir leur navigation, et ils racontèrent qu'ils avoient vu le soleil à leur droite. Tel est le fait rapporté par Hérodote.

Les anciens eurent donc, comme nous, deux espèces de voyageurs : les uns parcouroient la terre, les autres les mers. A peu près à l'époque où Hérodote écrivoit, le Carthaginois Hannon accomplissoit son *Périple* [1]. Il nous reste quelque chose du recueil fait par Scylax des excursions maritimes de son temps.

Platon nous a laissé le roman de cette Atlantide,

---

[1] Je l'ai donné tout entier dans l'*Essai historique*.

où l'on a voulu retrouver l'Amérique. Eudoxe, compagnon de voyage du philosophe, composa un itinéraire universel, dans lequel il lia la géographie à des observations astronomiques.

Hippocrate visita les peuples de la Scythie : il appliqua les résultats de son expérience au soulagement de l'espèce humaine.

Xénophon tient un rang illustre parmi ces voyageurs armés, qui ont contribué à nous faire connoître la demeure que nous habitons.

Aristote, qui devançoit la marche des lumières, tenoit la terre pour sphérique ; il en évaluoit la circonférence à quatre cent mille stades ; il croyoit, ainsi que Christophe Colomb le crut, que les côtes de l'Hespérie étoient en face de celles de l'Inde. Il avoit une idée vague de l'Angleterre et de l'Irlande, qu'il nomme Albion et Jerne ; les Alpes ne lui étoient point inconnues, mais il les confondoit avec les Pyrénées.

Dicéarque, un de ses disciples, fit une description charmante de la Grèce, dont il nous reste quelques fragments, tandis qu'un autre disciple d'Aristote, Alexandre-le-Grand, alloit porter le nom de cette Grèce jusque sur les rivages de l'Inde. Les conquêtes d'Alexandre opérèrent une révolution dans les sciences comme chez les peuples.

Androstène, Néarque et Onésicritus reconnurent les côtes méridionales de l'Asie. Après la mort du fils de Philippe, Séleucus Nicanor pénétra jusqu'au Gange, Patrocle, un de ses amiraux, navigua sur l'Océan indien. Les rois grecs de l'Égypte ouvrirent un commerce direct avec l'Inde et la Trapobane ; Ptolémée Philadelphe envoya dans l'Inde des géographes et des flottes ; Timosthènes publia une description de tous les ports connus, et Ératosthènes donna des bases mathématiques à un système complet de géographie. Les caravanes pénétroient ainsi dans l'Inde par deux routes : l'une se terminoit à Palibothra en descendant le Gange ; l'autre tournoit les monts Imaüs.

L'astronome Hipparque annonça une grande terre qui devoit joindre l'Inde à l'Afrique : on y verra si l'on veut l'univers de Colomb.

La rivalité de Rome et de Carthage rendit Polybe voyageur, et lui fit visiter les côtes de l'Afrique jusqu'au mont Atlas, afin de mieux connoître le peuple dont il vouloit écrire l'histoire. Eudoxe de Cyrique tenta, sous le règne de Ptolémée Physcon et de Ptolémée Lathure, de faire le tour de l'Afrique par l'ouest ; il chercha aussi une route plus directe pour passer des ports du golfe Arabique aux ports de l'Inde.

Cependant les Romains, en étendant leurs conquêtes vers le nord, levèrent de nouveaux voiles : Pythéas de Marseille avoit déjà touché à ces rivages d'où devoient venir les destructeurs de l'empire des Césars. Pythéas navigua jusque dans les mers de la Scandinavie, fixa la position du cap Sacré et du cap Calbium (Finistère) en Espagne, reconnut l'île Uxisama (Ouessant), celle d'Albion, une des Cassitérides des Carthaginois, et surgit à cette fameuse Thulé dont on a voulu faire l'Islande, mais qui, selon toute apparence, est la côte du Jutland.

Jules César éclaircit la géographie des Gaules, commença la découverte de la Germanie et des côtes de l'île des Bretons : Germanicus porta les aigles romaines aux rives de l'Elbe.

Strabon, sous le règne d'Auguste, renferma dans un corps d'ouvrage les connoissances antérieures des voyageurs, et celles qu'il avoit lui-même acquises. Mais si sa géographie enseigne des choses nouvelles sur quelque partie du globe, elle fait rétrograder la science sur quelques points : Strabon distingue les îles Cassitérides de la Grande-Bretagne, et il a l'air de croire que les premières (qui ne peuvent être dans cette hypothèse que les Sorlingues) produisoient l'étain : or l'étain se tiroit des mines de Cornouailles ; et lorsque le géographe grec écrivoit, il y avoit déjà long-temps que l'étain d'Albion arrivoit au monde romain à travers les Gaules.

Dans la Gaule ou la Celtique, Strabon supprime à peu près la péninsule armoricaine ; il ne connoît point la Baltique, quoiqu'elle passât déjà pour un grand lac salé, le long duquel on trouvoit la *côte de l'Ambre jaune*, la Prusse d'aujourd'hui.

A l'époque où florissoit Strabon, Hippalus fixa la navigation de l'Inde par le golfe Arabique, en expérimentant les vents réguliers que nous appelons *moussons* : un de ces vents, le vent du sud-ouest, celui qui conduisoit dans l'Inde, prit le nom d'*Hippale*. Des flottes romaines partoient régulièrement du port de Bérénice vers le milieu de l'été, arrivoient en trente jours au port d'Océlis ou à celui de Cané dans l'Arabie, et de là en quarante jours à Muziris, premier entrepôt de l'Inde. Le retour, en hiver, s'accomplissoit dans le même espace de temps ; de sorte que les anciens ne mettoient pas cinq mois pour aller aux Indes, et pour en revenir. Pline et le Périple de la mer Érythréenne (dans les petits géographes) fournissent ces détails curieux.

Après Strabon, Denis le Périégète, Pomponius Mela, Isidore de Charax, Tacite et Pline ajoutent aux connoissances déjà acquises sur les nations. Pline surtout est précieux par le nombre des voyages et des relations qu'il cite. En le lisant nous voyons que nous avons perdu une description complète de l'empire romain faite par ordre d'Agrippa, gendre d'Auguste; que nous avons perdu également des Commentaires sur l'Afrique par le roi Juba, commentaires extraits des livres carthaginois; que nous avons perdu une relation des îles Fortunées par Statius Sebosus, des Mémoires sur l'Inde par Sénèque, un Périple de l'historien Polybe, trésors à jamais regrettables. Pline sait quelque chose du Thibet; il fixe le point oriental du monde à l'embouchure du Gange; au nord, il entrevoit les Orcades; il connoît la Scandinavie, et donne le nom de *golfe Codan* à la mer Baltique.

Les anciens avoient à la fois des cartes routières et des espèces de livres de poste : Végès distingue les premières par le nom de *picta,* et les seconds par celui d'*annotata.* Trois de ces itinéraires nous restent : l'*Itinéraire d'Antonin*, l'*Itinéraire de Bordeaux à Jérusalem*, et *la Table de Peutinger*. Le haut de cette table, qui commençoit à l'ouest, a été déchiré; la Péninsule espagnole manque, ainsi que l'Afrique occidentale; mais la table s'étend à l'est jusqu'à l'embouchure du Gange, et marque des routes dans l'intérieur de l'Inde. Cette carte a vingt et un pieds de long, sur un pied de large; c'est une zone ou un grand chemin du monde antique.

Voilà à quoi se réduisoient les travaux et les connoissances des voyageurs et des géographes avant l'apparition de l'ouvrage de Ptolémée. Le monde d'Homère étoit une île parfaitement ronde, entourée, comme nous l'avons dit, du fleuve Océan. Hérodote fit de ce monde une plaine sans limites précises, Eudoxe de Gnide le transforma en un globe d'à peu près treize mille stades de diamètre; Hipparque et Strabon lui donnèrent deux cent cinquante deux mille stades de circonférence, de huit cent trente-trois stades au degré. Sur ce globe on traçoit un carré, dont le long côté couroit d'occident en orient; ce carré étoit divisé par deux lignes, qui se coupoient à angle droit : l'une, appelée le *diaphragme*, marquoit de l'ouest à l'est la longueur ou la *longitude* de la terre; elle avoit soixante-dix-sept mille huit cents stades; l'autre, d'une moitié plus courte, indiquoit du nord au sud la largeur ou la *latitude* de cette terre; les supputations commencent au méridien d'Alexandrie. Par cette géographie, qui faisoit la terre beaucoup plus longue que large, on voit d'où nous sont venues ces expressions impropres de *longitude* et de *latitude*.

Dans cette carte du monde habité se plaçoient l'Europe, l'Asie et l'Afrique : l'Afrique et l'Asie se joignoient aux régions australes, ou étoient séparées par une mer qui raccourcissoit extrêmement l'Afrique. Au nord les continents se terminoient à l'embouchure de l'Elbe, au sud vers les bords du Niger, à l'ouest au cap Sacré en Espagne, et à l'est aux bouches du Gange; sous l'équateur une zone torride, sous les pôles une zone glacée, étoient réputées inhabitables.

Il est curieux de remarquer que presque tous ces peuples appelés *Barbares*, qui firent la conquête de l'empire romain, et d'où sont sorties les nations modernes, habitoient au-delà des limites du monde connu de Pline et de Strabon, dans des pays dont on ne soupçonnoit pas même l'existence.

Ptolémée, qui tomba néanmoins dans de graves erreurs, donna des bases mathématiques à la position des lieux. On voit paroître dans son travail un assez grand nombre de nations sarmates. Il indique bien le Volga, et redescend jusqu'à la Vistule.

En Afrique il confirme l'existence du Niger, et peut-être nomme-t-il Tombouctou dans Tucabath : il cite aussi un grand fleuve qu'il appelle *Gyr*.

En Asie, son pays des Sines n'est point la Chine, mais probablement le royaume de Siam. Ptolémée suppose que la terre d'Asie, se prolongeant vers le midi, se joint à une terre inconnue, laquelle terre se réunit par l'ouest à l'Afrique. Dans la Sérique de ce géographe il faut voir le Thibet, lequel fournit à Rome la première grosse soie.

Avec Ptolémée finit l'histoire des voyages des anciens, et Pausanias nous fait voir le dernier cette Grèce antique, dont le génie s'est noblement réveillé de nos jours à la voix de la civilisation nouvelle. Les nations barbares paroissent; l'empire romain s'écroule; de la race des Goths, des Francs, des Huns, des Slaves, sortent un autre monde et d'autres voyageurs.

Ces peuples étoient eux-mêmes de grandes caravanes armées, qui, des rochers de la Scandinavie et des frontières de la Chine, marchoient à la découverte de l'empire romain. Ils venoient apprendre à ces prétendus maîtres du monde qu'il y avoit d'autres hommes que les esclaves soumis au joug des Tibère et des Néron; ils venoient enseigner leur pays aux géographes du Tibre : il fallut bien placer ces nations sur la carte; il fallut bien croire à l'existence des Goths et des Vandales quand Alaric et Genseric eurent écrit leurs noms sur les murs du Capitole. Je ne prétends point raconter ici les migrations et les établissements des Barbares; je chercherai seulement, dans les débris qu'ils entassèrent, les anneaux de la chaîne qui lie les voyageurs anciens aux voyageurs modernes.

Un déplacement notable s'opéra dans les investigations géographiques par le déplacement des peuples. Ce que les anciens nous font le mieux connoître, c'est le pays qu'ils habitoient; au-delà des frontières de l'empire romain tout est pour eux déserts et ténèbres. Après l'invasion des Barbares nous ne savons presque plus rien de la Grèce et de l'Italie, mais nous commençons à pénétrer les contrées qui enfantèrent les destructeurs de l'ancienne civilisation.

Trois sources reproduisirent les voyages parmi les peuples établis sur les ruines du monde romain : le zèle de la religion, l'ardeur des conquêtes, l'esprit d'aventures et d'entreprises, mêlé à l'avidité du commerce.

Le zèle de la religion conduisit les premiers comme les derniers missionnaires dans les pays les plus lointains. Avant le quatrième siècle, et, pour ainsi dire, du temps des Apôtres, qui furent eux-mêmes des pèlerins, les prêtres du vrai Dieu portoient de toutes parts le flambeau de la foi. Tandis que le sang des martyrs couloit dans les amphithéâtres, des ministres de paix préchoient la miséricorde aux vengeurs du sang chrétien : les conquérants étoient déjà en partie conquis par l'Évangile lorsqu'ils arrivèrent sous les murs de Rome.

Les ouvrages des Pères de l'Église mentionnent une foule de pieux voyageurs. C'est une mine que l'on n'a pas assez fouillée, et qui, sous le seul rapport de la géographie et de l'histoire des peuples, renferme des trésors.

Un moine égyptien, dès le cinquième siècle de notre ère, parcourut l'Éthiopie et composa une topographie du monde chrétien : un Arménien, du nom de Chorenenzis, écrivit un ouvrage géographique. L'historien des Goths, Jornandès, évêque de Ravennes, dans son histoire et dans son livre *De Origine mundi*, consigne, au sixième siècle, des faits importants sur les pays du nord et de l'est de l'Europe. Le diacre Varnefrid publia une histoire des Lombards; un autre Goth, l'Anonyme de Ravennes, donna, un siècle plus tard, la description générale du monde. L'apôtre de l'Allemagne, saint Boniface, envoyoit au pape des espèces de mémoires sur les peuples de l'Esclavonie. Les Polonois paroissent pour la première fois sous le règne d'Othon II, dans les huit livres de la précieuse Chronique de Ditmar. Saint Otton, évêque de Bemberg, sur l'invitation d'un ermite espagnol appelé *Bernard*, prêche la foi en parcourant la Prusse. Otton vit la Baltique, et fut étonné de la grandeur de cette mer. Nous avons malheureusement perdu le journal du voyage que fit, sous Louis-le-Débonnaire, en Suède et en Danemark, Anscaire, moine de Corbie; à moins toutefois que ce journal, qui fut envoyé à Rome en 1260, n'existe dans la bibliothèque du Vatican. Adam de Brême a puisé dans cet ouvrage une partie de sa propre relation des royaumes du Nord; il mentionne de plus la Russie, dont Kiow étoit la capitale, bien que, dans les Sagas, l'empire russe soit nommé *Gardavike*, et que Holmgard, aujourd'hui Novogorod, soit désigné comme la principale cité de cet empire naissant.

Giraud Barry, Dicuil, retracent, l'un le tableau de la principauté de Galles et de l'Irlande sous le règne de Henri II; l'autre retourne à l'examen des mesures de l'empire romain sous Théodose.

Nous avons des cartes du moyen âge: un tableau topographique de toutes les provinces du Danemark, vers l'an 1231, sept cartes du royaume d'Angleterre et des îles voisines, dans le douzième siècle, et le fameux livre connu sous le nom de *Doomsdaybook*, entrepris par ordre de Guillaume-le-Conquérant. On

PRÉFACE.

trouve dans cette statistique le cadastre des terres cultivées, habitées, ou désertes de l'Angleterre, le nombre des habitants libres ou serfs, et jusqu'à celui des troupeaux et des ruches d'abeilles. Sur ces cartes sont grossièrement dessinées les villes et les abbayes : si d'un côté ces dessins nuisent aux détails géographiques, d'un autre côté ils donnent une idée des arts de ce temps.

Les pèlerinages à la Terre-Sainte forment une partie considérable des monuments graphiques du moyen âge. Ils eurent lieu dès le quatrième siècle, puisque saint Jérôme assure qu'il venoit à Jérusalem des pèlerins de l'Inde, de l'Éthiopie, de la Bretagne et de l'Hibernie; il paroît même que l'*Itinéraire de Bordeaux à Jérusalem* avoit été composé, vers l'an 333, pour l'usage des pèlerins des Gaules.

Les premières années du sixième siècle nous fournissent l'*Itinéraire* d'Antonin de Plaisance. Après Antonin vient, dans le septième siècle, saint Arculfe, dont Adamannus écrivit la relation; au huitième siècle nous avons deux voyages à Jérusalem de saint Guilbaud, et une relation des lieux saints par le vénérable Bède; au neuvième siècle, Bernard Lemoine; aux dixième et onzième siècles, Olderic, évêque d'Orléans, le Grec Eugisippe, et enfin Pierre l'Ermite.

Alors commencent les croisades : Jérusalem demeure entre les mains des princes françois pendant quatre-vingt-huit ans. Après la reprise de Jérusalem par Saladin, les fidèles continuèrent à visiter la Palestine, et depuis Focas, dans le treizième siècle, jusqu'à Pococke, dans le dix-huitième, les pèlerinages se succèdent sans interruption [1].

---

[1] Voyez le second Mémoire de mon Introduction à l'*Itinéraire*.

Avec les croisades on vit renaître ces historiens voyageurs dont l'antiquité avoit offert les modèles. Raymond d'Agiles, chanoine de la cathédrale du Puy en Velay, accompagna le célèbre évêque Adhémar à la première croisade : devenu chapelain du comte de Toulouse, il écrivit avec Pons de Balazun, brave chevalier, tout ce dont il fut témoin sur la route et à la prise de Jérusalem. Raoul de Caen, loyal serviteur de Tancrède, nous peint la vie de ce chevalier : Robert Lemoine se trouva au siége de Jérusalem.

Soixante ans plus tard, Foulcher de Chartres et Odon de Deuil allèrent aussi en Palestine; le premier avec Baudouin, roi de Jérusalem, le second avec Louis VII, roi de France. Jacques de Vitry devint évêque de Saint-Jean-d'Acre.

Guillaume de Tyr, qui s'éleva vers la fin du royaume de Jérusalem, passa sa vie sur les chemins de l'Europe et de l'Asie. Plusieurs historiens de nos vieilles chroniques furent ou des moines et des prélats errants, comme Raoul, Glaber et Flodoard, ou des guerriers, tels que Nithard, petit-fils de Charlemagne, Guillaume de Poitiers, Ville-Hardouin, Joinville, et tant d'autres qui racontent leurs expéditions lointaines. Pierre Devaulx Cernay étoit une espèce d'ermite dans les effroyables camps de Simon de Montfort.

Une fois arrivé aux chroniques en langue vulgaire, on doit surtout remarquer Froissard, qui n'écrivit, à proprement parler, que ses voyages : c'étoit en chevauchant qu'il traçoit son histoire. Il passoit de la cour du roi d'Angleterre à celle du roi de France, et de celle-ci à la petite cour chevaleresque des comtes de Foix. « Quand j'eus séjourné en la cité de Paumiers « trois jours, me vint d'aventure un chevalier du comte « de Foix qui revenoit d'Avignon, lequel on appeloit

« messire Espaing du Lyon, vaillant homme et sage et
« beau chevalier, et pouvoit alors être en âge de cin-
« quante ans. Je me mis en sa compagnie et fûmes six
« jours sur le chemin. En chevauchant, lédit chevalier
« (puisqu'il avoit dit au matin ses oraisons) se devisoit
« le plus du jour à moi, en demandant des nouvelles :
« aussi quand je lui en demandois, il m'en répon-
« doit, etc. » On voit Froissard arriver dans de grands
hôtels, dîner à peu près aux heures où nous dînons,
aller au bain, etc. L'examen des voyages de cette époque me porte à croire que la civilisation domestique
du quatorzième siècle étoit infiniment plus avancée que
nous ne nous l'imaginons.

En retournant sur nos pas, au moment de l'invasion
de l'Europe civilisée par les peuples du nord, nous
trouvons les voyageurs et les géographes arabes qui
signalent dans les mers des Indes des rivages inconnus
des anciens : leurs découvertes furent aussi fort importantes en Afrique. Massudi, Ibn-Haukal, Al-Edrisi,
Ibn-Alouardi, Hamdoullah, Abulféda, El-Bakoui, donnent des descriptions très étendues de leur propre
patrie et des contrées soumises aux armes des Arabes.
Ils voyoient au nord de l'Asie un pays affreux, qu'entouroit une muraille énorme, et un château de Gog et
de Magog. Vers l'an 715, sous le calife Walid, les
Arabes connurent la Chine, où ils envoyèrent par terre
des marchands et des ambassadeurs : ils y pénétrèrent
aussi par mer dans le neuvième siècle : Wahab et Abu-
zaïd abordèrent à Canton. Dès l'an 850, les Arabes
avoient un agent commercial dans la province de ce
nom ; ils commerçoient avec quelques villes de l'intérieur, et, chose singulière! ils y trouvèrent des com-
munautés chrétiennes.

Les Arabes donnoient à la Chine plusieurs noms :

le Cathai comprenoit les provinces du nord, le Tchin ou le Sin les provinces du midi. Introduits dans l'Inde, sous la protection de leurs armes, les disciples de Mahomet parlent dans leurs récits des belles vallées de Cachemire aussi pertinemment que des voluptueuses vallées de Grenade. Ils avoient jeté des colonies dans plusieurs îles de la mer de l'Inde, telles que Madagascar et les Moluques, où les Portugais les trouvèrent, après avoir doublé le cap de Bonne-Espérance.

Tandis que les marchands militaires de l'Asie faisoient, à l'orient et au midi, des découvertes inconnues à l'Europe subjuguée par les Barbares, ceux de ces Barbares restés dans leur première patrie, les Suédois, les Norwégiens, les Danois, commençoient au nord et à l'ouest d'autres découvertes également ignorées de l'Europe franque et germanique. Other le Norwégien s'avançoit jusqu'à la mer Blanche, et Wulfstan le Danois décrivoit la mer Baltique, qu'Éginard avoit déjà décrite, et que les Scandinaves appeloient *le Lac salé de l'Est*. Wulfstan raconte que les Estiens ou peuples qui habitoient à l'orient de la Vistule, buvoient le lait de leurs juments comme les Tartares, et qu'ils laissoient leur héritage aux meilleurs cavaliers de leur tribu.

Le roi Alfred nous a conservé l'Abrégé de ces relations. C'est lui qui le premier a divisé la Scandinavie en provinces ou royaumes tels que nous les connoissons aujourd'hui. Dans les langues gothiques, la Scandinavie portoit le nom de *Mannaheim*, ce qui signifie *pays des hommes,* et ce que le latin du sixième siècle a traduit énergiquement par l'équivalent de ces mots : *fabrique du genre humain.*

Les pirates normands établirent en Irlande les colonies de Dublin, d'Ulster et de Connaught; ils explorèrent et soumirent les îles de Shetland, les Orcades et les Hébrides : ils arrivèrent aux îles Feroer, à l'Islande, devenue les archives de l'histoire du nord, au Groënland qui fut habité alors et habitable, et enfin peut-être à l'Amérique. Nous parlerons plus tard de cette découverte, ainsi que du voyage et de la carte des deux frères Zeni.

Mais l'empire des califes s'étoit écroulé; de ses débris s'étoient formées plusieurs monarchies : le royaume des Aglabites et ensuite des Fatimites en Égypte, les despotats d'Alger, de Fez, de Tripoli, de Maroc, sur les côtes d'Afrique. Les Turcomans, convertis à l'islamisme, soumirent l'Asie occidentale depuis la Syrie jusqu'au Mont-Casbhar. La puissance ottomane passa en Europe, effaça les dernières traces du nom romain, et poussa ses conquêtes jusqu'au-delà du Danube.

Gengis-Kan paroît, l'Asie est bouleversée et subjuguée de nouveau. Oktaï-Kan détruit le royaume des Cumanes et des Nioutchis; Mangu s'empare du califat de Bagdad; Kublaï-Kan envahit la Chine et une partie de l'Inde. De cet empire Mongol, qui réunissoit sous un même joug l'Asie presque entière, naissent tous les kanats que les Européens rencontrèrent dans l'Inde.

Les princes européens, effrayés de ces Tartares qui avoient étendu leurs ravages jusque dans la Pologne, la Silésie et la Hongrie, cherchèrent à connoître les lieux d'où partoit ce prodigieux mouvement : les papes et les rois envoyèrent des ambassadeurs à ces nouveaux fléaux de Dieu. Ascelin, Carpin, Rubruquis, pénétrèrent dans le pays des Mongols. Rubruquis trouva que Caracorum, ville capitale de ce kan maître de l'Asie, avoit à peu près l'étendue du village de Saint-Denis : elle étoit environnée d'un mur de terre; on y voyoit deux mosquées et une église chrétienne.

Il y eut des Itinéraires de la Grande-Tartarie à l'usage des missionnaires : André Lusimel prêcha le christianisme aux Mongols ; Ricold de Monte-Crucis pénétra aussi dans la Tartarie.

Le Rabbin Benjamin de Tudèle a laissé une relation de ce qu'il a vu ou de ce qu'il a entendu dire sur les trois parties du monde (1160).

Enfin Marc-Paul, noble vénitien, ne cessa de parcourir l'Asie pendant près de vingt-six années. Il fut le premier Européen qui pénétra dans la Chine, dans l'Inde au-delà du Gange, et dans quelques îles de l'océan Indien (1271-95). Son ouvrage devint le manuel de tous les marchands en Asie, et de tous les géographes en Europe.

Marc-Paul cite Pékin et Nankin ; il nomme encore une ville de Quinsaï, la plus grande du monde : on comptoit douze mille ponts sur les canaux dont elle étoit traversée ; on y consommoit par jour quatre-vingt-quatorze quintaux de poivre. Le voyageur vénitien fait mention dans ses récits de la porcelaine ; mais il ne parle point du thé : c'est lui qui nous a fait connoître le Bengale, le Japon, l'île de Bornéo, et la mer de la Chine, où il compte sept mille quatre cent quarante îles, riches en épiceries.

Ces princes tartares ou mongols, qui dominèrent l'Asie et passèrent dans quelques provinces de l'Europe, ne furent pas des princes sans mérite ; ils ne sacrifioient ni ne réduisoient leurs prisonniers en esclavage. Leurs camps se remplirent d'ouvriers européens, de missionnaires, de voyageurs qui occupèrent même sous leur domination des emplois considérables. On pénétroit avec plus de facilité dans leur empire que dans ces contrées féodales où un abbé de Clugny tenoit les environs de Paris pour une contrée si lointaine et si peu connue, qu'il n'osoit s'y rendre.

Après Marc-Paul, vinrent Pegoletti, Oderic, Mandeville, Clavijo, Josaphat, Barbaro : ils achevèrent de décrire l'Asie. Alors on alloit souvent par terre à Pékin ; les frais du voyage s'élevoient de 300 à 350 ducats. Il y avoit un papier-monnoie en Chine ; on le nommoit *babisci* ou *balis*.

Les Génois et les Vénitiers firent le commerce de l'Inde et de la Chine en caravanes par deux routes différentes : Pegoletti marque dans le plus grand détail les stations d'une des routes (1353). En 1312, on rencontre à Pékin un évêque appelé *Jean de Monte Corvino*.

Cependant le temps marchoit : la civilisation faisoit des progrès rapides : des découvertes dues au hasard ou au génie de l'homme séparoient à jamais les siècles modernes des siècles antiques, et marquoient d'un sceau nouveau les générations nouvelles. La boussole, la poudre à canon, l'imprimerie, étoient trouvées pour guider le navigateur, le défendre, et conserver le souvenir de ses périlleuses expéditions.

Les Grecs et les Romains avoient été nourris aux bords de cette étendue d'eau intérieure qui ressemble plutôt à un grand lac qu'à un océan : l'empire ayant passé aux Barbares, le centre de la puissance politique se trouva placé principalement en Espagne, en France et en Angleterre, dans le voisinage de cette mer Atlantique qui baignoit, vers l'occident, des rivages inconnus. Il fallut donc s'habituer à braver les longues nuits et les tempêtes, à compter pour rien les saisons, à sortir du port dans les jours de l'hiver comme dans les jours de l'été, à bâtir des vaisseaux dont la force fût en proportion de celle du nouveau Neptune contre lequel ils avoient à lutter.

Nous avons déjà dit un mot des entreprises hardies

de ces pirates du nord, qui, selon l'expression d'un panégyriste, sembloient avoir vu le fond de l'abîme à découvert : d'une autre part les républiques formées en Italie des ruines de Rome, du débris des royaumes des Goths, des Vandales et des Lombards, avoient continué et perfectionné l'ancienne navigation de la Méditerranée. Les flottes vénitiennes et génoises avoient porté les Croisés en Égypte, en Palestine, à Constantinople, dans la Grèce; elles étoient allées chercher à Alexandrie et dans la mer Noire les riches productions de l'Inde.

Enfin les Portugais poursuivoient en Afrique les Maures déjà chassés des rives du Tage; il falloit des vaisseaux pour suivre et nourrir, le long des côtes, les combattants. Le cap Nunez arrêta long-temps les pilotes; Jilianez le doubla en 1433; l'île de Madère fut découverte ou plutôt retrouvée; les Açores émergèrent du sein des flots; et comme on étoit toujours persuadé, d'après Ptolémée, que l'Asie s'approchoit de l'Afrique, on prit les Açores pour les îles qui, selon Marc-Paul, bordoient l'Asie dans la mer des Indes. On a prétendu qu'une statue équestre, montrant l'occident du doigt, s'élevoit sur le rivage de l'île de Corvo; des monnoies phéniciennes ont été aussi rapportées de cette île.

Du cap Nunez les Portugais surgirent au Sénégal; ils longèrent successivement les îles du Cap-Vert, la côte de Guinée, le cap Mesurado au midi de Sierra-Leone, le Bénin et le Congo. Barthélemi Diaz atteignit en 1486 le fameux cap des Tourmentes, qu'on appela bientôt d'un nom plus propice.

Ainsi fut reconnue cette extrémité méridionale de l'Afrique, qui, d'après les géographes grecs et romains, devoit se réunir à l'Asie. Là s'ouvroient les régions mystérieuses où l'on n'étoit entré jusqu'alors que par cette mer des prodiges qui vit Dieu et s'enfuit : *Mare vidit et fugit.*

« Un spectre immense, épouvantable, s'élève devant
« nous : son attitude est menaçante, son air farouche,
« son teint pâle, sa barbe épaisse et fangeuse; sa che-
« velure est chargée de terre et de gravier, ses lèvres
« sont noires, ses dents livides; sous d'épais sourcils,
« ses yeux roulent étincelants..............

« Il parle : sa voix formidable semble sortir des
« gouffres de Neptune.................

« Je suis le génie des tempêtes, dit-il; j'anime ce
« vaste promontoire que les Ptolémée, les Strabon, les
« Pline et les Pomponius, qu'aucun de vos savants n'a
« connu. Je termine ici la terre africaine, à cette cime
« qui regarde le pôle antarctique, et qui, jusqu'à ce
« jour, voilée aux yeux des mortels, s'indigne en ce
« moment de votre audace................

« De ma chair desséchée, de mes os convertis en ro-
« chers, les dieux, les inflexibles dieux ont formé le
« vaste promontoire qui domine ces vastes ondes. . . .

« A ces mots, il laissa tomber un torrent de larmes et
« disparut. Avec lui s'évanouit la nuée ténébreuse, et
« la mer sembla pousser un long gémissement [1]. »

Vasco de Gama, achevant une navigation d'éternelle mémoire, aborda, en 1498, à Calicut, sur la côte de Malabar.

Tout change alors sur le globe; le monde des anciens est détruit. La mer des Indes n'est plus une mer intérieure, un bassin entouré par les côtes de l'Asie et de l'Afrique; c'est un océan qui d'un côté se joint à l'Atlantique, de l'autre aux mers de la Chine et à une mer

---

[1] *Les Lusiades.*

de l'Est, plus vaste encore. Cent royaumes civilisés, arabes ou indiens, mahométans ou idolâtres, des îles embaumées d'aromates précieux, sont révélés aux peuples de l'Occident. Une nature toute nouvelle apparoît; le rideau qui, depuis des milliers de siècles, cachoit une partie du monde, se lève : on découvre la patrie du soleil, le lieu d'où il sort chaque matin pour dispenser la lumière; on voit à nu ce sage et brillant Orient dont l'histoire se mêloit pour nous aux voyages de Pythagore, aux conquêtes d'Alexandre, aux souvenirs des Croisades, et dont les parfums nous arrivoient à travers les champs de l'Arabie et les mers de la Grèce. L'Europe lui envoya un poëte pour le saluer, le chanter et le peindre; noble ambassadeur de qui le génie et la fortune sembloient avoir une sympathie secrète avec les régions et les destinées des peuples de l'Inde! Le poëte du Tage fit entendre sa triste et belle voix sur les rivages du Gange; il leur emprunta leur éclat, leur renommée et leurs malheurs : il ne leur laissa que leurs richesses.

Et c'est un petit peuple, enfermé dans un cercle de montagnes à l'extrémité occidentale de l'Europe, qui se fraya le chemin à la partie la plus pompeuse de la demeure de l'homme.

Et c'est un autre peuple de cette même péninsule, un peuple non encore arrivé à la grandeur dont il est déchu; c'est un pauvre pilote génois, long-temps repoussé de toutes les cours, qui découvrit un nouvel univers aux portes du Couchant, au moment où les Portugais abordoient les champs de l'Aurore.

Les anciens ont-ils connu l'Amérique?

Homère plaçoit l'Élysée dans la mer occidentale, au-delà des ténèbres Cimmériennes : étoit-ce la terre de Colomb?

La tradition des Hespérides et ensuite des *Iles Fortunées*, succéda à celle de l'Élysée. Les Romains virent les îles Fortunées dans les Canaries, mais ne détruisirent point la croyance populaire de l'existence d'une terre plus reculée à l'occident.

Tout le monde a entendu parler de l'Atlantide de Platon : ce devoit être un continent plus grand que l'Asie et l'Afrique réunies, lequel étoit situé dans l'Océan occidental en face du détroit de Gades; position juste de l'Amérique. Quant aux villes florissantes, aux dix royaumes gouvernés par des rois fils de Neptune, etc., l'imagination de Platon a pu ajouter ces détails aux traditions égyptiennes. L'Atlantide fut, dit-on, engloutie dans un jour et une nuit au fond des eaux. C'étoit se débarrasser à la fois du récit des navigateurs phéniciens et des romans du philosophe grec.

Aristote parle d'une île si pleine de charmes, que le sénat de Carthage défendit à ses marins d'en fréquenter les parages sous peine de mort. Diodore nous fait l'histoire d'une île considérable et éloignée, où les Carthaginois étoient résolus de transporter le siége de leur empire, s'ils éprouvoient en Afrique quelque malheur.

Qu'est-ce que cette Panchœa d'Evhémère, niée par Strabon et Plutarque, décrite par Diodore et Pomponius Mela, grande île située dans l'Océan au sud de l'Arabie, île enchantée où le phénix bâtissoit son nid sur l'autel du soleil?

Selon Ptolémée, les extrémités de l'Asie se réunissoient à une *terre inconnue* qui joignoit l'Afrique par l'occident.

Presque tous les monuments géographiques de l'antiquité indiquent un continent austral : je ne puis être de l'avis des savans qui ne voient dans ce continent qu'un contre-poids systématique imaginé pour balancer les terres boréales : ce continent étoit sans doute fort propre à remplir sur les cartes des espaces vides; mais il est aussi très possible qu'il y fût dessiné comme le souvenir d'une tradition confuse : son gisement au sud de la rose des vents, plutôt qu'à l'ouest, ne seroit qu'une erreur insignifiante parmi les énormes transpositions des géographies de l'antiquité.

Restent pour derniers indices les statues et les médailles phéniciennes des Açores, si toutefois les statues ne sont pas ces ornements de gravure appliqués aux anciens postulans de cet archipel.

Depuis la chute de l'empire romain et la reconstruction de la société par les Barbares, des vaisseaux ont-ils touché aux côtes de l'Amérique avant ceux de Christophe Colomb ?

Il paroît indubitable que les rudes explorateurs des ports de la Norwége et de la Baltique rencontrèrent l'Amérique septentrionale dans la première année du onzième siècle. Ils avoient découvert les îles Feroer vers l'an 861, l'Islande de 860 à 872, le Groënland en 982, et peut-être cinquante ans plus tôt. En 1001, un Islandois appelé *Biorn*, passant au Groënland, fut chassé par une tempête au sud-ouest, et tomba sur une terre basse toute couverte de bois. Revenu au Groënland, il raconte son aventure. Leif, fils d'Éric Rauda, fondateur de la colonie norwégienne du Groënland, s'embarque avec Biorn; ils cherchent et retrouvent la côte vue par celui-ci : ils appellent *Helleland* une île rocailleuse, et *Marcland* un rivage sablonneux. Entraînés sur une seconde côte, ils remontent une rivière, et hivernent sur le bord d'un lac. Dans ce lieu, au jour le plus court de l'année, le soleil reste huit heures sur l'horizon. Un marinier allemand, employé par les deux chefs, leur montre quelques vignes sauvages : Biorn et

PRÉFACE.

Leif laissent en partant à cette terre le nom de *Vinland*.

Dès lors le Vinland est fréquenté des Groënlandois : ils y font le commerce des pelleteries avec les Sauvages. L'évêque Éric, en 1121, se rend du Groënland au Vinland pour prêcher l'Évangile aux naturels du pays.

Il n'est guère possible de méconnoître à ces détails quelque terre de l'Amérique du nord vers les 49 degrés de latitude, puisqu'au jour le plus court de l'année, noté par les voyageurs, le soleil resta huit heures sur l'horizon. Au 49e degré de latitude on tomberoit à peu près à l'embouchure du Saint-Laurent. Ce 49e degré vous porte aussi sur la partie septentrionale de l'île de Terre-Neuve. Là coulent de petites rivières qui communiquent à des lacs fort multipliés dans l'intérieur de l'île.

On ne sait pas autre chose de Leif, de Biorn et d'Éric. La plus ancienne autorité pour les faits à eux relatifs est le recueil des Annales de l'Islande par Hauk, qui écrivoit en 1300, conséquemment trois cents ans après la découverte vraie ou supposée du Vinland.

Les frères Zeni, Vénitiens, entrés au service d'un chef des îles Feroer et Shetland, sont censés avoir visité de nouveau, vers l'an 1380, le Vinland des anciens Groënlandois : il existe une carte et un récit de leur voyage. La carte présente au midi de l'Islande et au nord-est de l'Écosse, entre le 61e et le 65e degré de latitude nord, une île appelée *Frislande* : à l'ouest de cette île et au sud du Groënland, à une distance d'à peu près quatre cents lieues, cette carte indique deux côtés sous le nom d'*Estotiland* et de *Droceo*. Des pêcheurs de Frislande jetés, dit le récit, sur l'Estotiland, y trouvèrent une ville bien bâtie et fort peuplée ; il y avoit dans cette ville un roi et un interprète qui parloit latin.

Les Frislandois naufragés furent envoyés par le roi d'Estotiland vers un pays situé au midi, lequel pays étoit nommé *Droceo :* des anthropophages les dévorèrent, un seul excepté. Celui-ci revint à Estotiland après avoir été long-temps esclave dans le Droceo, contrée qu'il représente comme étant d'une immense étendue, comme un *nouveau monde*.

Il faudroit voir dans l'Estotiland l'ancien Vinland des Norwégiens : ce Vinland seroit Terre-Neuve ; la ville d'Estotiland offriroit le reste de la colonie norwégienne, et la contrée de Droceo ou Drogeo deviendroit la Nouvelle-Angleterre.

Il est certain que le Groënland a été découvert dès le milieu du dixième siècle ; il est certain que la pointe méridionale du Groënland est fort rapprochée de la côte du Labrador ; il est certain que les Esquimaux, placés entre les peuples de l'Europe et ceux de l'Amérique, paroissent tenir davantage des premiers que des seconds ; il est certain qu'ils auroient pu montrer aux premiers Norwégiens établis au Groënland la route du nouveau continent ; mais enfin trop de fables et d'incertitudes se mêlent aux aventures des Norwégiens et des frères Zeni pour qu'on puisse ravir à Colomb la gloire d'avoir abordé le premier aux terres américaines.

La carte de navigation des deux Zeni et la relation de leur voyage, exécuté en 1380, ne furent publiées qu'en 1558 par un descendant de Nicolo Zeno ; or, en 1558 les prodiges de Colomb avoient éclaté : des jalousies nationales pouvoient porter quelques hommes à revendiquer un honneur qui certes étoit digne d'envie ; les Vénitiens réclamoient Estotiland pour Venise, comme les Norwégiens Vinland pour Bergen.

Plusieurs cartes du quatorzième et du quinzième siècle présentent des découvertes faites ou à faire dans la grande mer, au sud-ouest et à l'ouest de l'Europe. Selon les historiens génois, Doria et Vivaldi mirent à la voile dans le dessein de se rendre aux Indes par l'occident, et ils ne revinrent plus. L'île de Madère se rencontre sur un portulan espagnol de 1384, sous le nom d'*isola di Leguame*. Les îles Açores paroissent aussi dès l'an 1380. Enfin une carte tracée en 1436 par André Bianco, Vénitien, dessine à l'occident des îles Canaries une terre d'Antilla, et au nord de ces Antilles une autre île appelée *isola de la Man Satanaxio*.

On a voulu faire de ces îles les Antilles et Terre-Neuve ; mais l'on sait que Marc-Paul prolongeoit l'Asie au sud-est, et plaçoit devant elle un archipel qui, s'approchant de notre continent par l'ouest, devoit se trouver pour nous à peu près dans la position de l'Amérique. C'est en cherchant ces Antilles indiennes, ces Indes occidentales, que Colomb découvrit l'Amérique : une prodigieuse erreur enfanta une miraculeuse vérité.

Les Arabes ont eu quelque prétention à la découverte de l'Amérique : les frères Almagurins, de Lisbonne, pénétrèrent, dit-on, aux terres les plus reculées de l'occident. Un manuscrit arabe raconte une tentative infructueuse dans ces régions où tout étoit ciel et eau.

Ne disputons point à un grand homme l'œuvre de son génie. Qui pourroit dire ce que sentit Christophe Colomb, lorsque, ayant franchi l'Atlantique, lorsque, au milieu d'un équipage révolté, lorsque, prêt à retourner en Europe sans avoir atteint le but de son voyage, il aperçut une petite lumière sur une terre inconnue que la nuit lui cachoit ! Le vol des oiseaux l'avoit guidé vers l'Amérique ; la lueur du foyer d'un Sauvage lui découvrit un nouvel univers. Colomb dut éprouver quelque chose de ce sentiment que l'Écriture donne au Créateur, quand, après avoir tiré la terre du néant, il vit que son ouvrage étoit bon : *Vidit Deus quod esset bonum.* Colomb créoit un monde. On sait le reste : l'immortel Génois ne donna point son nom à l'Amérique ; il fut le premier Européen qui traversa chargé de chaînes cet océan dont il avoit le premier mesuré les flots. Lorsque la gloire est de cette nature qui sert aux hommes, elle est presque toujours punie.

Tandis que les Portugais côtoient les royaumes du Quitève, de Sédanda, de Mosambique, de Melinde, qu'ils imposent des tributs à des rois mores, qu'ils pénètrent dans la mer Rouge, qu'ils achèvent le tour de l'Afrique, qu'ils visitent le golfe Persique et les deux presqu'îles de l'Inde, qu'ils sillonnent les mers de la Chine, qu'ils touchent à Canton, reconnoissent le Japon, les îles des Épiceries, et jusqu'aux rivages de la Nouvelle-Hollande, une foule de navigateurs suivent le chemin tracé par les voiles de Colomb, Cortès renverse l'empire du Mexique, et Pizarre celui du Pérou. Ces conquérants marchoient de surprise en surprise, et n'étoient pas eux-mêmes la chose la moins étonnante de leurs aventures. Ils croyoient avoir exploré tous les abîmes en atteignant les derniers flots de l'Atlantique, et du haut des montagnes Panama, ils aperçurent un second océan qui couvroit la moitié du globe. Nugnez Balboa descendit sur la grève, entra dans les vagues jusqu'à la ceinture, et, tirant son épée, prit possession de cette mer au nom du roi d'Espagne.

Les Portugais exploitoient alors les côtes de l'Inde et de la Chine : les compagnons de Vasco de Gama et de Christophe Colomb se saluoient des deux bords de la mer inconnue qui les séparoit : les uns avoient retrouvé un ancien monde, les autres découvert un monde nouveau; des rivages de l'Amérique aux rivages de l'Asie, les chants du Camoëns répondoient aux chants d'Ercylla, à travers les solitudes de l'océan Pacifique.

Jean et Sébastien Cabot donnèrent à l'Angleterre l'Amérique septentrionale; Corteréal releva la Terre-Neuve, nomma le Labrador, remarqua l'entrée de la baie d'Hudson, qu'il appela le *détroit d'Anian*, et par lequel on espéra trouver un passage aux Indes orientales. Jacques Cartier, Vorazani, Ponce de Léon, Walter Raleigh, Ferdinand de Soto, examinèrent et colonisèrent le Canada, l'Acadie, la Virginie, les Florides. En venant attérir au Spitzberg, les Hollandois dépassèrent les limites fixées à la problématique Thulé; Hudson et Baffin s'enfoncèrent dans les baies qui portent leurs noms.

Les îles du golfe Mexicain furent placées dans leurs positions mathématiques. Améric Vespuce avoit fait la délinéation des côtes de la Guyane, de la Terre-Ferme et du Brésil; Solis trouva Rio de la Plata; Magellan, entrant dans le détroit nommé de lui, pénètre dans le grand Océan : il est tué aux Philippines. Son vaisseau arrive aux Indes par l'occident, revient en Europe par le cap de Bonne-Espérance, et achève ainsi le premier le tour du monde. Le voyage avoit duré onze cent quatre-vingt-quatre jours; on peut l'accomplir aujourd'hui dans l'espace de huit mois.

On croyoit encore que le détroit de Magellan étoit le seul déversoir qui donnât passage à l'océan Pacifique, et qu'au midi de ce détroit la terre américaine rejoignoit un continent austral : Francis Drake d'abord, et ensuite Souten et Lemaire, doublèrent la pointe méridionale de l'Amérique. La géographie du globe fut alors fixée de ce côté : on sut que l'Amérique et l'Afrique, se terminant aux caps de Horn, et de Bonne-Espérance, pendoient en pointes vers le pôle antarctique, sur une mer australe parsemée de quelques îles.

Dans le grand Océan, la Californie, son golfe et la mer Vermeille avoient été connus de Cortès; Cabrillo remonta le long des côtes de la Nouvelle-Californie jusqu'au 43ᵉ degré de latitude nord; Galli s'éleva au 57ᵉ degré. Au milieu de tant de périples réels, Maldonado, Juan de Fuca et l'amiral de Fonte placèrent leurs voyages chimériques. Ce fut Behring qui fixa au nord-ouest les limites de l'Amérique septentrionale, comme Lemaire avoit fixé au sud-est les bornes de l'Amérique méridionale. L'Amérique barre le chemin de l'Inde comme une longue digue entre deux mers.

Une cinquième partie du monde vers le pôle austral avoit été aperçue par les premiers navigateurs portugais : cette partie du monde est même dessinée assez correctement sur une carte du seizième siècle, conservée dans le muséum britannique : mais cette terre, longée de nouveau par les Hollandois, successeurs des Portugais aux Moluques, fut nommée par eux terre *de Diémen*. Elle reçut enfin le nom de *Nouvelle-Hollande*, lorsqu'en 1642 Abel Tasman en eut achevé le tour : Tasman, dans ce voyage, eut connoissance de la Nouvelle-Zélande.

Des intérêts de commerce et des guerres politiques ne laissèrent pas long-temps les Espagnols et les Portugais en jouissance paisible de leurs conquêtes. En vain le pape avoit tracé la fameuse ligne qui partageoit le monde entre les héritiers du génie de Gama et de Colomb. Le vaisseau de Magellan avoit prouvé physiquement, aux plus incrédules, que la terre étoit ronde, et qu'il existoit des antipodes. La ligne droite du souverain pontife ne divisoit donc plus rien sur une surface circulaire, et se perdoit dans le ciel. Les prétentions et les droits furent bientôt mêlés et confondus.

Les Portugais s'établirent en Amérique et les Espagnols aux Indes; les Anglois, les François, les Danois, les Hollandois accoururent au partage de la proie. On descendoit pêle-mêle sur tous les rivages : on plantoit un poteau; on arboroit un pavillon; on prenoit possession d'une mer, d'une île, d'un continent au nom d'un souverain de l'Europe, sans se demander si des peuples, des rois, des hommes policés ou sauvages n'étoient point les maîtres légitimes de ces lieux. Les missionnaires pensoient que le monde appartenoit à la Croix, dans ce sens que le Christ, conquérant pacifique, devoit soumettre toutes les nations à l'Évangile; mais les aventuriers du quinzième et du seizième siècle prenoient la chose dans un sens plus matériel; ils croyoient sanctifier leur cupidité en déployant l'étendard du salut sur une terre idolâtre : ce signe d'une puissance de charité et de paix devenoit celui de la persécution et de la discorde.

Les Européens s'attaquèrent de toutes parts : une poignée d'étrangers répandus sur des continents immenses sembloient manquer d'espace pour se placer. Non-seulement les hommes se disputoient ces terres et ces mers où ils espéroient trouver l'or, les diamants, les perles, ces contrées qui produisent l'ivoire, l'encens, l'aloès, le thé, le café, la soie, les riches étoffes, ces îles où croissent le cannéllier, le muscadier, le poivrier, la canne à sucre, le palmier au sagou; mais ils s'égorgeoient encore pour un rocher stérile sous les glaces des deux pôles, ou pour un chétif établissement dans le coin d'un vaste désert. Ces guerres, qui n'ensanglantoient jadis que leur berceau, s'étendirent avec les colonies européennes à toute la surface du globe, enveloppèrent des peuples qui ignoroient jusqu'au nom des pays et des rois auxquels on les immoloit. Un coup de canon tiré en Espagne, en Portugal, en France, en Hollande, en Angleterre, au fond de la Baltique, faisoit massacrer une tribu sauvage au Canada, précipitoit dans les fers une famille nègre de la côte de Guinée, ou renversoit un royaume dans l'Inde. Selon les divers traités de paix, des Chinois, des Indous, des Africains, des Américains, se trouvoient François, Anglois, Portugais, Espagnols, Hollandois, Danois : quelques parties de l'Afrique, de l'Asie et de l'Amérique changeoient de maîtres selon la couleur d'un drapeau arrivé d'Europe. Les gouvernements de notre continent ne s'arrogeoient pas seuls cette suprématie ; de simples compagnies de marchands, des bandes de flibustiers faisoient la guerre à leur profit, gouvernoient des royaumes tributaires, des îles fécondes, au moyen d'un comptoir, d'un agent de commerce ou d'un capitaine de forbans.

Les premières relations de tant de découvertes sont pour la plupart d'une naïveté charmante ; il s'y mêle beaucoup de fables, mais ces fables n'obscurcissent point la vérité. Les auteurs de ces relations sont trop crédules, sans doute, mais ils parlent en conscience ; chrétiens peu éclairés, souvent passionnés, mais sincères, s'ils vous trompent, c'est qu'ils se trompent eux-mêmes. Moines, marins, soldats, employés dans ces expéditions, tous vous disent leurs dangers et leurs aventures avec une piété et une chaleur qui se communiquent. Ces espèces de nouveaux croisés qui vont en quête de nouveaux mondes, racontent ce qu'ils ont vu ou appris : sans s'en douter, ils excellent à peindre, parce qu'ils réfléchissent fidèlement l'image de l'objet placé sous leurs yeux. On sent dans leurs récits l'étonnement et l'admiration qu'ils éprouvent à la vue de ces mers virginales, de ces terres primitives qui se déploient devant eux, de cette nature qu'ombragent des arbres gigantesques, qu'arrosent des fleuves immenses, que peuplent des animaux inconnus, nature que Buffon a devinée dans sa description du Kamitchi, qu'il a, pour ainsi dire, chantée en parlant de *ces oiseaux attachés au char du soleil sous la zone brûlante que bornent les tropiques, oiseaux qui volent sans cesse sous ce ciel enflammé, sans s'écarter des deux limites extrêmes de la route du grand astre.*

Parmi les voyageurs qui écrivirent le journal de leurs courses, il faut compter quelques-uns des grands hommes de ces temps de prodiges. Nous avons les quatre *Lettres de Cortès à Charles-Quint;* nous avons une *Lettre de Christophe Colomb à Ferdinand et Isabelle*, datée des Indes occidentales, le 7 juillet 1503 : M. de Navarette en publie une autre adressée au pape, dans laquelle le pilote génois promet au souverain pontife de lui donner le détail de ses découvertes, et de laisser des commentaires comme César. Quel trésor si ces lettres et ces commentaires se retrouvoient dans la bibliothèque du Vatican! Colomb étoit poëte aussi comme César; il nous reste de lui des vers latins. Que cet homme fût inspiré du ciel, rien de plus naturel sans doute. Aussi Giustiniani, publiant un Psautier hébreu, grec, arabe et chaldéen, plaça en note la vie de Colomb sous le psaume *Cœli enarrant gloriam Dei*, comme une récente merveille qui racontoit la gloire de Dieu.

Il est probable que les Portugais en Afrique, et les

Espagnols en Amérique, recueillirent des faits cachés alors par des gouvernemens jaloux. Le nouvel état politique du Portugal et l'émancipation de l'Amérique espagnole favoriseront des recherches intéressantes. Déjà le jeune et infortuné voyageur Bowdich a publié la relation des découvertes des Portugais dans l'intérieur de l'Afrique, entre Angola et Mozambique, tirée des manuscrits originaux. On a maintenant un rapport secret et extrêmement curieux sur l'état du Pérou pendant le voyage de La Condamine. M. de Navarette donne la collection des voyages des Espagnols avec d'autres mémoires inédits concernant l'histoire de la navigation.

Enfin en descendant vers notre âge, commencent ces voyages modernes où la civilisation laisse briller toutes ses ressources, la science tous ses moyens. Par terre, les Chardin, les Tavernier, les Bernier, les Tournefort, les Niébuhr, les Pallas, les Norden, les Shaw, les Hornemann, réunissent leurs beaux travaux à ceux des écrivains des *Lettres édifiantes*. La Grèce et l'Égypte voient des explorateurs qui, pour découvrir un monde passé, bravent des périls, comme les marins qui cherchèrent un nouveau monde : Buonaparte et ses quarante mille voyageurs battent des mains aux ruines de Thèbes.

Sur la mer, Drake, Sermiento, Candish, Sebald de Weert, Spilberg, Noort, Woodrogers, Dampier, Gemelli-Carreri, la Barbinais, Byron, Wallis, Anson, Bougainville, Cook, Carteret, La Pérouse, Entrecasteaux, Vancouver, Freycinet, Duperré, ne laissent plus un écueil inconnu [1].

L'océan Pacifique cessant d'être une immense soli-

---

[1] C'est toujours avec un sentiment de plaisir et d'orgueil que j'écris des noms françois : n'oublions pas dans les derniers temps

tude, devient un riant archipel, qui rappelle la beauté et les enchantements de la Grèce.

L'Inde si mystérieuse n'a plus de secrets ; ses trois langues sacrées sont divulguées, ses livres les plus cachés sont traduits : on s'est initié aux croyances philosophiques qui partagèrent les opinions de cette vieille terre ; la succession des patriarches de Bouddhah est aussi connue que la généalogie de nos familles. La société de Calcutta publie régulièrement les nouvelles scientifiques de l'Inde ; on lit le sanscrit, on parle le chinois, le javanois, le tartare, le turc, l'arabe, le persan, à Paris, à Bologne, à Rome, à Vienne, à Berlin, à Pétersbourg, à Copenhague, à Stockholm, à Londres. On a retrouvé jusqu'à la langue des morts, jusqu'à cette langue perdue avec la race qui l'avoit inventée ; l'obélisque du désert a présenté ses caractères mystérieux, et on les a déchiffrés ; les momies ont déployé leurs passeports de la tombe, et on les a lus. La parole a été rendue à la pensée muette, qu'aucun homme vivant ne pouvoit plus exprimer.

Les sources du Gange ont été recherchées par Webb, Raper, Hearsay et Hodgson ; Moorcroft a pénétré dans le petit Thibet : les pics d'Hymalaya sont mesurés. Citer avec le major Renell mille voyageurs à qui la science est à jamais redevable, c'est chose impossible.

En Afrique, le sacrifice de Mungo-Park a été suivi de plusieurs autres sacrifices : Bowdich, Toole, Belzoni, Beaufort, Peddie, Woodney, ont péri : néanmoins ce continent redoutable finira par être traversé.

Dans le cinquième continent, les montagnes Bleues sont passées : on pénètre peu à peu cette singulière

---

les voyages de M. Julien dans l'Afrique occidentale, de M. Caillaud en Égypte, de M. Gau en Nubie, de M. Drovetti aux Oasis, etc.

partie du monde où les fleuves semblent couler à contre-sens, de la mer à l'intérieur, où les animaux ressemblent peu à ceux qu'on a connus, où les cygnes sont noirs, où le kanguroo s'élance comme une sauterelle, où la nature ébauchée, ainsi que Lucrèce l'a décrite au bord du Nil, nourrit une espèce de monstre, un animal qui tient de l'oiseau, du poisson et du serpent, qui nage sous l'eau, pond un œuf, et frappe d'un aiguillon mortel.

En Amérique, l'illustre Humboldt a tout peint et tout dit.

Le résultat de tant d'efforts, les connoissances positives acquises sur tant de lieux, le mouvement de la politique, le renouvellement des générations, le progrès de la civilisation, ont changé le tableau primitif du globe.

Les villes de l'Inde mêlent à présent à l'architecture des Brames, des palais italiens et des monuments gothiques ; les élégantes voitures de Londres se croisent avec les palanquins et les caravanes sur les chemins du Tigre et de l'Éléphant. De grands vaisseaux remontent le Gange et l'Indus : Calcutta, Bombay, Bénarès, ont des spectacles, des soirées savantes, des imprimeries. Le pays des *Mille et une Nuits*, le royaume de Cachemire, l'empire du Mogol, les mines de diamants de Golconde, les mers qu'enrichissent les perles orientales, cent vingt millions d'hommes que Bacchus, Sésostris, Darius, Alexandre, Tamerlan, Gengis-Kan, avoient conquis, ou voulu conquérir, ont pour propriétaires et pour maîtres une douzaine de marchands anglois dont on ne sait pas le nom, et qui demeurent à quatre mille lieues de l'Indostan, dans une rue obscure de la cité de Londres. Ces marchands s'embarrassent très peu de cette vieille Chine, voisine de leurs cent vingt millions de vassaux : lord Hastings leur a proposé d'en faire la conquête avec vingt mille hommes. Mais quoi ! le thé baisseroit de prix sur les bords de la Tamise ! Voilà ce qui sauve l'empire de Tobi, fondé deux mille six cent trente-sept ans avant l'ère chrétienne [1], de ce Tobi, contemporain de Réhu, trisaïeul d'Abraham.

En Afrique, un monde européen commence au cap de Bonne-Espérance. Le révérend John Campbell, parti de ce cap, a pénétré dans l'Afrique australe jusqu'à la distance de onze mille milles ; il a trouvé des cités très peuplées (Machéou, Kurréchane) ; des terres bien cultivées et des fonderies de fer. Au nord de l'Afrique, le royaume de Bornou et le Soudan, proprement dit, ont offert à MM. Clapperton et Denham trente-six villes plus ou moins considérables, une civilisation avancée, une cavalerie nègre, armée comme les anciens chevaliers.

L'ancienne capitale d'un royaume nègre-mahométan présentoit des ruines de palais ; retraite des éléphants, des lions, des serpents et des autruches. On peut apprendre à tout moment que le major Laing est entré dans ce Tombouctou si connu et si ignoré. D'autres Anglois, attaquant l'Afrique par la côte de Benin, vont rejoindre ou ont rejoint, en remontant les fleuves, leurs courageux compatriotes arrivés par la Méditerranée. Le Nil et le Niger nous auront bientôt découvert leurs sources et leurs cours. Dans ces régions brûlantes, le lac Stad rafraîchit l'air ; dans ces déserts de sable, sous cette zone torride, l'eau gèle au fond des outres, et un voyageur célèbre, le docteur Oudney, est mort de la rigueur du froid.

---

[1] Je suis la chronologie chinoise ; il faut en rabattre une couple de mille ans.

Au pôle antarctique, le capitaine Smith a découvert la Nouvelle-Shetland : c'est tout ce qui reste de la fameuse terre australe de Ptolémée. Les baleines sont innombrables et d'une énorme grosseur dans ces parages ; une d'entre elles attaqua le navire américain *l'Essex* en 1820, et le coula à fond.

La Grande Océanique n'est plus un morne désert ; des malfaiteurs anglois, mêlés à des colons volontaires, ont bâti des villes dans ce monde ouvert le dernier aux hommes. La terre a été creusée ; on y a trouvé le fer, la houille, le sel, l'ardoise, la chaux, la plombagine, l'argile à potier, l'alun, tout ce qui est utile à l'établissement d'une société. La Nouvelle-Galles du sud a pour capitale Sidney, dans le port Jackson. Paramatta est situé au fond du havre ; la ville de Windsor prospère au confluent du South-Creek et du Hawkesbury. Le gros village de Liverpool a rendu féconds les bords de Georges-River qui se décharge dans la baie Botanique (Botany-Bay), située à quatorze milles au sud du port Jackson.

L'île Van-Diemen est aussi peuplée ; elle a des ports superbes, des montagnes entières de fer ; sa capitale se nomme *Hobart*.

Selon la nature de leurs crimes, les déportés à la Nouvelle-Hollande sont ou détenus en prison, ou occupés à des travaux publics, ou fixés sur des concessions de terre. Ceux dont les mœurs se réforment deviennent libres ou restent dans la colonie, avec des billets de permission.

La colonie a déjà des revenus : les taxes montoient en 1819, à 21,179 liv. sterl., et servoient à diminuer d'un quart les dépenses du gouvernement.

La Nouvelle-Hollande a des imprimeries, des journaux politiques et littéraires, des écoles publiques, des théâtres, des courses de chevaux, des grands chemins, des ponts de pierre, des édifices religieux et civils, des machines à vapeur, des manufactures de draps, de chapeaux et de faïence : on y construit des vaisseaux. Les fruits de tous les climats depuis l'ananas jusqu'à la pomme, depuis l'olive jusqu'au raisin, prospèrent dans cette terre qui fut de malédiction. Les moutons, croisés de moutons anglois et de moutons du cap de Bonne-Espérance, les purs mérinos surtout, y sont devenus d'une rare beauté.

L'Océanique porte ses blés aux marchés du Cap, ses cuirs aux Indes, ses viandes salées à l'Ile-de-France. Ce pays, qui n'envoyoit en Europe, il y a une vingtaine d'années, que des kanguroos et quelques plantes, expose aujourd'hui ses laines de mérinos aux marchés de Liverpool, en Angleterre; elles s'y sont vendues jusqu'à onze sous six deniers la livre, ce qui surpassoit de quatre sous le prix donné pour les plus fines laines d'Espagne aux mêmes marchés.

Dans la mer Pacifique, même révolution. Les îles Sandwich forment un royaume civilisé par Taméama. Ce royaume a une marine composée d'une vingtaine de goëlettes et de quelques frégates. Des matelots anglois déserteurs sont devenus des princes : ils ont élevé des citadelles que défend une bonne artillerie; ils entretiennent un commerce actif; d'un côté avec l'Amérique, de l'autre, avec l'Asie. La mort de Taméama a rendu la puissance aux petits seigneurs féodaux des îles Sandwich, mais n'a point détruit les germes de la civilisation. On a vu dernièrement, à l'Opéra de Londres, un roi et une reine de ces insulaires qui avoient mangé le capitaine Cook, tout en adorant ses os dans le temple consacré au dieu Rono. Ce roi et cette reine ont succombé à l'influence du climat humide de l'Angleterre ; et c'est lord Byron, héritier de la pairie du grand poëte, mort à Missolonghi, qui a été chargé de transporter aux îles Sandwich les cercueils de la reine et du roi décédés ; voilà, je pense, assez de contrastes et de souvenirs.

Otaïti a perdu ses danses, ses chœurs, ses mœurs voluptueuses. Les belles habitantes de la nouvelle Cythère, trop vantées peut-être par Bougainville, sont aujourd'hui, sous leurs arbres à pain et leurs élégants palmiers, des puritaines qui vont au prêche, lisent l'Écriture avec des missionnaires méthodistes, controversent du matin au soir, et expient dans un grand ennui la trop grande gaîté de leurs mères. On imprime à Otaïti des Bibles et des ouvrages ascétiques.

Un roi de l'île, le roi Pomario, s'est fait législateur : il a publié un code de lois criminelles en dix-neuf titres, et nommé quatre cents juges pour faire exécuter ces lois : le meurtre seul est puni de mort. La calomnie au *premier degré* porte sa peine : le calomniateur est obligé de construire de ses propres mains une grande route de deux à quatre milles de long et de douze pieds de large. « La route doit être bombée, dit l'ordonnance « royale, afin que les eaux de pluie s'écoulent des deux « côtés. » Si une pareille loi existoit en France, nous aurions les plus beaux chemins de l'Europe.

Les Sauvages de ces îles enchantées, qu'admirèrent Juan Fernandès, Anson, Dampier, et tant d'autres navigateurs, se sont transformés en matelots anglois. Un avis de la *Gazette de Sidney*, dans la Nouvelle-Galles, annonce que les insulaires d'Otaïti et de la Nouvelle-Zélande, Roni, Paoutou, Popoti, Tiapoa, Moaï, Topa, Fieou, Aiyong et Haouho, vont partir du port Jackson dans des navires de la colonie.

Enfin, parmi ces glaces de notre pôle, d'où sortirent

avec tant de peine et de dangers Gmelin, Ellis, Frédéric Martens, Philipp, Davis, Gilbert, Hudson, Thomas Button, Baffin, Fox, James, Munk, Jacob May, Owin, Koscheley; parmi ces glaces où d'infortunés Hollandois, demi-morts de froid et de faim, passèrent l'hiver au fond d'une caverne qu'assiégeoient les ours : dans ces mêmes régions polaires, au milieu d'une nuit de plusieurs mois, le capitaine Parry, ses officiers et son équipage, pleins de santé, chaudement enfermés dans leur vaisseau, ayant des vivres en abondance, jouoient la comédie, exécutoient des danses et représentoient des mascarades : tant la civilisation perfectionnée a rendu la navigation sûre, a diminué les périls de toute espèce, a donné à l'homme les moyens de braver l'intempérie des climats!

Dans le voyage même qui vient à la suite de cette préface, je parlerai des changements arrivés en Amérique. Je remarquerai seulement ici les résultats différents qu'ont eus pour le monde les découvertes de Colomb et celles de Gama.

L'espèce humaine n'a retiré que peu de bonheur des travaux du navigateur portugais. Les sciences, sans doute, ont gagné à ces travaux : des erreurs de géographie et de physique ont été détruites; les pensées de l'homme se sont agrandies à mesure que la terre s'est étendue devant lui, il a pu comparer davantage en visitant plus de peuples; il a pris plus de considération pour lui-même en voyant ce qu'il pouvait faire; il a senti que l'espèce humaine croissoit; que les générations passées étoient mortes enfants : ces connoissances, ces pensées, cette expérience, cette estime de soi, sont entrées comme éléments généraux dans la civilisation; mais aucune amélioration politique ne s'est opérée dans les vastes régions où Gama vint plier ses voiles; les Indiens n'ont fait que changer de maîtres. La consommation des denrées de leurs pays, diminuée en Europe par l'inconstance des goûts et des modes, n'est plus même un objet de lucre; on ne courroit pas maintenant au bout du monde pour chercher ou pour s'emparer d'une île qui porteroit le muscadier : les productions de l'Inde ont été d'ailleurs ou imitées ou naturalisées dans d'autres parties du globe. En tout, les découvertes de Gama sont une magnifique aventure, mais elles ne sont que cela; elles ont eu peut-être l'inconvénient d'augmenter la prépondérance d'un peuple, de manière à devenir dangereuse à l'indépendance des autres peuples.

Les découvertes de Colomb, par leurs conséquences qui se développent aujourd'hui, ont été une véritable révolution autant pour le monde moral que pour le monde physique : c'est ce que j'aurai occasion de développer dans la conclusion de mon *Voyage*. N'oublions pas toutefois que le continent retrouvé par Gama n'a pas demandé l'esclavage d'une autre partie de la terre, et que l'Afrique doit ses chaînes à cette Amérique si libre aujourd'hui. Nous pouvons admirer la route que traça Colomb sur le gouffre de l'Océan; mais, pour les pauvres nègres, c'est le chemin qu'au dire de Milton la Mort et le Mal construisirent sur l'abîme.

Il ne me reste plus qu'à mentionner les recherches au moyen desquelles a été complétée dernièrement l'histoire géographique de l'Amérique septentrionale.

On ignoroit encore si ce continent s'étendoit sous le pôle en rejoignant le Groënland ou des terres arctiques, ou s'il se terminoit à quelque terre contiguë à la baie d'Hudson et au détroit de Behring.

En 1772, Hearn avoit découvert la mer à l'embouchure de la rivière de la Mine de cuivre; Mackenzie l'avoit vue, en 1789, à l'embouchure du fleuve qui porte son nom. Le capitaine Ross, et ensuite le capitaine Parry, furent envoyés, l'un en 1818, l'autre en 1819, explorer de nouveau ces régions glacées. Le capitaine Parry pénétra dans le détroit de Lancastre, passa vraisemblablement sur le pôle magnétique, et hiverna au mouillage de l'île Melville.

En 1821, il fit la reconnaissance de la baie d'Hudson, et retrouva Repulsebay. Guidé par le récit des Esquimaux, il se présenta au goulet d'un détroit qu'obstruoient les glaces, et qu'il appela le *détroit de la Fury et de l'Hécla*, du nom des vaisseaux qu'il montoit : là, il aperçut le dernier cap au nord-est de l'Amérique.

Le capitaine Francklin, dépêché en Amérique pour seconder par terre les efforts du capitaine Parry, descendit la rivière de la Mine de cuivre, entra dans la mer polaire, et s'avança à l'est jusqu'au golfe du *Couronnement de Georges IV*, à peu près dans la direction et à la hauteur de Repulsebay.

En 1825, dans une seconde expédition, le capitaine Francklin descendit le Mackenzie, vit la mer Arctique, revint hiverner sur le lac de l'Ours, et redescendit le Mackenzie en 1826. A l'embouchure de ce fleuve l'expédition angloise se partagea : une moitié, pourvue de deux canots, alla retrouver à l'est la rivière de la Mine de cuivre; l'autre, sous les ordres de Francklin lui-même, et pareillement munie de deux canots, se dirigea vers l'ouest.

Le 9 juillet, le capitaine fut arrêté par les glaces : le 4 août il recommença à naviguer. Il ne pouvait guère avancer plus d'un mille par jour; la côte étoit si plate, l'eau si peu profonde, qu'on put rarement descendre à terre. Des brumes épaisses et des coups de vent mettoient de nouveaux obstacles aux progrès de l'expédition.

Elle arriva cependant le 18 août au 150ᵉ méridien et au 70ᵉ degré 30 minutes nord. Le capitaine Francklin avoit ainsi parcouru plus de la moitié de la distance qui sépare l'embouchure du Mackenzie du cap de Glace, au-dessus du détroit de Behring : l'intrépide voyageur ne manquoit point de vivres, ses canots n'avàient souffert aucune avàrie; les matelots jouissoient d'une bonne santé; la mer était ouverte; mais les instructions de l'amirauté étoient précises; elles défendoient au capitaine de prolonger ses recherches s'il ne pouvoit atteindre la baie de Kotzebue avant le commencement de la mauvaise saison. Il fut donc obligé de revenir à la rivière de Mackenzie, et, le 21 septembre, il rentra dans le lac de l'Ours où il retrouva l'autre partie de l'expédition.

Celle-ci avoit achevé son exploration des rivages, depuis l'embouchure du Mackenzie jusqu'à celle de la rivière de la Mine de cuivre; elle avoit même prolongé sa navigation jusqu'au golfe du *Couronnement de Georges IV*, et remonté vers l'est jusqu'au 118ᵉ méridien : partout s'étoient présentés de bons ports et une côte plus abordable que la côte relevée par le capitaine Francklin.

Le capitaine russe Otto de Kotzebue découvrit, en 1816, au nord-est du détroit de Behring, une passe ou entrée qui porte aujourd'hui son nom; c'est dans cette passe que le capitaine anglois Beechey étoit allé sur une frégate attendre, au nord-est de l'Amérique, le capitaine Francklin qui venoit vers lui du nord-ouest. La navigation du capitaine Beechey s'étoit heureusement accomplie : arrivé en 1827 au lieu et au temps du rendez-vous, les glaces n'avoient arrêté son grand vaisseau qu'au 72ᵉ degré 30 minutes de latitude nord. Obligé alors d'ancrer sous une côte, il remarquoit tous les jours des baïdars (nom russe des embarcations indiennes dans ces parages) qui passoient et repassoient par des ouvertures entre la glace et la terre; il croyoit voir à chaque instant arriver ainsi le capitaine Francklin.

Nous avons dit que celui-ci avoit atteint, dès le 18 août 1826, le 150e méridien de Greenwich et le 70e degré 30 minutes de latitude nord ; il n'était donc éloigné du cap de Glace que de 10 degrés en longitude ; degrés qui, dans cette latitude élevée, ne donnent guère plus de quatre-vingt-une lieues. Le cap de Glace est éloigné d'une soixantaine de lieues de la passe de Kotzebue : il est probable que le capitaine Francklin n'auroit pas même été obligé de doubler ce cap, et qu'il eût trouvé quelque chenal en communication immédiate avec les eaux de l'entrée de Kotzebue : dans tous les cas, il n'avoit plus que cent vingt-cinq lieues à faire pour rencontrer la frégate du capitaine Beechey!

C'est à la fin du mois d'août, et pendant le mois de septembre, que les mers polaires sont le moins encombrées de glaces. Le capitaine Beechey ne quitta la passe de Kotzebue que le 14 octobre ; ainsi le capitaine Francklin auroit eu près de deux mois, du 18 août au 14 octobre, pour faire cent vingt-cinq lieues, dans la meilleure saison de l'année. On ne sauroit trop déplorer l'obstacle que des instructions, d'ailleurs fort humaines, ont mis à la marche du capitaine Francklin. Quels transports de joie mêlée d'un juste orgueil n'auroient point fait éclater les marins anglois en achevant la découverte du passage du nord-ouest, en se rencontrant au milieu des glaces, en s'embrassant dans des mers non encore sillonnées par des vaisseaux, à cette extrémité jusqu'alors inconnue du Nouveau-Monde! Quoi qu'il en soit, on peut regarder le problème géographique comme résolu ; le passage du nord-ouest existe, la configuration extérieure de l'Amérique est tracée.

Le continent de l'Amérique se termine au nord-ouest dans la baie d'Hudson, par une péninsule appelée *Melville*, dont la dernière pointe, ou le dernier cap, se place au 69e degré 48 minutes de latitude nord, et au 82e degré 50 minutes de longitude ouest de Greenwich. Là se creuse un détroit entre ce cap et la terre de Cockburn, lequel détroit, nommé le *détroit de la Fury et de l'Hécla,* ne présenta au capitaine Parry qu'une masse solide de glace.

La péninsule nord-ouest s'attache au continent vers la baie de Repulse; elle ne peut pas être très large à sa racine, puisque le golfe du *Couronnement de Georges IV,* découvert par le capitaine Francklin dans son premier voyage, descend au sud jusqu'au 66e degré et demi, et que son extrémité méridionale n'est éloignée que de soixante-sept lieues de la partie la plus occidentale de la baie Wager. Le capitaine Lyon fut renvoyé à la baie de Repulse, afin de passer par terre du fond de cette baie au golfe du *Couronnement de Georges IV.* Les glaces, les courans et les tempêtes arrêtèrent le vaisseau de cet aventureux marin.

Maintenant, poursuivant notre investigation, et nous plaçant de l'autre côté de la péninsule *Melville,* dans ce golfe du *Couronnement de Georges IV,* nous trouvons l'embouchure de la rivière de la Mine de cuivre à 67 degrés 42 minutes 35 secondes de latitude nord, et à 115 degrés 49 minutes 33 secondes de longitude ouest de Greenwich. Hearn avoit indiqué cette embouchure quatre degrés et un quart plus au nord en latitude, et quatre degrés et un quart plus à l'ouest en longitude.

De l'embouchure de la rivière de la Mine de cuivre,

naviguant vers l'embouchure du Mackenzie, on remonte le long de la côte jusqu'au 70° degré 37 minutes de latitude nord, on double un cap, et l'on redescend à l'embouchure orientale du Mackenzie par les 69 degrés 29 minutes. De là, la côte se porte à l'ouest vers le détroit de Behring, en s'élevant jusqu'au 70° degré 30 minutes de latitude nord, sous le 150° méridien de Greenwich, point où le capitaine Francklin s'est arrêté le 18 août 1826. Il n'étoit plus alors, comme je l'ai dit, qu'à 10 degrés de longitude ouest du cap de Glace : ce cap est à peu près par les 71 degrés de latitude.

En relevant maintenant les divers points, nous trouvons :

Le dernier cap nord-ouest du continent de l'Amérique septentrionale, au 69° degré 48 minutes de latitude nord, et au 82° degré 50 minutes de longitude ouest de Greenwich; le cap *Turnagain*, dans le golfe du *Couronnement de Georges IV*, au 68° degré 30 minutes de latitude nord; l'embouchure de la rivière de la Mine de cuivre, au 60° degré 49 minutes 35 secondes de latitude nord, et au 115° degré 49 minutes 33 secondes de longitude ouest de Greenwich; un cap sur la côte entre la rivière de la Mine de cuivre et le Mackenzie, au 70° degré 37 minutes de latitude nord, et au 126° degré 52 minutes de longitude ouest de Greenwich; l'embouchure de Mackenzie, au 69° degré 29 minutes de latitude, et au 133° degré 24 minutes de longitude : le point où s'est arrêté le capitaine Francklin, au 70° degré 30 minutes de latitude nord et au 15° méridien à l'ouest de Greenwich ; enfin le cap de Glace, 10 degrés de longitude plus à l'ouest, au 71e degré de latitude nord.

Ainsi, depuis le dernier cap nord-ouest de l'Amérique septentrionale, dans le *détroit de l'Hécla et de la Fury*, jusqu'au cap de Glace, au-dessus du détroit de Behring, la mer forme un golfe large, mais assez peu profond, qui se termine à la côte nord-ouest de l'Amérique; cette côte court est et ouest, offrant dans le golfe général trois ou quatre baies principales dont les pointes ou promontoires approchent de la latitude ou sont placés le dernier cap nord-ouest de l'Amérique, au *détroit de la Fury et de l'Hécla*, et le cap de Glace, au-dessus du détroit de Behring.

Devant ce golfe gisent, entre le 70e et le 75e degrés de latitude, toutes les découvertes résultantes des trois voyages du capitaine Parry, l'île présumée de *Cockburn*, les délinéations du *détroit du Prince régent*, les îles du *Prince Léopold*, de *Bathurst*, de *Melville*, la terre de *Banks*. Il ne s'agit plus que de trouver, entre ces sols disjoints, un passage libre à la mer qui baigne la côte nord-ouest de l'Amérique, et qui serait peut-être navigable, dans la saison opportune, pour des vaisseaux baleiniers.

M. Macleod a raconté à M. Douglas, aux grandes chutes de la Colombia, qu'il existe un fleuve coulant parallèlement au fleuve Mackenzie, et se jetant dans la mer près le cap de Glace. Au nord de ce cap est une île où des vaisseaux russes viennent faire des échanges avec les naturels du pays. M. Macleod a visité lui-même la mer polaire, et passé, dans l'espace de onze mois, de l'océan Pacifique à la baie d'Hudson. Il déclare que la mer est libre dans la mer polaire après le mois de juillet.

Tel est l'état actuel des choses à l'extérieur de l'Amérique septentrionale, relativement à ce fameux passage que je m'étois mis en tête de chercher, et qui fut la première cause de mon excursion d'outre-mer. Voyons ce qu'ont fait les derniers voyageurs dans l'intérieur de cette même Amérique.

Au nord-ouest, tout est découvert dans ces déserts glacés et sans arbres qui enveloppent le lac de l'Esclave et celui de l'Ours [1]. Mackenzie partit, le 3 juin 1789, du fort Chipiouyan sur le lac des Montagnes, qui communique à celui de l'Esclave par un courant d'eau : le lac de l'Esclave voit naître le fleuve qui se jette dans la mer du pôle, et qu'on appelle maintenant le *fleuve Mackenzie*.

Le 10 octobre 1792, Mackenzie partit une seconde fois du fort Chipiouyan : dirigeant sa course à l'ouest, il traversa le lac des Montagnes, et remonta la rivière Oungigah ou rivière de la Paix, qui prend sa source dans les montagnes Rocheuses. Les missionnaires françois avoient déjà connu ces montagnes sous le nom de montagnes des *Pierres brillantes*. Mackenzie franchit ces montagnes, rencontra un grand fleuve, le Tacouthé-Tessé, qu'il prit mal à propos pour la Colombia : il n'en suivit point le cours, et se rendit à l'océan Pacifique par une autre rivière qu'il nomma la *rivière du Saumon*.

Il trouva des traces multipliées du capitaine Vancouver; il observa la latitude à 52 degrés 21 minutes 33 secondes, et il écrivit avec du vermillon sur un rocher : « Alexandre Mackenzie est venu du Canada ici « par terre, le 22 juillet 1793. » A cette époque que faisions-nous en Europe ?

Par un petit mouvement de jalousie nationale dont ils ne se rendent pas compte, les voyageurs américains parlent peu du second itinéraire de Mackenzie; itinéraire qui prouve que cet Anglois a eu l'honneur de

---

[1] On peut voir, dans l'analyse que j'ai donnée des *Voyages de Mackenzie* (tom. xv), l'histoire des découvertes qui ont précédé celles de Mackenzie dans l'Amérique septentrionale.

traverser le premier le continent de l'Amérique septentrionale depuis la mer Atlantique jusqu'au grand Océan.

Le 7 mai 1792, le capitaine américain Robert Gray aperçut à la côte nord-ouest de l'Amérique septentrionale l'embouchure d'un fleuve sous le 46° degré 19 minutes de latitude nord, et le 126° degré 14 minutes 15 secondes de longitude ouest, méridien de Paris. Robert Gray entra dans ce fleuve le 11 du même mois, et il l'appela *la Colombia* : c'étoit le nom du vaisseau qu'il commandoit.

Vancouver arriva au même lieu le 19 octobre de la même année : Broughton, avec la conserve de Vancouver, passa la barre de la Colombia et remonta le fleuve quatre-vingt-quatre milles au-dessus de cette barre.

Les capitaines Lewis et Clarke, arrivés par le Missouri, descendirent des montagnes Rocheuses, et bâtirent en 1805, à l'entrée de la Colombia, un fort qui fut abandonné à leur départ.

En 1811, les Américains élevèrent un autre fort sur la rive gauche du même fleuve : ce fort prit le nom d'*Astoria*, du nom de M. J.-J. Astor, négociant de New-York et directeur de la compagnie des pelleteries à l'océan Pacifique.

En 1810, une troupe d'associés de la compagnie se réunit à Saint-Louis du Mississipi, et fit une nouvelle course à la Colombia, à travers les montagnes Rocheuses : plus tard, en 1812, quelques-uns de ces associés, conduits par M. R. Stuart, revinrent de la Colombia à Saint-Louis. Tout est donc connu de ce côté. Les grands affluents du Missouri, la rivière des Osages, la rivière de la Roche-Jaune, aussi puissante que l'Ohio, ont été remontées : les établissements américains communiquent par ces fleuves au nord-ouest, avec les tribus indiennes les plus reculées, au sud-est avec les habitants du Nouveau-Mexique.

En 1820, M. Cass, gouverneur du territoire du Michigan, partit de la ville du Détroit, bâtie sur le canal qui joint le lac Érié au lac Saint-Clair, suivit la grande chaîne des lacs et rechercha les sources du Mississipi ; M. Schoolcraft rédigea le journal de ce voyage plein de faits et d'instruction. L'expédition entra dans le Mississipi par la rivière du Lac-de-Sable : le fleuve en cet endroit étoit large de deux cents pieds. Les voyageurs le remontèrent, et franchirent quarante-trois rapides : le Mississipi alloit toujours se rétrécissant, et au saut de Peckagoma il n'avoit plus que quatre-vingts pieds de largeur. « L'aspect du pays « change, dit M. Schoolcraft : la forêt qui ombrageoit « les bords du fleuve disparoît ; il décrit de nombreuses « sinuosités dans une prairie large de trois milles, où « s'élèvent des herbes très hautes, de la folle-avoine « et des joncs, et bordée de collines de hauteur mé-« diocre et sablonneuses, où croissent quelques pins « jaunes. Nous avons navigué long-temps sans avancer « beaucoup ; il sembloit que nous fussions arrivés au « niveau supérieur des eaux : le courant du fleuve n'é-« toit que d'un mille par heure. Nous n'apercevions « que le ciel et les herbes au milieu desquelles nos « canots se frayoient un passage ; elles cachoient tous « les objets éloignés. Les oiseaux aquatiques étoient « extrêmement nombreux ; mais il n'y avoit pas de « pluviers. »

L'expédition traversa le petit et le grand lac Ouinnipec : cinquante milles plus haut, elle s'arrêta dans le lac supérieur du Cèdre-Rouge, auquel elle imposa le nom de *Cassina*, en l'honneur de M. Cass.

C'est là que se trouve la principale source du Mississipi : le lac a dix-huit milles de long sur six de large. Son eau est transparente et ses bords sont ombragés d'ormes, d'érables et de pins. M. Pike, autre voyageur qui place une des principales sources du Mississipi au lac de la Sangsue, met le lac Cassina au 47ᵉ degré 42 minutes 40 secondes de latitude nord.

La rivière la Biche sort du lac du même nom et entre dans le lac Cassina. « En estimant à soixante « milles, dit M. Schoolcraft, la distance du lac Cassina « au lac la Biche, source du Mississipi la plus éloi- « gnée, on aura pour la longueur totale du cours de ce « fleuve trois mille trente-huit milles. L'année précé- « dente je l'avois descendu (le Mississipi) depuis Saint- « Louis dans un bateau à vapeur, et le 10 juillet j'avais « passé son embouchure pour aller à New-York. Ainsi, « un peu plus d'un an après, je me trouvois près de sa « source, assis dans un canot indien. »

M. Schoolcraft fait observer qu'à peu de distance du lac la Biche les eaux coulent au nord dans la rivière Rouge, qui descend à la baie d'Hudson.

Trois ans plus tard, en 1823, M. Beltrami a parcouru les mêmes régions. Il porte les sources septentrionales du Mississipi à cent milles au-dessus du lac Cassina ou du Cèdre-Rouge. M. Beltrami affirme qu'avant lui aucun voyageur n'a passé au-delà du lac du Cèdre-Rouge. Il décrit ainsi sa découverte des sources du Mississipi.

« Nous nous trouvons sur les plus hautes terres de « l'Amérique septentrionale. . . . . . . Cependant tout « y est plaine, et la colline où je suis n'est pour ainsi « dire qu'une éminence formée au milieu pour servir « d'observatoire.

« En promenant ses regards autour de soi, on voit

« les eaux couler au sud vers le golfe du Mexique ; au
« nord, vers la mer Glaciale ; à l'est, vers l'Atlantique ;
« et à l'ouest se diriger vers la mer Pacifique.

« Un grand plateau couronne cette suprême éléva-
« tion ; et, ce qui étonne davantage, un lac jaillit au
« milieu.

« Comment s'est-il formé, ce lac ? d'où viennent ces
« eaux ? C'est au grand architecte de l'univers qu'il
« faut le demander........ Ce lac n'a aucune issue, et
« mon œil, qui est assez perçant, n'a pu découvrir,
« dans aucun lointain de l'horizon le plus clair, aucune
« terre qui s'élève au-dessus de son niveau ; toutes sont
« au contraire beaucoup inférieures....

« Vous avez vu les sources de la rivière que j'ai re-
« montée jusqu'ici (la rivière Rouge) : elles sont préci-
« sément au pied de la colline, et filtrent en ligne di-
« recte du bord septentrional du lac ; elles sont les
« sources de la rivière Rouge ou Sanglante. De l'autre
« côté, vers le sud, d'autres sources forment un joli petit
« bassin d'environ quatre-vingts pas de circonférence ;
« ces eaux filtrent aussi du lac, et ces sources.... ce sont
« les sources du Mississipi.

« Ce lac a trois milles de tour environ ; il est fait
« en forme de cœur, et il parle à l'âme ; la mienne en
« a été émue : il étoit juste de le tirer du silence où
« la géographie, après tant d'expéditions, le laissoit
« encore, et de le faire connoître au monde d'une ma-
« nière distinguée. Je lui ai donné le nom de cette
« dame respectable dont la vie, comme il a été dit par
« son illustre amie, madame la comtesse d'Albani, *a
« été un cours de morale en action,* la mort, une calamité
« pour tous ceux qui avoient le bonheur de la con-
« noître.......... J'ai appelé ce lac le *lac Julie ;* et les
« sources des deux fleuves, les *sources Juliennes de la*

« *rivière Sanglante*, les *sources Juliennes du Mississipi.*

« J'ai cru voir l'ombre de Colombo, d'Americo Ves-
« pucci, des Cabotto, de Verazani, etc., assister avec
« joie à cette grande cérémonie, et se féliciter qu'un
« de leurs compatriotes vînt réveiller par de nouvelles
« découvertes le souvenir des services qu'ils ont ren-
« dus au monde entier par leurs talents, leurs exploits
« et leurs vertus. »

C'est un étranger qui écrit en françois : on reconnoîtra facilement le goût, les traits, le caractère et le juste orgueil du génie italien.

La vérité est que le plateau où le Mississipi prend sa source est une terre unie, mais culminante ; dont les versants envoient les eaux au nord, à l'est, au midi et à l'ouest ; que sur ce plateau sont creusés une multitude de lacs ; que ces lacs répandent des rivières qui coulent à tous les rumbs de vent. Le sol de ce plateau supérieur est mouvant comme s'il flottoit sur des abîmes. Dans la saison des pluies, les rivières et les lacs débordent : on diroit d'une mer, si cette mer ne portoit des forêts de folle-avoine de vingt et trente pieds de hauteur. Les canots, perdus dans ce double océan d'eau et d'herbes, ne se peuvent diriger qu'à l'aide des étoiles ou de la boussole. Quand des tempêtes surviennent, les moissons fluviales plient, se renversent sur les embarcations, et des millions de canards, de sarcelles, de morelles, de hérons, de bécassines s'envolent en formant un nuage au-dessus de la tête des voyageurs.

Les eaux débordées restent pendant quelques jours incertaines de leur penchant ; peu à peu elles se partagent. Une pirogue est doucement entraînée vers les mers polaires, les mers du midi, les grands lacs du Canada, les affluents du Missouri, selon le point de la circonférence sur lequel elle se trouve lorsqu'elle a dépassé le milieu de l'inondation. Rien n'est étonnant et majestueux comme ce mouvement et cette distribution des eaux centrales de l'Amérique du nord.

Sur le Mississipi inférieur, le major Pike, en 1806, M. Nuttal, en 1819, ont parcouru le territoire d'Arkansa, visité les Osages, et fourni des renseignements aussi utiles à l'histoire naturelle qu'à la topographie.

Tel est ce Mississipi, dont je parlerai dans mon *Voyage;* fleuve que les François descendirent les premiers en venant du Canada; fleuve qui coula sous leur puissance, et dont la riche vallée regrette encore leur génie.

Colomb découvrit l'Amérique dans la nuit du 11 au 12 octobre 1492 : le capitaine Francklin a complété la découverte de ce monde nouveau le 18 août 1826. Que de générations écoulées, que de révolutions accomplies, que de changements arrivés chez les peuples dans cet espace de trois cent trente-trois ans, neuf mois et vingt-quatre jours !

Le monde ne ressemble plus au monde de Colomb. Sur ces mers ignorées au-dessus desquelles on voyoit s'élever une *main noire,* la *main de Satan*[1], qui saisissoit les vaisseaux pendant la nuit et les entraînoit au fond de l'abîme; dans ces régions antarctiques, séjour de la nuit, de l'épouvante et des fables; dans ces eaux furieuses du cap Horn et du cap des Tempêtes, où pâlissoient les pilotes; dans ce double océan qui bat ses doubles rivages; dans ces parages jadis si redoutés, des bateaux de poste font régulièrement des trajets pour le service des lettres et des voyageurs. On s'invite à dîner d'une ville florissante en Amérique à une ville

---

[1] Voyez les vieilles cartes et les navigateurs arabes.

florissante en Europe, et l'on arrive à l'heure marquée. Au lieu de ces vaisseaux grossiers, malpropres, infects, humides, où l'on ne vivoit que de viandes salées, où le scorbut vous dévoroit, d'élégants navires offrent aux passagers des chambres lambrissées d'acajou, ornées de tapis, de glaces, de fleurs, de bibliothèques, d'instruments de musique, et toutes les délicatesses de la bonne chère. Un voyage qui demandera plusieurs années de perquisitions sous les latitudes les plus diverses n'amènera pas la mort d'un seul matelot.

Les tempêtes? on en rit. Les distances? elles ont disparu. Un simple baleinier fait voile au pôle austral : si la pêche n'est pas bonne, il revient au pôle boréal : pour prendre un poisson, il traverse deux fois les tropiques, parcourt deux fois un diamètre de la terre, et touche en quelques mois aux deux bouts de l'univers. Aux portes des tavernes de Londres on voit affichée l'annonce du départ du *paquebot de la terre de Diémen* avec toutes les *commodités possibles* pour les passagers aux Antipodes, et cela auprès de l'annonce du départ du *paquebot de Douvres à Calais*. On a des *Itinéraires de poche*, des *Guides*, des *Manuels* à l'usage des personnes qui se proposent de faire un *voyage d'agrément autour du monde*. Ce voyage dure neuf ou dix mois, quelquefois moins : on part l'hiver en sortant de l'opéra; on touche aux îles Canaries, à Rio-Janeiro, aux Philippines, à la Chine, aux Indes, au cap de Bonne-Espérance, et l'on est revenu chez soi pour l'ouverture de la chasse.

Les bateaux à vapeur ne connoissent plus de vents contraires sur l'Océan, de courants opposés dans les fleuves : kiosques ou palais flottans à deux ou trois étages, du haut de leurs galeries on admire les plus beaux tableaux de la nature dans les forêts du Nouveau-Monde. Des routes commodes franchissent le sommet des montagnes, ouvrent des déserts naguère inaccessibles : quarante mille voyageurs viennent de se rassembler en partie de plaisir à la cataracte de Niagara. Sur des chemins de fer glissent rapidement les lourds chariots du commerce ; et s'il plaisoit à la France, à l'Allemagne et à la Russie d'établir une ligne télégraphique jusqu'à la muraille de la Chine, nous pourrions écrire à quelques Chinois de nos amis, et recevoir la réponse dans l'espace de neuf ou dix heures. Un homme qui commenceroit son pèlerinage à dix-huit ans, et le finiroit à soixante, en marchant seulement quatre lieues par jour, auroit achevé dans sa vie près de sept fois le tour de notre chétive planète. Le génie de l'homme est véritablement trop grand pour sa petite habitation : il faut en conclure qu'il est destiné à une plus haute demeure.

Est-il bon que les communications entre les hommes soient devenues aussi faciles? Les nations ne conserveroient-elles pas mieux leur caractère en s'ignorant les unes les autres, en gardant une fidélité religieuse aux habitudes et aux traditions de leurs pères? J'ai vu dans ma jeunesse de vieux Bretons murmurer contre les chemins que l'on vouloit ouvrir dans leurs bois, alors même que ces chemins devoient élever la valeur des propriétés riveraines.

Je sais qu'on peut employer ce système de déclamations fort touchantes ; le bon vieux temps a sans doute son mérite ; mais il faut se souvenir qu'un état politique n'en est pas meilleur parce qu'il est caduc et routinier ; autrement il faudroit convenir que le despotisme de la Chine et de l'Inde, où rien n'a changé depuis trois mille ans, est ce qu'il y a de plus parfait dans ce monde. Je ne vois pourtant pas ce qu'il peut y avoir de si heureux à s'enfermer pendant une quarantaine de siècles avec des peuples en enfance et des tyrans en décrépitude.

Le goût et l'admiration du stationnaire viennent des jugements faux que l'on porte sur la vérité des faits et sur la nature de l'homme : sur la vérité des faits, parce qu'on suppose que les anciennes mœurs étoient plus pures que les mœurs modernes, complète erreur; sur la nature de l'homme, parce qu'on ne veut pas voir que l'esprit humain est perfectible.

Les gouvernements qui arrêtent l'essor du génie ressemblent à ces oiseleurs qui brisent les ailes de l'aigle pour l'empêcher de prendre son vol.

Enfin on ne s'élève contre les progrès de la civilisation que par l'obsession des préjugés : on continue à voir les peuples comme on les voyoit autrefois, isolés, n'ayant rien de commun dans leurs destinées. Mais si l'on considère l'espèce humaine comme une grande famille qui s'avance vers le même but; si l'on ne s'imagine pas que tout est fait ici-bas pour qu'une petite province, un petit royaume, restent éternellement dans leur ignorance, leur pauvreté, leurs institutions politiques, telles que la barbarie, le temps et le hasard les ont produites, alors ce développement de l'industrie, des sciences et des arts semblera ce qu'il est en effet, une chose légitime et naturelle. Dans ce mouvement universel on reconnoîtra celui de la société, qui finissant son histoire particulière, commence son histoire générale.

Autrefois, quand on avoit quitté ses foyers comme Ulysse, on étoit un objet de curiosité : aujourd'hui, excepté une demi-douzaine de personnages hors de ligne par leur mérite individuel, qui peut intéresser au récit de ses courses? Je viens me ranger dans la foule des voyageurs obscurs qui n'ont vu que tout ce que le monde a vu, qui n'ont fait faire aucun progrès aux sciences, qui n'ont rien ajouté au trésor des connoissances humaines; mais je me présente comme le dernier historien des peuples de la terre de Colomb, de ces peuples dont la race ne tardera pas à disparoître; je viens dire quelques mots sur les destinées futures de l'Amérique, sur ces autres peuples héritiers des infortunés Indiens : je n'ai d'autre prétention que d'exprimer des regrets et des espérances.

INTRODUCTION.

Dans une note de l'*Essai historique* [1], écrite en 1794, j'ai raconté, avec des détails assez étendus, quel avoit été mon dessein en passant en Amérique; j'ai plusieurs fois parlé de ce même dessein dans mes autres ouvrages, et particulièrement dans la préface d'*Atala*. Je ne prétendois à rien moins qu'à découvrir le passage au nord-ouest de l'Amérique, en retrouvant la mer Polaire, vue par Hearne en 1772, aperçue plus à l'ouest en 1789, par Mackenzie, reconnue par le capitaine Parry, qui s'en approcha en 1819, à travers le détroit de Lancastre, et en 1821 à l'extrémité du détroit de *l'Hécla* et de *la Fury* [2]; enfin le capitaine Franklin, après avoir descendu successivement la rivière de Hearne en 1821, et celle de Mackenzie en 1826, vient d'explorer les bords de cet océan, qu'environne une ceinture de glaces, et qui jusqu'à présent a repoussé tous les vaisseaux.

Il faut remarquer une chose particulière à la

[1] *Essai historique sur les Révolutions.* II° partie, ch. XXIII.

[2] Cet intrépide marin étoit reparti pour le Spitzberg avec l'intention d'aller jusqu'au pôle en traîneau. Il est resté soixante et un jours sur la glace sans pouvoir dépasser le 82° degré 45 minutes de latitude N.

France : la plupart de ses voyageurs ont été des hommes isolés, abandonnés à leurs propres forces et à leur propre génie : rarement le gouvernement ou des compagnies particulières les ont employés ou secourus. Il est arrivé de là que des peuples étrangers, mieux avisés, ont fait, par un concours de volontés nationales, ce que les individus françois n'ont pu achever. En France on a le courage; le courage mérite le succès, mais il ne suffit pas toujours pour l'obtenir.

Aujourd'hui, que j'approche de la fin de ma carrière, je ne puis m'empêcher, en jetant un regard sur le passé, de songer combien cette carrière eût été changée pour moi, si j'avois rempli le but de mon voyage. Perdu dans ces mers sauvages, sur ces grèves hyperboréennes où aucun homme n'a imprimé ses pas, les années de discorde qui ont écrasé tant de générations avec tant de bruit seroient tombées sur ma tête en silence : le monde auroit changé, moi absent. Il est probable que je n'aurois jamais eu le malheur d'écrire; mon nom seroit demeuré inconnu, ou il s'y fût attaché une de ces renommées paisibles qui ne soulèvent point l'envie, et qui annoncent moins de gloire que de bonheur. Qui sait même si j'aurois repassé l'Atlantique, si je ne me serois pas fixé dans les solitudes par moi découvertes, comme un conquérant au milieu de ses conquêtes ? Il est vrai que je n'aurois pas figuré au

INTRODUCTION. 3

congrès de Vérone, et qu'on ne m'eut pas appelé *Monseigneur* dans l'hôtellerie des Affaires Étrangères, rue des Capucines, à Paris.

Tout cela est fort indifférent au terme de la route : quelle que soit la diversité des chemins, les voyageurs arrivent au commun rendez-vous ; ils y parviennent tous également fatigués ; car ici-bas, depuis le commencement jusqu'à la fin de la course, on ne s'assied pas une seule fois pour se reposer : comme les Juifs au festin de la Pâque, on assiste au banquet de la vie à la hâte, debout, les reins ceints d'une corde, les souliers aux pieds, et le bâton à la main.

Il est donc inutile de redire quel étoit le but de mon entreprise, puisque je l'ai dit cent fois dans mes autres écrits. Il me suffira de faire observer au lecteur que ce premier voyage pouvoit devenir le dernier, si je parvenois à me procurer tout d'abord les ressources nécessaires à ma grande découverte ; mais dans le cas où je serois arrêté par des obstacles imprévus, ce premier voyage ne devoit être que le prélude d'un second, qu'une sorte de reconnoissance dans le désert.

Pour s'expliquer la route qu'on me verra prendre, il faut aussi se souvenir du plan que je m'étois tracé : ce plan est rapidement esquissé dans la note de l'*Essai historique* ci-dessus indiquée. Le lecteur y verra qu'au lieu de remonter au septentrion, je voulois marcher à l'ouest, de manière à attaquer la rive occidentale de l'Amérique, un peu au-dessus du golfe de Californie. De là, suivant le profil du continent, et toujours en vue de la mer, mon dessein étoit de me diriger vers le nord jusqu'au détroit de Behring, de doubler le dernier cap de l'Amérique, de descendre à l'est le long des rivages de la mer Polaire, et de rentrer dans les États-Unis par la baie d'Hudson, le Labrador et le Canada.

Ce qui me déterminoit à parcourir une si longue côte de l'océan Pacifique étoit le peu de connoissance que l'on avoit de cette côte. Il restoit des doutes, même après les travaux de Vancouver, sur l'existence d'un passage entre le 40° et le 60° degré de latitude septentrionale : la rivière de la Colombie, les gisements du nouveau Cornouailles, le détroit de Chleckhoff, les régions Aleutiennes, le golfe de Bristol ou de Cook, les terres des Indiens Tchoukotches, rien de tout cela n'avoit encore été exploré par Kotzebue et les autres navigateurs russes ou américains. Aujourd'hui le capitaine Franklin, évitant plusieurs mille lieues de circuit, s'est épargné la peine de chercher à l'occident ce qui ne se pouvoit trouver qu'au septentrion.

Maintenant je prierai encore le lecteur de rappeler dans sa mémoire divers passages de la préface générale de mes *OEuvres complètes*, et de la préface de l'*Essai historique*, où j'ai raconté quelques particularités de ma vie. Destiné par mon père à la marine, et par ma mère à l'état ecclésiastique, ayant choisi moi-même le service de terre, j'avois été présenté à Louis XVI : afin de jouir des honneurs de la Cour et de *monter dans les carrosses,* pour parler le langage du temps, il falloit avoir au moins le rang de capitaine de cavalerie; j'étois ainsi capitaine de cavalerie de droit, et sous-lieutenant d'infanterie de fait, dans le régiment de Navarre. Les soldats de ce régiment, dont le marquis de Mortemart étoit colonel, s'étant insurgés comme les autres, je me trouvai dégagé de tout lien vers la fin de 1790. Quand je quittai la France au commencement de 1791, la révolution marchoit à grands pas : les principes sur lesquels elle se fondoit étoient les miens, mais je détestois les violences qui l'avoient déjà déshonorée : c'étoit avec joie que j'allois chercher une indépendance plus conforme à mes goûts plus sympathique à mon caractère.

A cette même époque le mouvement de l'émigration s'accroissoit; mais comme on ne se battoit pas, aucun sentiment d'honneur ne me forçoit, contre le penchant de ma raison, à me jeter dans la folie de Coblentz. Une émigration plus raisonnable se dirigeoit vers les rives de l'Ohio; une terre de liberté offroit son asile à ceux qui fuyoient la liberté de leur patrie. Rien ne prouve mieux le haut prix des institutions généreuses que cet exil volontaire des partisans du pouvoir absolu dans un monde républicain.

Au printemps de 1791, je dis adieu à ma respectable et digne mère, et je m'embarquai à Saint-Malo; je portois au général Washington une lettre de recommandation du marquis de La Rouairie. Celui-ci avoit fait la guerre de l'indépendance en Amérique; il ne tarda pas à devenir célèbre en France par la conspiration royaliste à laquelle il donna son nom. J'avois pour compagnons de voyage de jeunes séminaristes de Saint-Sulpice, que leur supérieur, homme de mérite, conduisoit à Baltimore. Nous mîmes à la voile : au bout de quarante-huit heures nous perdîmes la terre de vue, et nous entrâmes dans l'Atlantique.

Il est difficile aux personnes qui n'ont jamais navigué de se faire une idée des sentiments qu'on éprouve lorsque du bord d'un vaisseau on n'aperçoit plus que la mer et le ciel. J'ai essayé de retracer ces sentiments dans le chapitre du *Génie du Christianisme* intitulé *Deux perspectives de la nature*, et dans *les Natchez*, en prêtant mes propres émotions à *Chactas*. L'*Essai historique* et l'*Itinéraire* sont également remplis des souvenirs et des images de ce qu'on peut appeler le désert de l'Océan. Me trouver au milieu de la mer, c'étoit n'avoir pas quitté ma patrie; c'étoit, pour ainsi dire, être porté dans mon premier voyage par ma nourrice, par la confidente de mes premiers plaisirs. Qu'il me soit permis, afin de mieux faire entrer le lecteur dans l'esprit de la relation qu'il va lire, de citer quelques pages de mes Mémoires inédits : presque toujours notre manière de voir et de sentir tient aux réminiscences de notre jeunesse.

C'est à moi que s'appliquent les vers de Lucrèce :

Tum porro puer ut sævis projectus ab undis
Navita. . . . .

Le ciel voulut placer dans mon berceau une image de mes destinées.

« Élevé comme le compagnon des vents et des
« flots, ces flots, ces vents, cette solitude, qui furent
« mes premiers maîtres, convenoient peut-être mieux
« à la nature de mon esprit et à l'indépendance de
« mon caractère. Peut-être dois-je à cette éducation
« sauvage quelque vertu que j'aurois ignorée : la
« vérité est qu'aucun système d'éducation n'est en
« soi préférable à un autre. Dieu fait bien ce qu'il
« fait ; c'est sa providence qui nous dirige, lorsqu'elle
« nous appelle à jouer un rôle sur la scène du
« monde. »

Après les détails de l'enfance viennent ceux de mes études. Bientôt échappé du toit paternel, je dis l'impression que fit sur moi Paris, la cour, le monde ; je peins la société d'alors, les hommes que je rencontrai, les premiers mouvements de la révolution : la suite des dates m'amène à l'époque de mon départ pour les États-Unis. En me rendant au port je visitai la terre où s'étoit écoulée une partie de mon enfance : je laisse parler les *Mémoires*.

« Je n'ai revu Combourg que trois fois : à la mort
« de mon père toute la famille se trouva réunie au
« château pour se dire adieu. Deux ans plus tard
« j'accompagnai ma mère à Combourg; elle vouloit
« meubler le vieux manoir; mon frère y devoit ame-
« ner ma belle-sœur : mon frère ne vint point en
« Bretagne; et bientôt il monta sur l'échafaud avec
« la jeune femme[1] pour qui ma mère avoit préparé
« le lit nuptial. Enfin, je pris le chemin de Combourg
« en me rendant au port, lorsque je me décidai à
« passer en Amérique.

« Après seize années d'absence, prêt à quitter de
« nouveau le sol natal pour les ruines de la Grèce,
« j'allai embrasser au milieu des landes de ma pauvre
« Bretagne ce qui me restoit de ma famille; mais je
« n'eus pas le courage d'entreprendre le pèlerinage
« des champs paternels. C'est dans les bruyères de
« Combourg que je suis devenu le peu que je suis;
« c'est là que j'ai vu se réunir et se disperser ma
« famille. De dix enfants que nous avons été, nous
« ne restons plus que trois. Ma mère est morte de
« douleur; les cendres de mon père ont été jetées au
« vent.

[1] Mlle de Rosambo, petite-fille de M. de Malesherbes, exécutée avec son mari et sa mère le même jour que son illustre aïeul.

« Si mes ouvrages me survivoient, si je devois
« laisser un nom, peut-être un jour, guidé par ces
« Mémoires, le voyageur s'arrêteroit un moment aux
« lieux que j'ai décrits. Il pourroit reconnoître le
« château, mais il chercheroit en vain le *grand mail*
« ou le grand bois; il a été abattu : le berceau de
« mes songes a disparu comme ces songes. Demeuré
« seul debout sur son rocher, l'antique donjon
« semble regretter les chênes qui l'environnoient et
« le protégeoient contre les tempêtes. Isolé comme
« lui, j'ai vu comme lui tomber autour de moi ma
« famille qui embellissoit mes jours et me prêtoit
« son abri : grâce au ciel, ma vie n'est pas bâtie sur
« terre aussi solidement que les tours où j'ai passé
« ma jeunesse. »

Les lecteurs connoissent à présent le voyageur auquel ils vont avoir affaire dans le récit de ses premières courses.

VOYAGE
EN AMÉRIQUE.

Je m'embarquai donc à Saint-Malo, comme je l'ai dit; nous prîmes la haute mer, et le 6 mai 1791, vers les huit heures du matin, nous découvrîmes le pic de l'île de Pico, l'une des Açores : quelques heures après, nous jetâmes l'ancre dans une mauvaise rade, sur un fond de roches, devant l'île Graciosa. On en peut lire la description dans l'*Essai historique*. On ignore la date précise de la découverte de cette île.

C'étoit la première terre étrangère à laquelle j'abordois; par cette raison même il m'en est resté un souvenir qui conserve chez moi l'empreinte et la vivacité de la jeunesse. Je n'ai pas manqué de conduire Chactas aux Açores, et de lui faire voir la fameuse statue que les premiers navigateurs prétendirent avoir trouvée sur ces rivages.

Des Açores, poussés par les vents sur le banc de Terre-Neuve, nous fûmes obligés de faire une seconde relâche à l'île Saint-Pierre. « T. et moi, dis-je
« encore dans l'*Essai historique*, nous allions courir
« dans les montagnes de cette île affreuse; nous
« nous perdions au milieu des brouillards dont elle
« est sans cesse couverte, errant au milieu des

« nuages et des bouffées de vent, entendant les mu-
« gissements d'une mer que nous ne pouvions décou-
« vrir, égarés sur une bruyère laineuse et morte, et
« au bord d'un torrent rougeâtre qui couloit entre
« des rochers. »

Les vallées sont semées, dans différentes parties, de cette espèce de pin dont les jeunes pousses servent à faire une bière amère. L'île est environnée de plusieurs écueils, entre lesquels on remarque celui du *Colombier*, ainsi nommé parce que les oiseaux de mer y font leur nid au printemps. J'en ai donné la description dans le *Génie du Christianisme*.

L'île Saint-Pierre n'est séparée de celle de Terre-Neuve que par un détroit assez dangereux : de ses côtes désolées on découvre les rivages encore plus désolés de Terre-Neuve. En été, les grèves de ces îles sont couvertes de poissons qui sèchent au soleil, et en hiver, d'ours blancs qui se nourrissent des débris oubliés par les pêcheurs.

Lorsque j'abordai à Saint-Pierre, la capitale de l'île consistoit, autant qu'il m'en souvient, dans une assez longue rue, bâtie le long de la mer. Les habitants, fort hospitaliers, s'empressèrent de nous offrir leur table et leur maison. Le gouverneur logeoit à l'extrémité de la ville. Je dînai deux ou trois fois chez lui. Il cultivoit dans un des fossés du fort quelques légumes d'Europe. Je me souviens qu'après le dîner il me montroit son *jardin ;* nous allions ensuite nous asseoir au pied du mât du pavillon planté sur la forteresse. Le drapeau françois flottoit sur notre tête, tandis que nous regardions une mer sauvage et les côtes sombres de l'île de Terre-Neuve, en parlant de la patrie.

Après une relâche de quinze jours, nous quittâmes l'île Saint-Pierre, et le bâtiment, faisant route au midi, atteignit la latitude des côtes du Maryland et de la Virginie : les calmes nous arrêtèrent. Nous jouissions du plus beau ciel ; les nuits, les couchers et les levers du soleil étoient admirables. Dans le chapitre du *Génie du Christianisme* déjà cité, intitulé *Deux perspectives de la nature*, j'ai rappelé une de ces pompes nocturnes et une de ces magnificences du couchant. « Le globe du soleil, prêt à se plonger « dans les flots, apparoissoit entre les cordages du « navire, au milieu des espaces sans bornes, etc. ».

Il ne s'en fallut guère qu'un accident ne mît un terme à tous mes projets.

La chaleur nous accabloit ; le vaisseau, dans un calme plat, sans voile, et trop chargé de ses mâts, étoit tourmenté par le roulis. Brûlé sur le pont et fatigué du mouvement, je voulus me baigner, et quoique nous n'eussions point de chaloupe dehors, je me jetai du mât de beaupré à la mer. Tout alla d'abord à merveille, et plusieurs passagers m'imitèrent. Je nageois sans regarder le vaisseau ; mais quand je vins à tourner la tête, je m'aperçus que le courant l'avait déjà entraîné bien loin. L'équipage étoit accouru sur le pont ; on avait filé un grelin aux autres nageurs. Des requins se montroient dans les eaux du navire, et on leur tiroit du bord des coups de fusil pour les écarter. La houle étoit si grosse qu'elle retardoit mon retour et épuisoit mes forces. J'avois un abîme au-dessous de moi, et les requins pouvoient à tout moment m'emporter un bras ou une jambe. Sur le bâtiment, on s'efforçoit de mettre un canot à la mer; mais il falloit établir un palan, et cela prenoit un temps considérable.

Par le plus grand bonheur, une brise presque insensible se leva : le vaisseau, gouvernant un peu, se rapprocha de moi; je pus m'emparer du bout de la corde; mais les compagnons de ma témérité s'étoient accrochés à cette corde; et quand on nous attira au flanc du bâtiment, me trouvant à l'extrémité de la file, ils pesoient sur moi de tout leur poids. On nous repêcha ainsi un à un, ce qui fut long. Les roulis continuoient; à chacun d'eux nous plongions de dix ou douze pieds dans la vague, ou nous étions suspendus en l'air à un même nombre de pieds, comme des poissons au bout d'une ligne. A la dernière immersion, je me sentis prêt à m'évanouir; un roulis de plus, et c'en étoit fait. Enfin on me hissa sur le pont à demi mort : si je m'étois noyé, le bon débarras pour moi et pour les autres!

Quelques jours après cet accident, nous aperçûmes la terre : elle étoit dessinée par la cime de quelques arbres qui sembloient sortir du sein de l'eau : les palmiers de l'embouchure du Nil me découvrirent depuis le rivage de l'Égypte de la même manière. Un pilote vint à notre bord. Nous entrâmes dans la baie de Chesapeake, et le soir même on envoya une chaloupe chercher de l'eau et des vivres frais. Je me joignis au parti qui alloit à terre, et, une demi-heure après avoir quitté le vaisseau, je foulai le sol américain.

Je restai quelque temps les bras croisés, promenant mes regards autour de moi dans un mélange de sentiments et d'idées que je ne pouvois débrouiller alors, et que je ne pourrois peindre aujourd'hui. Ce continent ignoré du reste du monde pendant toute la durée des temps anciens et pendant un grand nombre de siècles modernes ; les premières destinées sauvages de ce continent, et ses secondes destinées depuis l'arrivée de Christophe Colomb ; la domination des monarchies de l'Europe ébranlée dans ce Nouveau-Monde; la vieille société finissant dans la jeune Amérique; une république d'un genre inconnu jusqu'alors, annonçant un changement dans l'esprit humain et dans l'ordre politique ; la part que ma patrie avoit eue à ces événements; ces mers et ces rivages devant en partie leur indépendance au pavillon et au sang françois; un grand homme sortant à la fois du milieu des discordes et des déserts, Washington habitant une ville florissante dans le même lieu où, un siècle auparavant, Guillaume Penn avoit acheté un morceau de terre de quelques Indiens; les États-Unis renvoyant à la France, à travers l'Océan, la révolution et la liberté que la France avoit soutenues de ses armes; enfin, mes propres desseins; les découvertes que je voulois tenter dans ces solitudes natives, qui étendoient encore leur vaste royaume derrière l'étroit empire d'une civilisation étrangère : voilà les choses qui occupoient confusément mon esprit.

Nous nous avançâmes vers une habitation assez éloignée pour y acheter ce qu'on voudroit nous vendre. Nous traversâmes quelques petits bois de baumiers et de cèdres de la Virginie qui parfumoient l'air. Je vis voltiger des oiseaux-moqueurs et des cardinaux, dont les chants et les couleurs m'annoncèrent un nouveau climat. Une négresse de quatorze ou quinze ans, d'une beauté extraordinaire, vint nous ouvrir la barrière d'une maison qui tenoit à la fois de la ferme d'un Anglois et de l'habitation d'un colon. Des troupeaux de vaches paissoient dans des prairies artificielles entourées de palissades dans lesquelles se jouoient des écureuils gris, noirs et rayés : des nègres scioient des pièces de bois, et d'autres cultivoient des plantations de tabac. Nous achetâmes des gâteaux de maïs, des poules, des œufs, du lait, et nous retournâmes au bâtiment mouillé dans la baie.

On leva l'ancre pour gagner la rade, et ensuite le port de Baltimore. Le trajet fut lent; le vent manquoit. En approchant de Baltimore, les eaux se rétrécirent : elles étoient d'un calme parfait; nous avions l'air de remonter un fleuve bordé de longues avenues : Baltimore s'offrit à nous comme au fond d'un lac. En face de la ville s'élevoit une colline ombragée d'arbres, au pied de laquelle on commençoit à bâtir quelques maisons. Nous amarrâmes au quai du port. Je couchai à bord, et ne descendis à terre que le lendemain. J'allai loger à l'auberge où l'on porta mes bagages. Les séminaristes se retirèrent avec leur supérieur à l'établissement préparé pour eux, d'où ils se sont dispersés en Amérique.

Baltimore, comme toutes les autres métropoles des États-Unis, n'avoit pas l'étendue qu'elle a aujourd'hui : c'étoit une jolie ville fort propre et fort animée. Je payai mon passage au capitaine et lui donnai un dîner d'adieu dans une très bonne taverne auprès du port. J'arrêtai ma place au stage, qui faisoit trois fois la semaine le voyage de Philadelphie. A quatre heures du matin je montai dans ce stage, et me voilà roulant sur les grands chemins du Nouveau-Monde, où je ne connoissois personne, où je n'étois connu de qui que ce soit : mes compagnons de voyage ne m'avoient jamais vu, et je ne devois jamais les revoir après notre arrivée à la capitale de la Pensylvanie.

La route que nous parcourûmes étoit plutôt tracée que faite. Le pays étoit assez nu et assez plat : peu d'oiseaux, peu d'arbres, quelques maisons éparses, point de villages ; voilà ce que présentoit la campagne et ce qui me frappa désagréablement.

En approchant de Philadelphie nous rencontrâmes des paysans allant au marché, des voitures publiques et d'autres voitures fort élégantes. Philadelphie me parut une belle ville : les rues larges ; quelques-unes, plantées d'arbres, se coupent à angle droit dans un ordre régulier du nord au sud et de l'est à l'ouest. La Delaware coule parallèlement à la rue qui suit son bord occidental : c'est une rivière qui seroit considérable en Europe, mais dont on ne parle pas en Amérique. Ses rives sont basses et peu pittoresques.

Philadelphie, à l'époque de mon voyage (1791), ne s'étendoit point encore jusqu'au Schuylkill; seulement le terrain, en avançant vers cet affluent, étoit divisé par lots, sur lesquels on construisoit quelques maisons isolées.

L'aspect de Philadelphie est froid et monotone. En général, ce qui manque aux cités des États-Unis, ce sont les monuments et surtout les vieux monuments. Le protestantisme, qui ne sacrifie point à l'imagination, et qui est lui-même nouveau, n'a point élevé ces tours et ces dômes dont l'antique religion catholique a couronné l'Europe. Presque rien à Philadelphie, à New-York, à Boston, ne s'élève au-dessus de la masse des murs et des toits. L'œil est attristé de ce niveau.

Les États-Unis donnent plutôt l'idée d'une colonie que d'une nation-mère; on y trouve des usages plutôt que des mœurs. On sent que les habitants ne sont point nés du sol : cette société, si belle dans le présent n'a point de passé; les villes sont neuves, les tombeaux sont d'hier. C'est ce qui m'a fait dire dans *les Natchez* : « Les Européens n'avoient point « encore de tombeaux en Amérique, qu'ils y avoient « déjà des cachots. C'étoient les seuls monuments « du passé pour cette société sans aïeux et sans « souvenirs. »

Il n'y a de vieux en Amérique que les bois, enfants de la terre, et la liberté, mère de toute société humaine : cela vaut bien des monuments et des aïeux.

Un homme débarqué, comme moi, aux États-Unis, plein d'enthousiasme pour les anciens, un

Caton qui cherchoit partout la rigidité des premières mœurs romaines, dut être fort scandalisé de trouver partout l'élégance des vêtements, le luxe des équipages, la frivolité des conversations, l'inégalité des fortunes, l'immoralité des maisons de banque et de jeu, le bruit des salles de bal et de spectacle. A Philadelphie, j'aurois pu me croire dans une ville angloise : rien n'annonçoit que j'eusse passé d'une monarchie à la république.

On a pu voir dans l'*Essai historique* qu'à cette époque de ma vie j'admirois beaucoup les républiques : seulement je ne les croyois pas possibles à l'âge du monde où nous étions parvenus, parce que je ne connoissois que la liberté à la manière des anciens, la liberté fille des mœurs dans une société naissante ; j'ignorois qu'il y eût une autre liberté fille des lumières et d'une vieille civilisation ; liberté dont la république représentative a prouvé la réalité. On n'est plus aujourd'hui obligé de labourer soi-même son petit champ, de repousser les arts et les sciences, d'avoir les ongles crochus et la barbe sale pour être libre.

Mon *désappointement* politique me donna sans doute l'humeur qui me fit écrire la note satirique contre les quakers, et même un peu contre tous les Américains, note que l'on trouve dans l'*Essai historique*. Au reste, l'apparence du peuple dans les rues de la capitale de la Pensylvanie étoit agréable ; les hommes se montroient proprement vêtus ; les femmes, surtout les quakeresses, avec leur chapeau uniforme, paroissoient extrêmement jolies.

Je rencontrai plusieurs colons de Saint-Domingue et quelques François émigrés. J'étois impatient de commencer mon voyage au désert : tout le monde fut d'avis que je me rendisse à Albany, où, plus rapproché des défrichements et des nations indiennes, je serois à même de trouver des guides et d'obtenir des renseignements.

Lorsque j'arrivai à Philadelphie, le grand Washington n'y étoit pas. Je fus obligé de l'attendre une quinzaine de jours; il revint. Je le vis passer dans une voiture qu'emportoient avec rapidité quatre chevaux fringants, conduits à grandes guides. Washington, d'après mes idées d'alors, étoit nécessairement Cincinnatus; Cincinnatus en carrosse dérangeoit un peu ma république de l'an de Rome 296. Le dictateur Washington pouvoit-il être autre chose qu'un rustre piquant ses bœufs de l'aiguillon et tenant le manche de sa charrue ? Mais quand j'allai porter ma lettre de recommandation à ce grand homme, je retrouvai la simplicité du vieux Romain.

Une petite maison dans le genre anglois, ressemblant aux maisons voisines, étoit le palais du Président des États-Unis : point de gardes, pas même de valets. Je frappai; une jeune servante ouvrit. Je lui demandai si le général étoit chez lui; elle me répondit qu'il y étoit. Je répliquai que j'avois une lettre à lui remettre. La servante me demanda mon nom, difficile à prononcer en anglois, et qu'elle ne put retenir. Elle me dit alors doucement : *Walk in, sir*, « Entrez, monsieur; » et elle marcha devant moi dans un de ces étroits et longs corridors qui servent de vestibule aux maisons angloises : elle m'introduisit dans un parloir, où elle me pria d'attendre le général.

Je n'étois pas ému. La grandeur de l'âme ou celle de la fortune ne m'imposent point : j'admire la première sans en être écrasé; la seconde m'inspire plus de pitié que de respect. Visage d'homme ne me troublera jamais.

Au bout de quelques minutes le général entra. C'étoit un homme d'une grande taille, d'un air calme et froid plutôt que noble : il est ressemblant dans ses gravures. Je lui présentai ma lettre en silence; il l'ouvrit, courut à la signature, qu'il lut tout haut avec exclamation : « Le colonel Armand! » c'étoit ainsi qu'il appeloit et qu'avoit signé le marquis de La Rouairie.

Nous nous assîmes; je lui expliquai, tant bien que mal, le motif de mon voyage. Il me répondoit par monosyllabes françois ou anglois, et m'écoutoit avec une sorte d'étonnement. Je m'en aperçus, et je lui dis avec un peu de vivacité : «Mais il est « moins difficile de découvrir le passage du nord- « ouest que de créer un peuple comme vous l'avez « fait. » *Well, well, young man!* s'écria-t-il en me tendant la main. Il m'invita à dîner pour le jour suivant, et nous nous quittâmes.

Je fus exact au rendez-vous : nous n'étions que cinq ou six convives. La conversation roula presque entièrement sur la révolution françoise. Le général nous montra une clef de la Bastille : ces clefs de la Bastille étoient des jouets assez niais qu'on se distribuoit alors dans les deux Mondes. Si Washington avoit vu, comme moi, dans les ruisseaux de Paris, les *vainqueurs de la Bastille*, il auroit eu moins de foi dans sa relique. Le sérieux et la force de la révolution n'étoient pas dans ces orgies sanglantes. Lors de la révocation de l'édit de Nantes, en 1685, la même populace du faubourg Saint-Antoine démolit le temple protestant à Charenton avec autant de zèle qu'elle devasta l'église de Saint-Denis en 1793.

Je quittai mon hôte à dix heures du soir, et je ne l'ai jamais revu ; il partit le lendemain pour la campagne, et je continuai mon voyage.

Telle fut ma rencontre avec cet homme qui a affranchi tout un monde. Washington est descendu dans la tombe avant qu'un peu de bruit se fût attaché à mes pas ; j'ai passé devant lui comme l'être le plus inconnu ; il étoit dans tout son éclat, et moi dans toute mon obscurité. Mon nom n'est peut-être pas demeuré un jour entier dans sa mémoire. Heureux pourtant que ses regards soient tombés sur moi ! je m'en suis senti échauffé le reste de ma vie : il y a une vertu dans les regards d'un grand homme.

J'ai vu depuis Buonaparte : ainsi la Providence m'a montré les deux personnages qu'elle s'étoit plu à mettre à la tête des destinées de leurs siècles.

Si l'on compare Washington et Buonaparte homme à homme, le génie du premier semble d'un vol moins élevé que celui du second. Washington n'appartient pas, comme Buonaparte, à cette race des Alexandre et des César, qui dépasse la stature de l'espèce humaine. Rien d'étonnant ne s'attache à

sa personne ; il n'est point placé sur un vaste théâtre ;
il n'est point aux prises avec les capitaines les plus
habiles et les plus puissants monarques du temps ; il
ne traverse point les mers ; il ne court point de Memphis à Vienne et de Cadix à Moscou : il se défend
avec une poignée de citoyens sur une terre sans
souvenirs et sans célébrité, dans le cercle étroit des
foyers domestiques. Il ne livre point de ces combats
qui renouvellent les triomphes sanglants d'Arbelles
et de Pharsale ; il ne renverse point les trônes pour
en recomposer d'autres avec leurs débris ; *il ne
met point le pied sur le cou des rois ;* il ne leur fait
point dire, sous les vestibules de son palais :

Qu'ils se font trop attendre, et qu'Attila s'ennuie.

Quelque chose de silencieux enveloppe les actions
de Washington ; il agit avec lenteur : on diroit qu'il
se sent le mandataire de la liberté de l'avenir, et
qu'il craint de la compromettre. Ce ne sont pas ses
destinées que porte ce héros d'une nouvelle espèce,
ce sont celles de son pays ; il ne se permet pas de
jouer ce qui ne lui appartient pas. Mais de cette
profonde obscurité quelle lumière va jaillir ! Cherchez les bois inconnus où brilla l'épée de Washington, qu'y trouverez-vous ? des tombeaux ? non,
un monde ! Washington a laissé les États-Unis pour
trophée sur son champ de bataille.

Buonaparte n'a aucun trait de ce grave Américain : il combat sur une vieille terre, environné
d'éclat et de bruit ; il ne veut créer que sa renommée ;
il ne se charge que de son propre sort. Il semble

savoir que sa mission sera courte, que le torrent qui descend de si haut s'écoulera promptement : il se hâte de jouir et d'abuser de sa gloire comme d'une jeunesse fugitive. A l'instar des dieux d'Homère, il veut arriver en quatre pas au bout du monde ; il paroît sur tous les rivages, il inscrit précipitamment son nom dans les fastes de tous les peuples ; il jette en courant des couronnes à sa famille et à ses soldats ; il se dépêche dans ses monuments, dans ses lois, dans ses victoires. Penché sur le monde, d'une main il terrasse les rois, de l'autre il abat le géant révolutionnaire ; mais en écrasant l'anarchie il étouffe la liberté, et finit par perdre la sienne sur son dernier champ de bataille.

Chacun est récompensé selon ses œuvres : Washington élève une nation à l'indépendance : magistrat retiré il s'endort paisiblement sous son toit paternel, au milieu des regrets de ses compatriotes et de la vénération de tous les peuples.

Buonaparte ravit à une nation son indépendance : empereur déchu, il est précipité dans l'exil, où la frayeur de la terre ne le croit pas encore assez emprisonné sous la garde de l'Océan. Tant qu'il se débat contre la mort, foible et enchaîné sur un rocher, l'Europe n'ose déposer les armes. Il expire : cette nouvelle, publiée à la porte du palais devant laquelle le conquérant avoit fait proclamer tant de funérailles, n'arrête ni n'étonne le passant : qu'avoient à pleurer les citoyens ?

La république de Washington subsiste ; l'empire de Buonaparte est détruit : il s'est écoulé entre le premier et le second voyage d'un François qui a trouvé une nation reconnoissante là où il avoit combattu pour quelques colons opprimés.

Washington et Buonaparte sortirent du sein d'une république : nés tous deux de la liberté, le premier lui a été fidèle, le second l'a trahie. Leur sort, d'après leur choix, sera différent dans l'avenir.

Le nom de Washington se répandra avec la liberté d'âge en âge ; il marquera le commencement d'une nouvelle ère pour le genre humain.

Le nom de Buonaparte sera redit aussi par les générations futures ; mais il ne se rattachera à aucune bénédiction, et servira souvent d'autorité aux oppresseurs, grands ou petits.

Washington a été tout entier le représentant des besoins, des idées, des lumières, des opinions de son époque ; il a secondé, au lieu de contrarier, le mouvement des esprits ; il a voulu ce qu'il devoit vouloir, la chose même à laquelle il étoit appelé : de là la cohérence et la perpétuité de son ouvrage. Cet homme, qui frappe peu, parce qu'il est naturel et dans des proportions justes, a confondu son existence avec celle de son pays ; sa gloire est le patrimoine commun de la civilisation croissante ; sa renommée s'élève comme un de ces sanctuaires où coule une source intarissable pour le peuple.

Buonaparte pouvoit enrichir également le domaine public : il agissoit sur la nation la plus civilisée, la plus intelligente, la plus brave, la plus brillante de la terre. Quel seroit aujourd'hui le rang occupé par lui dans l'univers, s'il eût joint la magnanimité à ce qu'il avoit d'héroïque, si, Washington et Buonaparte à la fois, il eût nommé la liberté héritière de sa gloire!

Mais ce géant démesuré ne lioit point complétement ses destinées à celles de ses contemporains : son génie appartenoit à l'âge moderne, son ambition étoit des vieux jours; il ne s'aperçut pas que les miracles de sa vie dépassoient de beaucoup la valeur d'un diadème, et que cet ornement gothique lui siéroit mal. Tantôt il faisoit un pas avec le siècle, tantôt il reculoit vers le passé; et, soit qu'il remontât ou suivît le cours du temps, par sa force prodigieuse il entraînoit ou repoussoit les flots. Les hommes ne furent à ses yeux qu'un moyen de puissance; aucune sympathie ne s'établit entre leur bonheur et le sien. Il avoit promis de les délivrer, et il les enchaîna; il s'isola d'eux, ils s'éloignèrent de lui. Les rois d'Égypte plaçoient leurs pyramides funèbres non parmi des campagnes florissantes, mais au milieu des sables stériles; ces grands tombeaux s'élèvent comme l'éternité dans la solitude : Buonaparte a bâti, à leur image, le monument de sa renommée.

Ceux qui, ainsi que moi, ont vu le conquérant de l'Europe et le législateur de l'Amérique, détournent aujourd'hui les yeux de la scène du monde : quelques histrions, qui font pleurer ou rire, ne valent pas la peine d'être regardés.

Un stage, semblable à celui qui m'avoit amené de Baltimore à Philadelphie, me conduisit de Philadelphie à New-York, ville gaie, peuplée et commer

çante, qui pourtant étoit bien loin d'être ce qu'elle est aujourd'hui. J'allai en pèlerinage à Boston pour saluer le premier champ de bataille de la liberté américaine. « J'ai vu les champs de Lexington ; je
« m'y suis arrêté en silence, comme le voyageur aux
« Thermopyles, à contempler la tombe de ces guer-
« riers des deux Mondes, qui moururent les pre-
« miers pour obéir aux lois de la patrie. En foulant
« cette terre philosophique qui me disoit, dans sa
« muette éloquence, comment les empires se per-
« dent et s'élèvent, j'ai confessé mon néant devant
« les voies de la Providence, et baissé mon front
« dans la poussière [1]. »

Revenu à New-York, je m'embarquai sur le paquebot qui faisoit voile pour Albany, en remontant la rivière d'Hudson, autrement appelée *la rivière du Nord*.

Dans une note de l'*Essai historique*, j'ai décrit une partie de ma navigation sur cette rivière, au bord de laquelle disparoît aujourd'hui, parmi les républicains de Washington, un des rois de Buonaparte, et quelque chose de plus, un de ses frères. Dans cette même note, j'ai parlé du major André, de cet infortuné jeune homme sur le sort duquel un ami, dont je ne cesse de déplorer la perte, a laissé tomber de touchantes et courageuses paroles lorsque Buonaparte étoit près de monter au trône où s'étoit assise Marie-Antoinette [2].

---

[1] *Essai historique*, 1re partie, chap. XXXIII.
[2] M. DE FONTANES, *Éloge de Washington*.

Arrivé à Albany, j'allai chercher un M. Swift pour lequel on m'avoit donné une lettre à Philadelphie. Cet Américain faisoit la traite des pelleteries avec les tribus indiennes enclavées dans le territoire cédé par l'Angleterre aux États-Unis ; car les puissances civilisées se partagent sans façon, en Amérique, des terres qui ne leur appartiennent pas. Après m'avoir entendu, M. Swift me fit des objections très raisonnables : il me dit que je ne pouvois pas entreprendre de prime abord, seul, sans secours, sans appui, sans recommandation pour les postes anglois, américains, espagnols, où je serois forcé de passer, un voyage de cette importance ; que, quand j'aurois le bonheur de traverser sans accident tant de solitudes, j'arriverois à des régions glacées où je périrois de froid ou de faim. Il me conseilla de commencer à m'acclimater en faisant une première course dans l'intérieur de l'Amérique, d'apprendre le sioux, l'iroquois et l'esquimaux, de vivre quelque temps parmi les coureurs de bois canadiens et les agents de la compagnie de la baie d'Hudson. Ces expériences préliminaires faites, je pourrois alors, avec l'assistance du gouvernement françois, poursuivre ma hasardeuse entreprise.

Ces conseils, dont je ne pouvois m'empêcher de reconnoître la justesse, me contrarioient ; si je m'en étois cru, je serois parti pour aller tout droit au pôle, comme on va de Paris à Saint-Cloud. Je cachai cependant à M. Swift mon déplaisir. Je le priai de me procurer un guide et des chevaux, afin que je me rendisse à la cataracte de Niagara, et de là à Pittsbourg, d'où je pourrois descendre l'Ohio. J'avois toujours dans la tête le premier plan de route que je m'étois tracé.

M. Swift engagea à mon service un Hollandois qui parloit plusieurs dialectes indiens. J'achetai deux chevaux, et je me hâtai de quitter Albany.

Tout le pays qui s'étend aujourd'hui entre le territoire de cette ville et celui de Niagara est habité, cultivé, et traversé par le fameux canal de New-York; mais alors une grande partie de ce pays étoit déserte.

Lorsque après avoir passé le Mohawk, je me trouvai dans des bois qui n'avoient jamais été abattus, je tombai dans une sorte d'ivresse que j'ai encore rappelée dans l'*Essai historique :* « J'allois d'arbre
« en arbre, à droite et à gauche indifféremment, me
« disant en moi-même : Ici plus de chemin à suivre,
« plus de villes, plus d'étroites maisons, plus de
« présidents, de républiques, de rois. . . . . . Et,
« pour essayer si j'étois enfin rétabli dans mes droits
« originels, je me livrois à mille actes de volonté qui
« faisoient enrager le grand Hollandois qui me ser-
« voit de guide, et qui dans son âme me croyoit fou[1]. »

Nous entrions dans les anciens cantons des six nations iroquoises. Le premier Sauvage que nous rencontrâmes étoit un jeune homme qui marchoit devant un cheval sur lequel étoit assise une Indienne parée à la manière de sa tribu. Mon guide leur souhaita le bonjour en passant.

---

[1] *Essai historique*, IIe partie, chap. LVII.

On sait déjà que j'eus le bonheur d'être reçu par un de mes compatriotes sur la frontière de la solitude, par ce M. Violet, maître de danse chez les Sauvages. On lui payoit ses leçons en peaux de castor et en jambons d'ours. « Au milieu d'une forêt, on
« voyoit une espèce de grange ; je trouvai dans cette
« grange une vingtaine de Sauvages, hommes et
« femmes, barbouillés comme des sorciers, le corps
« demi-nu, les oreilles découpées, des plumes de
« corbeau sur la tête, et des anneaux passés dans
« les narines. Un petit François, poudré et frisé
« comme autrefois, habit vert-pomme, veste de droguet,
« jabot et manchettes de mousseline, racloit
« un violon de poche, et faisoit danser Madelon Friquet
« à ces Iroquois. M. Violet, en me parlant des
« Indiens, me disoit toujours : *Ces messieurs sauvages
« et ces dames sauvagesses.* Il se louoit beaucoup
« de la légèreté de ses écoliers : en effet, je n'ai
« jamais vu faire de telles gambades. M. Violet, tenant
« son petit violon entre son menton et sa poitrine,
« accordoit l'instrument fatal ; il crioit en
« iroquois : *A vos places !* et toute la troupe sautoit
« comme une bande de démons[1]. »

C'étoit une chose assez étrange pour un disciple de Rousseau, que cette introduction à la vie sauvage par un bal que donnoit à des Iroquois un ancien marmiton du général Rochambeau. Nous continuâmes notre route. Je laisse maintenant parler le manuscrit : je le donne tel que je le trouve,

---

[1] *Itinéraire*, tome II.

tantôt sous la forme d'un *récit*, tantôt sous celle d'un *journal*, quelquefois en *lettres* ou en simples *annotations*.

LES ONONDAGAS.

Nous étions arrivés au bord du lac auquel les Onondagas, peuplade iroquoise, ont donné leur nom. Nos chevaux avoient besoin de repos. Je choisis avec mon Hollandois un lieu propre à établir notre camp. Nous en trouvâmes un dans une gorge de vallée, à l'endroit où une rivière sort en bouillonnant du lac. Cette rivière n'a pas couru cent toises au nord en directe ligne qu'elle se replie à l'est, et court parallèlement au rivage du lac, en dehors des rochers qui servent de ceinture à ce dernier.

Ce fut dans la courbe de la rivière que nous dressâmes notre appareil de nuit : nous fichâmes deux hauts piquets en terre; nous plaçâmes horizontalement dans la fourche de ces piquets une longue perche; appuyant des écorces de bouleau, un bout sur le sol, l'autre bout sur la gaule transversale, nous eûmes un toit digne de notre palais. Le bûcher de voyage fut allumé pour faire cuire notre souper et chasser les maringouins. Nos selles nous servoient d'oreiller sous l'*ajoupa*, et nos manteaux de couverture.

Nous attachâmes une sonnette au cou de nos chevaux, et nous les lâchâmes dans les bois. Par un instinct admirable, ces animaux ne s'écartent jamais assez loin pour perdre de vue le feu que leurs maîtres allument la nuit, afin de chasser les insectes et de se défendre des serpents.

Du fond de notre hutte nous jouissions d'une vue pittoresque. Devant nous s'étendoit le lac assez étroit et bordé de forêts et de rochers ; autour de nous la rivière, enveloppant notre presqu'île de ses ondes vertes et limpides, balayoit ses rivages avec impétuosité.

Il n'étoit guère que quatre heures après midi lorsque notre établissement fut achevé. Je pris mon fusil et j'allai errer dans les environs. Je suivis d'abord le cours de la rivière ; mes recherches botaniques ne furent pas heureuses : les plantes étoient peu variées. Je remarquai des familles nombreuses de *plantago-virginica*, et de quelques autres beautés de prairies toutes assez communes ; je quittai les bords de la rivière pour les côtes du lac, et je ne fus pas plus chanceux. A l'exception d'une espèce de rhododendrum, je ne trouvai rien qui valût la peine de m'arrêter : les fleurs de cet arbuste, d'un rose vif, faisoient un effet charmant avec l'eau bleue du lac où elles se miroient, et le flanc brun du rocher dans lequel elles enfonçoient leurs racines.

Il y avoit peu d'oiseaux ; je n'aperçus qu'un couple solitaire qui voltigeoit devant moi, et qui sembloit se plaire à répandre le mouvement et l'amour sur l'immobilité et la froideur de ces sites. La couleur du mâle me fit reconnoître l'oiseau blanc, ou le *passer nivalis* des ornithologistes. J'entendis aussi la voix de cette espèce d'orfraie que l'on a fort bien caractérisée par cette définition, *strix exclamator*.

Cet oiseau est inquiet comme tous les tyrans : je me fatiguai vainement à sa poursuite.

Le vol de cette orfraie m'avoit conduit à travers les bois jusqu'à un vallon resserré par des collines nues et pierreuses. Dans ce lieu extrêmement retiré on voyoit une méchante cabane de Sauvage bâtie à mi-côte entre les rochers : une vache maigre paissoit dans un pré au-dessous.

J'ai toujours aimé ces petits abris : l'animal blessé se tapit dans un coin ; l'infortuné craint d'étendre au dehors avec sa vue des sentiments que les hommes repoussent. Fatigué de ma course, je m'assis au haut du coteau que je parcourois, ayant en face la hutte indienne sur le coteau opposé. Je couchai mon fusil auprès de moi, et je m'abandonnai à ces rêveries dont j'ai souvent goûté le charme.

J'avois à peine passé ainsi quelques minutes, que j'entendis des voix au fond du vallon. J'aperçus trois hommes qui conduisoient cinq ou six vaches grasses. Après les avoir mis paître dans les prairies, ils marchèrent vers la vache maigre, qu'ils éloignèrent à coups de bâton.

L'apparition de ces Européens dans un lieu si désert me fut extrêmement désagréable ; leur violence me les rendit encore plus importuns. Ils chassoient la pauvre bête parmi les roches en riant aux éclats, et en l'exposant à se rompre les jambes. Une femme sauvage, en apparence aussi misérable que sa vache, sortit de la hutte isolée, s'avança vers l'animal effrayé, l'appela doucement et lui offrit quelque chose à manger. La vache courut à elle en allongeant le cou avec un petit mugissement de joie. Les colons menacèrent de loin l'Indienne, qui revint à sa cabane. La vache la suivit. Elle s'arrêta à la porte, où son amie la flattoit de la main, tandis que l'animal reconnoissant léchoit cette main secourable. Les colons s'étoient retirés.

Je me levai, je descendis la colline, je traversai le vallon; et, remontant la colline opposée, j'arrivai à la hutte, résolu de réparer autant qu'il étoit en moi la brutalité des hommes blancs. La vache m'aperçut et fit un mouvement pour fuir; je m'avançai avec précaution, et je parvins, sans qu'elle s'en allât, jusqu'à l'habitation de sa maîtresse.

L'Indienne étoit rentrée chez elle. Je prononçai le salut qu'on m'avoit appris : Siègoh! *Je suis venu!* L'Indienne, au lieu de me rendre mon salut par la répétition d'usage : *Vous êtes venu!* ne répondit rien. Je jugeai que la visite d'un de ses tyrans lui étoit importune. Je me mis alors à mon tour à caresser la vache. L'Indienne parut étonnée : je vis sur son visage jaune et attristé des signes d'attendrissement et presque de gratitude. Ces mystérieuses relations de l'infortune remplirent mes yeux de larmes : il y a de la douceur à pleurer sur des maux qui n'ont été pleurés de personne.

Mon hôtesse me regarda encore quelque temps avec un reste de doute, comme si elle craignoit que je ne cherchasse à la tromper; elle fit ensuite quelques pas, et vint elle-même passer sa main sur le front de sa compagne de misère et de solitude.

Encouragé par cette marque de confiance, je dis

en anglois, car j'avois épuisé mon indien : « Elle est bien maigre ! » L'Indienne repartit aussitôt en mauvais anglois : « Elle mange fort peu. » *She eats very little.* « On l'a chassée rudement, » repris-je. Et la femme me répondit : « Nous sommes accoutumées à cela toutes deux, *both*. » Je repris : « Cette prairie n'est donc pas à vous ? » Elle répondit : « Cette prai-
« rie étoit à mon mari, qui est mort. Je n'ai point
« d'enfants, et les blancs mènent leurs vaches dans
« ma prairie. »

Je n'avois rien à offrir à cette indigente créature : mon dessein eût été de réclamer la justice en sa faveur ; mais à qui m'adresser dans un pays où le mélange des Européens et des Indiens rendoit les autorités confuses, où le droit de la force enlevoit l'indépendance au Sauvage, et où l'homme policé, devenu à demi sauvage, avoit secoué le joug de l'autorité civile ?

Nous nous quittâmes, moi et l'Indienne, après nous être serré la main. Mon hôtesse me dit beaucoup de choses que je ne compris point, et qui étoient sans doute des souhaits de prospérité pour l'étranger. S'ils n'ont pas été entendus du ciel, ce n'est pas la faute de celle qui prioit, mais la faute de celui pour qui la prière étoit offerte : toutes les âmes n'ont pas une égale aptitude au bonheur, comme toutes les terres ne portent pas également des moissons.

Je retournai à mon *ajoupa*, où je fis un assez triste souper. La soirée fut magnifique ; le lac, dans un repos profond, n'avoit pas une ride sur ses flots ;

la rivière baignoit en murmurant notre presqu'île, que décoroient de faux ébéniers non encore défleuris ; l'oiseau nommé *coucou des Carolines* répétoit son chant monotone ; nous l'entendions tantôt plus près, tantôt plus loin, suivant que l'oiseau changeoit le lieu de ses appels amoureux.

Le lendemain j'allai avec mon guide rendre visite au premier sachem des Onondagas, dont le village n'étoit pas éloigné. Nous arrivâmes à ce village à dix heures du matin. Je fus environné aussitôt d'une foule de jeunes Sauvages qui me parloient dans leur langue, en y mêlant des phrases angloises et quelques mots françois : ils faisoient grand bruit et avoient l'air fort joyeux. Ces tribus indiennes, enclavées dans les défrichements des blancs, ont pris quelque chose de nos mœurs : elles ont des chevaux et des troupeaux ; leurs cabanes sont remplies de meubles et d'ustensiles achetés d'un côté à Québec, à Montréal, à Niagara, au Détroit ; de l'autre dans les villes des États-Unis.

Le sachem des Onondagas étoit un vieil Iroquois dans toute la rigueur du mot : sa personne gardoit le souvenir des anciens usages et des anciens temps du désert : grandes oreilles découpées, perle pendante au nez, visage bariolé de diverses couleurs, petite touffe de cheveux sur le sommet de la tête, tunique bleue, manteau de peau, ceinture de cuir, avec le couteau de scalpe et le casse-tête, bras tatoués, mocassines aux pieds, chapelet ou collier de porcelaine à la main.

Il me reçut bien et me fit asseoir sur sa natte.

Les jeunes gens s'emparèrent de mon fusil ; ils en démontèrent la batterie avec une adresse surprenante, et replacèrent les pièces avec la même dextérité : c'étoit un simple fusil de chasse à deux coups.

Le sachem parloit anglois et entendoit le françois : mon interprète savoit l'iroquois, de sorte que la conversation fut facile. Entre autres choses le vieillard me dit que, quoique sa nation eût toujours été en guerre avec la mienne, elle l'avoit toujours estimée. Il m'assura que les Sauvages ne cessoient de regretter les François ; il se plaignit des Américains, qui bientôt ne laisseroient pas aux peuples dont les ancêtres les avoient reçus, assez de terre pour couvrir leurs os.

Je parlai au sachem de la détresse de la veuve indienne : il me dit qu'en effet cette femme étoit persécutée, qu'il avoit plusieurs fois sollicité à son sujet les commissaires américains, mais qu'il n'en avoit pu obtenir justice ; il ajouta qu'autrefois les Iroquois se la seroient faite.

Les femmes indiennes nous servirent un repas. L'hospitalité est la dernière vertu sauvage qui soit restée aux Indiens au milieu des vices de la civilisation européenne. On sait quelle étoit autrefois cette hospitalité : une fois reçu dans une cabane on devenoit inviolable : le foyer avoit la puissance de l'autel ; il vous rendoit sacré. Le maître de ce foyer se fût fait tuer avant qu'on touchât à un seul cheveu de votre tête.

Lorsqu'une tribu chassée de ses bois, ou lorsqu'un homme venoit demander l'hospitalité, l'étranger commençoit ce qu'on appeloit la danse du suppliant. Cette danse s'exécutoit ainsi :

Le suppliant avançoit quelques pas, puis s'arrêtoit en regardant le supplié, et reculoit ensuite jusqu'à sa première position. Alors les hôtes entonnoient le chant de l'étranger : « Voici l'étranger, voici l'en« voyé du Grand-Esprit. » Après le chant, un enfant alloit prendre la main de l'étranger pour le conduire à la cabane. Lorsque l'enfant touchoit le seuil de la porte, il disoit : « Voici l'étranger ! » et le chef de la cabane répondoit : « Enfant, introduis l'homme dans « ma cabane. » L'étranger, entrant alors sous la protection de l'enfant, alloit, comme chez les Grecs, s'asseoir sur la cendre du foyer. On lui présentoit le calumet de paix ; il fumoit trois fois, et les femmes disoient le chant de la consolation : « L'étranger a « retrouvé une mère et une femme : le soleil se lè« vera et se couchera pour lui comme auparavant. »

On remplissoit d'eau d'érable une coupe consacrée : c'étoit une calebasse ou un vase de pierre qui reposoit ordinairement dans le coin de la cheminée, et sur lequel on mettoit une couronne de fleurs. L'étranger buvoit la moitié de l'eau, et passoit la coupe à son hôte qui achevoit de la vider.

Le lendemain de ma visite au chef des Onondagas je continuai mon voyage. Ce vieux chef s'étoit trouvé à la prise de Québec : il avoit assisté à la mort du général Wolf. Et moi, qui sortois de la hutte d'un Sauvage, j'étois nouvellement échappé du palais de Versailles, et je venois de m'asseoir à la table de Washington.

A mesure que nous avancions vers Niagara, la route, plus pénible, étoit à peine tracée par des abatis d'arbres : les troncs de ces arbres servoient de ponts sur les ruisseaux ou de fascines dans les fondrières. La population américaine se portoit alors vers les concessions de Génésée. Les gouvernements des États-Unis vendoient ces concessions plus ou moins cher, selon la bonté du sol, la qualité des arbres, le cours et la multitude des eaux.

Les défrichements offroient un curieux mélange de l'état de nature et de l'état civilisé. Dans le coin d'un bois qui n'avoit jamais retenti que des cris du Sauvage et des bruits de la bête fauve, on rencontroit une terre labourée; on apercevoit du même point de vue la cabane d'un Indien et l'habitation d'un planteur. Quelques-unes de ces habitations, déjà achevées, rappeloient la propreté des fermes angloises et hollandoises; d'autres n'étoient qu'à demi terminées, et n'avoient pour toit que le dôme d'une futaie.

J'étois reçu dans ces demeures d'un jour; j'y trouvois souvent une famille charmante, avec tous les agréments et toutes les élégances de l'Europe; des meubles d'acajou, un piano, des tapis, des glaces; tout cela à quatre pas de la hutte d'un Iroquois. Le soir, lorsque les serviteurs étoient revenus des bois ou des champs, avec la cognée ou la charrue, on ouvroit les fenêtres; les jeunes filles de mon hôte chantoient, en s'accompagnant sur le piano, la musique de Paësiello et de Cimarosa, à la vue du désert, et quelquefois au murmure lointain d'une cataracte.

Dans les terrains les meilleurs s'établissoient des bourgades. On ne peut se faire une idée du sentiment et du plaisir qu'on éprouve en voyant s'élancer la flèche d'un nouveau clocher du sein d'une vieille forêt américaine. Comme les mœurs angloises suivent partout les Anglois, après avoir traversé des pays où il n'y avoit pas trace d'habitants, j'apercevois l'enseigne d'une auberge qui pendoit à une branche d'arbre sur le bord du chemin, et que balançoit le vent de la solitude. Des chasseurs, des planteurs, des Indiens se rencontroient à ces caravansérails; mais la première fois que je m'y reposai je jurai bien que ce seroit la dernière.

Un soir, en entrant dans ces singulières hôtelleries, je restai stupéfait à l'aspect d'un lit immense bâti en rond autour d'un poteau: chaque voyageur venoit prendre sa place dans ce lit, les pieds au poteau du centre, la tête à la circonférence du cercle, de manière que les dormeurs étoient rangés symétriquement comme les rayons d'une roue ou les bâtons d'un éventail. Après quelque hésitation, je m'introduisis pourtant dans cette machine, parce que je n'y voyois personne. Je commençois à m'assoupir lorsque je sentis la jambe d'un homme qui se glissoit le long de la mienne: c'étoit celle de mon grand diable de Hollandois qui s'étendoit auprès de moi. Je n'ai jamais éprouvé une plus grande horreur de ma vie. Je sautai dehors de ce cabas hospitalier, maudissant cordialement les bons usages de nos bons aïeux. J'allai dormir dans mon manteau au clair de la lune: cette compagne de la couche du voyageur n'avoit rien du moins que d'agréable, de frais et de pur.

Le manuscrit manque ici, ou plutôt ce qu'il contenoit a été inséré dans mes autres ouvrages. Après plusieurs jours de marche, j'arrive à la rivière Généséé; je vois de l'autre côté de cette rivière la merveille du serpent à sonnettes attiré par le son d'une flûte[1]; plus loin je rencontre une famille sauvage, et je passe la nuit avec cette famille à quelque distance de la chute du Niagara. On retrouve l'histoire de cette rencontre et la description de cette nuit, dans l'*Essai historique* et dans le *Génie du Christianisme*.

Les Sauvages du saut de Niagara, dans la dépendance des Anglois, étoient chargés de la garde de la frontière du Haut-Canada de ce côté. Ils vinrent au-devant de nous armés d'arcs et de flèches, et nous empêchèrent de passer.

Je fus obligé d'envoyer le Hollandois au fort Niagara chercher une permission du commandant pour entrer sur les terres de la domination britannique : cela me serroit un peu le cœur, car je songeois que la France avoit jadis commandé dans ces contrées. Mon guide revint avec la permission : je la conserve encore; elle est signée : Le capitaine *Gordon*. N'est-il pas singulier que j'aie retrouvé le même nom anglois sur la porte de ma cellule à Jérusalem[2]?

Je restai deux jours dans le village des Sauvages.

---

[1] *Génie du Christianisme.*
[2] *Itinéraire.*

Le manuscrit offre en cet endroit la minute d'une lettre que j'écrivois à l'un de mes amis en France. Voici cette lettre:

Lettre écrite de chez les Sauvages de Niagara.

Il faut que je vous raconte ce qui s'est passé hier matin chez mes hôtes. L'herbe étoit encore couverte de rosée; le vent sortoit des forêts tout parfumé, les feuilles du mûrier sauvage étoient chargées des cocons d'une espèce de ver à soie, et les plantes à coton du pays, renversant leurs capsules épanouies, ressembloient à des rosiers blancs.

Les Indiennes s'occupoient de divers ouvrages, réunies ensemble au pied d'un gros hêtre pourpre. Leurs plus petits enfants étoient suspendus dans des réseaux aux branches de l'arbre : la brise des bois berçoit ces couches aériennes d'un mouvement presque insensible. Les mères se levoient de temps en temps pour voir si leurs enfants dormoient, et s'ils n'avoient point été réveillés par une multitude d'oiseaux qui chantoient et voltigeoient à l'entour. Cette scène étoit charmante.

Nous étions assis à part, l'interprète et moi, avec les guerriers, au nombre de sept; nous avions tous une grande pipe à la bouche; deux ou trois de ces Indiens parloient anglois.

A quelque distance de jeunes garçons s'ébattoient: mais, au milieu de leurs jeux, en sautant, en courant, en lançant des balles, ils ne prononçoient pas un mot. On n'entendoit point l'étourdissante criaillerie des enfants européens; ces jeunes Sauvages bondissoient comme des chevreuils, et ils étoient muets comme eux. Un grand garçon de sept où huit ans, se détachant quelquefois de la troupe, venoit téter sa mère, et retournoit jouer avec ses camarades.

L'enfant n'est jamais sevré de force; après s'être nourri d'autres aliments, il épuise le sein de sa mère comme la coupe que l'on vide à la fin d'un banquet. Quand la nation entière meurt de faim, l'enfant trouve encore au sein maternel une source de vie. Cette coutume est peut-être une des causes qui empêchent les tribus américaines de s'accroître autant que les familles européennes.

Les pères ont parlé aux enfants et les enfants ont répondu aux pères. Je me suis fait rendre compte du colloque par mon Hollandois. Voici ce qui s'est passé :

Un Sauvage d'une trentaine d'années a appelé son fils, et l'a invité à sauter moins fort; l'enfant a répondu : *C'est raisonnable*. Et, sans faire ce que le père lui disoit, il est retourné au jeu.

Le grand-père de l'enfant l'a appelé à son tour, et lui a dit : *Fais cela;* et le petit garçon s'est soumis. Ainsi l'enfant a désobéi à son père qui le *prioit*, et a obéi à son aïeul qui lui *commandoit*. Le père n'est presque rien pour l'enfant.

On n'inflige jamais une punition à celui-ci; il ne reconnoît que l'autorité de l'âge et celle de sa mère. Un crime réputé affreux et sans exemple parmi les Indiens est celui d'un fils rebelle à sa mère. Lorsqu'elle est devenue vieille il la nourrit.

A l'égard du père, tant qu'il est jeune, l'enfant le compte pour rien ; mais lorsqu'il avance dans la vie, son fils l'honore, non comme père, mais comme vieillard, c'est-à-dire comme un homme de bons conseils et d'expérience.

Cette manière d'élever les enfants dans toute leur indépendance devroit les rendre sujets à l'humeur et aux caprices ; cependant les enfants des Sauvages n'ont ni caprices ni humeur, parce qu'ils ne désirent que ce qu'ils savent pouvoir obtenir. S'il arrive à un enfant de pleurer pour quelque chose que sa mère n'a pas, on lui dit d'aller prendre cette chose où il l'a vue : or, comme il n'est pas le plus fort, et qu'il sent sa foiblesse, il oublie l'objet de sa convoitise. Si l'enfant sauvage n'obéit à personne, personne ne lui obéit : tout le secret de sa gaîté ou de sa raison est là.

Les enfants indiens ne se querellent point, ne se battent point : ils ne sont ni bruyants, ni tracassiers, ni hargneux ; ils ont dans l'air je ne sais quoi de sérieux comme le bonheur, de noble comme l'indépendance.

Nous ne pourrions pas élever ainsi notre jeunesse ; il nous faudroit commencer par nous défaire de nos vices : or nous trouvons plus aisé de les ensevelir dans le cœur de nos enfants, prenant soin seulement d'empêcher ces vices de paroître au dehors.

Quand le jeune Indien sent naître en lui le goût de la pêche, de la chasse, de la guerre, de la politique, il étudie et imite les arts qu'il voit pratiquer à son père : il apprend alors à coudre un canot, à tresser un filet, à manier l'arc, le fusil, le casse-tête, la hache, à couper un arbre, à bâtir une hutte, à expliquer les *colliers*. Ce qui est un amusement pour le fils devient une autorité pour le père : le droit de la force et de l'intelligence de celui-ci est reconnu, et ce droit le conduit peu à peu au pouvoir du sachem.

Les filles jouissent de la même liberté que les garçons : elles font à peu près ce qu'elles veulent, mais elles restent davantage avec leurs mères, qui leur enseignent les travaux du ménage. Lorsqu'une jeune Indienne a mal agi, sa mère se contente de lui jeter des gouttes d'eau au visage, et de lui dire : *Tu me déshonores*. Ce reproche manque rarement son effet.

Nous sommes restés jusqu'à midi à la porte de la cabane; le soleil étoit devenu brûlant. Un de nos hôtes s'est avancé vers les petits garçons et leur a dit : *Enfants, le soleil vous mangera la tête, allez dormir*. Ils se sont tous écriés : *C'est juste*. Et pour toute marque d'obéissance ils ont continué de jouer, après être convenus que le soleil leur *mangeroit* la tête.

Mais les femmes se sont levées, l'une montrant de la sagamité dans un vase de bois, l'autre un fruit favori, une troisième déroulant une natte pour se coucher : elles ont appelé la troupe obstinée, en joignant à chaque nom un mot de tendresse. A l'instant les enfants ont volé vers leurs mères comme une couvée d'oiseaux. Les femmes les ont saisis en riant, et chacune d'elles a emporté avec assez de peine son fils, qui mangeoit dans les bras maternels ce qu'on venoit de lui donner.

Adieu, je ne sais si cette lettre écrite du milieu des bois vous arrivera jamais.

Je me rendis du village des Indiens à la cataracte de Niagara. La description de cette cataracte, placée à la fin d'*Atala*, est trop connue pour la reproduire; d'ailleurs elle fait encore partie d'une note sur l'*Essai historique;* mais il y a dans cette même note quelques détails si intimement liés à l'histoire de mon voyage, que je crois devoir les répéter ici.

A la cataracte de Niagara, l'échelle indienne qui s'y trouvoit jadis étant rompue, je voulus, en dépit des représentations de mon guide, me rendre au bas de la chute par un rocher à pic d'environ deux cents pieds de hauteur. Je m'aventurai dans la descente. Malgré les rugissements de la cataracte et l'abîme effrayant qui bouillonnoit au-dessous de moi, je conservai ma tête, et parvins à une quarantaine de pieds du fond. Mais ici le rocher lisse et vertical n'offroit plus ni racines ni fentes où pouvoir reposer mes pieds. Je demeurai suspendu par la main à toute ma longueur, ne pouvant ni remonter ni descendre, sentant mes doigts s'ouvrir peu à peu de lassitude sous le poids de mon corps, et voyant la mort inévitable. Il y a peu d'hommes qui aient passé dans leur vie deux minutes comme je les comptai alors, suspendu sur le gouffre de Niagara. Enfin mes mains s'ouvrirent et je tombai. Par le bonheur le plus inouï je me trouvai sur le roc vif, où j'aurois dû me briser cent fois, et cependant je ne me sentois pas grand mal; j'étois à un demi-pouce de l'abîme, et je n'y avois pas roulé; mais lorsque le froid de l'eau commença à me pénétrer, je m'aperçus que je n'en étois pas quitte à aussi bon marché que je l'avois cru d'abord. Je sentis une douleur insupportable au bras gauche; je l'avois cassé au-dessous du coude. Mon guide, qui me regardoit d'en haut, et auquel je fis signe, courut chercher quelques Sauvages, qui, avec beaucoup de peine, me remontèrent avec des cordes de bouleau et me transportèrent chez eux.

Ce ne fut pas le seul risque que je courus à Niagara. En arrivant, je m'étois rendu à la chute, tenant la bride de mon cheval entortillée à mon bras, tandis que je me penchois pour regarder en bas, un serpent à sonnettes remua dans les buissons voisins; le cheval s'effraie, recule en se cabrant et en approchant du gouffre. Je ne puis dégager mon bras des rênes, et le cheval, toujours plus effarouché, m'entraîne après lui. Déjà ses pieds de devant quittoient la terre, et, accroupi sur le bord de l'abîme, il ne s'y tenoit plus que par force de reins. C'en étoit fait de moi, lorsque l'animal, étonné lui-même du nouveau péril, fait un nouvel effort, s'abat en dedans par une pirouette, et s'élance à dix pieds loin du bord [1].

Je n'avois qu'une fracture simple au bras : deux lattes, un bandage et une écharpe suffirent à ma guérison. Mon Hollandois ne voulut pas aller plus

[1] *Essai historique.*

loin. Je le payai, et il retourna chez lui. Je fis un nouveau marché avec des Canadiens de Niagara, qui avoient une partie de leur famille à Saint-Louis des Illinois, sur le Mississipi.

Le manuscrit présente maintenant un aperçu général des lacs du Canada.

LACS DU CANADA.

Le trop plein des eaux du lac Érié se décharge dans le lac Ontario, après avoir formé la cataracte de Niagara. Les Indiens trouvoient autour du lac Ontario le baume blanc dans le baumier; le sucre dans l'érable, le noyer et le merisier; la teinture rouge dans l'écorce de la perousse; le toit de leurs chaumières dans l'écorce du bois blanc : ils trouvoient le vinaigre dans les grappes rouges du vinaigrier, le miel et le coton dans les fleurs de l'asperge sauvage; l'huile pour les cheveux dans le tournesol, et une panacée pour les blessures dans la *plante universelle*. Les Européens ont remplacé ces bienfaits de la nature par les productions de l'art : les Sauvages ont disparu.

Le lac Érié a plus de cent lieues de circonférence. Les nations qui peuploient ses bords furent exterminées par les Iroquois il y a deux siècles; quelques hordes errantes infestèrent ensuite des lieux où l'on n'osoit s'arrêter.

C'est une chose effrayante que de voir les Indiens s'aventurer dans des nacelles d'écorce sur ce lac où les tempêtes sont terribles. Ils suspendent leurs

Manitous à la poupe des canots, et s'élancent au milieu des tourbillons de neige, entre les vagues soulevées. Ces vagues, de niveau avec l'orifice des canots, ou les surmontant, semblent les aller engloutir. Les chiens des chasseurs, les pates appuyées sur le bord, poussent des cris lamentables, tandis que leurs maîtres, gardant un profond silence, frappent les flots en mesure avec leurs pagaies. Les canots s'avancent à la file : à la proue du premier se tient debout un chef qui répète le monosyllable OAH, la première voyelle sur un note élevée et courte, la seconde sur une note sourde et longue; dans le dernier canot est encore un chef debout, manœuvrant une grande rame en forme de gouvernail. Les autres guerriers sont assis, les jambes croisées, au fond des canots : à travers le brouillard, la neige et les vagues, on n'aperçoit que les plumes dont la tête de ces Indiens est ornée, le cou allongé des dogues hurlant, et les épaules des deux sachems, pilote et augure : on diroit des dieux de ces eaux.

Le lac Érié est encore fameux par ses serpents. A l'ouest de ce lac, depuis les îles aux Couleuvres jusqu'aux rivages du continent, dans un espace de plus de vingt milles, s'étendent de larges nénufars : en été les feuilles de ces plantes sont couvertes de serpents entrelacés les uns aux autres. Lorsque les reptiles viennent à se mouvoir au rayon du soleil, on voit rouler leurs anneaux d'azur, de pourpre, d'or et d'ébène; on ne distingue dans ces horribles nœuds, doublement, triplement formés, que des yeux étincelants, des langues à triple dard, des gueules de feu, des queues armées d'aiguillons ou de sonnettes, qui s'agitent en l'air comme des fouets. Un sifflement continuel, un bruit semblable au froissement des feuilles mortes dans une forêt, sortent de cet impur Cocyte.

Le détroit qui ouvre le passage du lac Huron au lac Érié tire sa renommée de ses ombrages et de ses prairies. Le lac Huron abonde en poisson; on y pêche l'artikamègue et des truites qui pèsent deux cents livres. L'île de Matimoulin étoit fameuse; elle renfermoit le reste de la nation des Ontawais, que les Indiens faisoient descendre du grand Castor. On a remarqué que l'eau du lac Huron, ainsi que celle du lac Michigan, croît pendant sept mois, et diminue dans la même proportion pendant sept autres. Tous ces lacs ont un flux et reflux plus ou moins sensibles.

Le lac Supérieur occupe un espace de plus de 4 degrés entre le 46e et le 50e de latitude nord, et non moins de 8 degrés entre le 87e et le 95e de longitude ouest, méridien de Paris; c'est-à-dire que cette mer intérieure a cent lieues de large et environ deux cents de long, donnant une circonférence d'à peu près six cent lieues.

Quarante rivières réunissent leurs eaux dans cet immense bassin; deux d'entre elles, l'Allinipigon et le Michipicroton, sont deux fleuves considérables; le dernier prend sa source dans les environs de la baie d'Hudson.

Des îles ornent le lac, entre autres l'île Maurepas,

sur la côte septentrionale, l'île Pontchartrain sur la rive orientale; l'île Minong vers la partie méridionale, et l'île du Grand-Esprit, ou des Ames, à l'occident : celle-ci pourroit former le territoire d'un état en Europe; elle mesure trente-cinq lieues de long et vingt de large.

Les caps remarquables du lac sont : la pointe Kioucounan, espèce d'isthme s'allongeant de deux lieues dans les flots; le cap Minabeaujou, semblable à un phare; le cap de Tonnerre, près de l'anse du même nom, et le cap Rochedebout, qui s'élève perpendiculairement sur les grèves comme un obélisque brisé.

Le rivage méridional du lac Supérieur est bas, sablonneux, sans abri; les côtes septentrionales et orientales sont au contraire montagneuses, et présentent une succession de rochers taillés à pic. Le lac lui-même est creusé dans le roc. A travers son onde verte et transparente, l'œil découvre à plus de trente et quarante pieds de profondeur des masses de granit de différentes formes, et dont quelques-unes paroissent comme nouvellement sciées par la main de l'ouvrier. Lorsque le voyageur, laissant dériver son canot, regarde, penché sur le bord, la crête de ces montagnes sous-marines, il ne peut jouir long-temps de ce spectacle; ses yeux se troublent, et il éprouve des vertiges.

Frappée de l'étendue de ce réservoir des eaux, l'imagination s'accroît avec l'espace : selon l'instinct commun de tous les hommes, les Indiens ont attribué la formation de cet immense bassin à la même puissance qui arrondit la voûte du firmament; ils ont ajouté à l'admiration qu'inspire la vue du lac Supérieur la solennité des idées religieuses.

Ces Sauvages ont été entraînés à faire de ce lac l'objet principal de leur culte, par l'air de mystère que la nature s'est plu à attacher à l'un de ses plus grands ouvrages. Le lac Supérieur a un flux et un reflux irréguliers : ses eaux, dans les plus grandes chaleurs de l'été, sont froides comme la neige à un demi-pied au-dessous de leur surface; ces mêmes eaux gèlent rarement dans les hivers rigoureux de ces climats, alors même que la mer est gelée.

Les productions de la terre autour du lac varient selon les différents sols : sur la côte orientale on ne voit que des forêts d'érables rachitiques et déjetés qui croissent presque horizontalement dans du sable; au nord, partout où le roc vif laisse à la végétation quelque gorge, quelques revers de vallée, on aperçoit des buissons de groseilliers sans épines, et des guirlandes d'une espèce de vigne qui porte un fruit semblable à la framboise, mais d'un rose plus pâle. Çà et là s'élèvent des pins isolés.

Parmi le grand nombre de sites que présentent ces solitudes, deux se font particulièrement remarquer.

En entrant dans le lac Supérieur par le détroit de Sainte-Marie, on voit à gauche des îles qui se courbent en demi-cercle, et qui toutes plantées d'arbres à fleurs, ressemblent à des bouquets dont le pied trempe dans l'eau; à droite, les caps du continent s'avancent dans les vagues : les uns sont enveloppés d'une pelouse qui marie sa verdure au double azur du ciel et de l'onde ; les autres, composés d'un sable rouge et blanc, ressemblent, sur le fond du lac bleuâtre, à des rayons d'ouvrages de marqueterie. Entre ces caps longs et nus s'entremêlent de gros promontoires revêtus de bois qui se répètent invertis dans le cristal au-dessous. Quelquefois aussi les arbres serrés forment un épais rideau sur la côte, et quelquefois clair-semés, ils bordent la terre comme des avenues ; alors leurs troncs écartés ouvrent des points d'optique miraculeux. Les plantes, les rochers, les couleurs, diminuent de proportion ou changent de teinte à mesure que le paysage s'éloigne ou se rapproche de la vue.

Ces îles au midi et ces promontoires à l'orient, s'inclinant par l'occident les uns sur les autres, forment et embrassent une vaste rade, tranquille quand l'orage bouleverse les autres régions du lac. Là se jouent des milliers de poissons et d'oiseaux aquatiques ; le canard noir du Labrador se perche sur la pointe d'un brisant ; les vagues environnent ce solitaire en deuil des festons de leur blanche écume ; des plongeons disparoissent, se montrent de nouveau, disparoissent encore ; l'oiseau des lacs plane à la surface des flots, et le martin-pêcheur agite rapidement ses ailes d'azur pour fasciner sa proie.

Par-delà les îles et les promontoires enfermant cette rade au débouché du détroit de Sainte-Marie, l'œil découvre les plaines fluides et sans bornes du lac. Les surfaces mobiles de ces plaines s'élèvent et se perdent graduellement dans l'étendue; du vert d'émeraude elles passent au bleu pâle, puis à l'outremer, puis à l'indigo. Chaque teinte se fondant l'une dans l'autre, la dernière se termine à l'horizon, où elle se joint au ciel par une barre d'un sombre azur.

Ce site, sur le lac même, est proprement un site d'été; il faut en jouir lorsque la nature est calme et riante, le second paysage est au contraire un paysage d'hiver; il demande une saison orageuse et dépouillée.

Près de la rivière Allinipigon s'élève une roche énorme et isolée qui domine le lac. A l'occident se déploie une chaîne de rochers, les uns couchés, les autres plantés dans le sol, ceux-ci perçant l'air de leurs pics arides, ceux-là de leurs sommets arrondis; leurs flancs verts, rouges et noirs, retiennent la neige dans leurs crevasses, et mêlent ainsi l'albâtre à la couleur des granits et des porphyres.

Là croissent quelques-uns de ces arbres de forme pyramidale que la nature entremêle à ses grandes architectures et à ses grandes ruines, comme les colonnes de ses édifices debout ou tombés : le pin se dresse sur les plinthes des rochers, et des herbes hérissées de glaçons pendent tristement de leurs corniches; on croiroit voir les débris d'une cité dans les déserts de l'Asie, pompeux monuments, qui, avant leur chute, dominoient les bois, et qui portent maintenant des forêts sur leurs combles écroulés.

Derrière la chaîne de rochers que je viens de décrire se creuse comme un sillon une étroite vallée : la rivière du Tombeau passe au milieu. Cette vallée n'offre en été qu'une mousse flasque et jaune ; des rayons de fongus, au chapeau de diverses couleurs, dessinent les interstices de rochers. En hiver, dans cette solitude remplie de neige, le chasseur ne peut découvrir les oiseaux et les quadrupèdes peints de la blancheur des frimas que par les becs colorés des premiers, les museaux noirs et les yeux sanglants des seconds. Au bout de la vallée, et loin par-delà, on aperçoit la cime des montagnes hyperboréennes où Dieu a placé la source des quatre plus grands fleuves de l'Amérique septentrionale. Nés dans le même berceau, ils vont, après un cours de douze cents lieues, se mêler, aux quatre points de l'horizon, à quatre océans : le Mississipi se perd, au midi, dans le golfe Mexicain ; le Saint-Laurent se jette, au levant, dans l'Atlantique; l'Ontawais se précipite, au nord, dans les mers du pôle ; et le fleuve de l'Ouest porte au couchant le tribut des ses ondes à l'océan de Nontouka [1].

Après cet aperçu des lacs vient un commencement de journal qui ne porte que l'indication des heures.

JOURNAL SANS DATE.

Le ciel est pur sur ma tête, l'onde limpide sous mon canot, qui fuit devant une légère brise. A ma gauche sont des collines taillées à pic et flanquées

---

[1] C'étoit la géographie erronée du temps : elle n'est plus la même aujourd'hui.

de rochers d'où pendent des convolvulus à fleurs blanches et bleues, des festons de bignonias, des longs graminées, des plantes saxatiles de toutes les couleurs; à ma droite règnent de vastes prairies. A mesure que le canot avance, s'ouvrent de nouvelles scènes et de nouveaux points de vue : tantôt ce sont des vallées solitaires et riantes, tantôt des collines nues; ici c'est une forêt de cyprès dont on aperçoit les portiques sombres; là c'est un bois léger d'érables, où le soleil se joue comme à travers une dentelle.

Liberté primitive, je te retrouve enfin! Je passe comme cet oiseau qui vole devant moi, qui se dirige au hasard, et n'est embarrassé que du choix des ombrages. Me voilà tel que le Tout-Puissant m'a créé, souverain de la nature, porté triomphant sur les eaux; tandis que les habitants des fleuves accompagnent ma course, que les peuples de l'air me chantent leurs hymnes, que les bêtes de la terre me saluent, que les forêts courbent leur cime sur mon passage. Est-ce sur le front de l'homme de la société, ou sur le mien, qu'est gravé le sceau immortel de notre origine? Courez vous enfermer dans vos cités, allez vous soumettre à vos petites lois; gagnez votre pain à la sueur de votre front, ou dévorez le pain du pauvre; égorgez-vous pour un mot, pour un maître; doutez de l'existence de Dieu, ou adorez-le sous des formes superstitieuses : moi j'irai errant dans mes solitudes; pas un seul battement de mon cœur ne sera comprimé, pas une seule de mes pensées ne sera enchaînée; je serai libre comme la nature; je ne reconnoîtrai de Souverain que celui qui alluma la flamme des soleils, et qui d'un seul coup de sa main fit rouler tous les mondes [1].

Sept heures du soir.

Nous avons traversé la fourche de la rivière et suivi la branche du sud-est. Nous cherchions le long du canal une anse où nous pussions débarquer. Nous sommes entrés dans une crique qui s'enfonce sous un promontoire chargé d'un bocage de tulipiers. Ayant tiré notre canot à terre, les uns ont amassé des branches sèches pour notre feu, les autres ont préparé l'ajoupa. J'ai pris mon fusil, et je me suis enfoncé dans le bois voisin.

Je n'y avois pas fait cent pas que j'ai aperçu un troupeau de dindes occupées à manger des baies de fougères et des fruits d'aliziers. Ces oiseaux diffèrent assez de ceux de leur race naturalisés en Europe : ils sont plus gros; leur plumage est couleur d'ardoise, glacé sur le cou, sur le dos, et à l'extrémité des ailes d'un rouge de cuivre; selon les reflets de la lumière, ce plumage brille comme de l'or bruni. Ces dindes sauvages s'assemblent souvent en grandes troupes. Le soir elles se perchent sur les cimes des arbres les plus élevés. Le matin elles font entendre du haut de ces arbres leur cri répété; un peu après le lever du soleil leurs clameurs cessent, et elles descendent dans les forêts.

[1] Je laisse toutes ces choses de la jeunesse : on voudra bien les pardonner.

Nous nous sommes levés de grand matin pour partir à la fraîcheur; les bagages ont été rembarqués; nous avons déroulé notre voile. Des deux côtés, nous avions de hautes terres chargées de forêts: le feuillage offroit toutes les nuances imaginables: l'écarlate fuyant sur le rouge, le jaune foncé sur l'or brillant, le brun ardent sur le brun léger, le vert, le blanc, l'azur, lavés en mille teintes plus ou moins foibles, plus ou moins éclatantes. Près de nous c'étoit toute la variété du prisme; loin de nous, dans les détours de la vallée, les couleurs se mêloient et se perdoient dans des fonds veloutés. Les arbres harmonioient ensemble leurs formes; les uns se déployoient en éventail, d'autres s'élevoient en cône, d'autres s'arrondissoient en boule, d'autres étoient taillés en pyramide: mais il faut se contenter de jouir de ce spectacle sans chercher à le décrire.

Dix heures du matin.

Nous avançons lentement. La brise a cessé, et le canal commence à devenir étroit: le temps se couvre de nuages.

Midi.

Il est impossible de remonter plus haut un canot; il faut maintenant changer notre manière de voyager; nous allons tirer notre canot à terre, prendre nos provisions, nos armes, nos fourrures pour la nuit, et pénétrer dans les bois.

Trois heures.

Qui dira le sentiment qu'on éprouve en entrant dans ces forêts aussi vieilles que le monde, et qui seules donnent une idée de la création telle qu'elle sortit des mains de Dieu ? Le jour, tombant d'en haut à travers un voile de feuillage, répand dans la profondeur du bois une demi-lumière changeante et mobile, qui donne aux objets une grandeur fantastique. Partout il faut franchir des arbres abattus, sur lesquels s'élèvent d'autres générations d'arbres. Je cherche en vain une issue dans ces solitudes ; trompé par un jour plus vif, j'avance à travers les herbes, les orties, les mousses, les lianes, et l'épais humus composé des débris des végétaux ; mais je n'arrive qu'à une clairière formée par quelques pins tombés. bientôt la forêt redevient plus sombre ; l'œil n'aperçoit que des troncs de chênes et de noyers qui se succèdent les uns les autres, et qui semblent se serrer en s'éloignant : l'idée de l'infini se présente à moi.

Six heures.

J'avois entrevu de nouveau une clarté, et j'avois marché vers elle. Me voilà au point de lumière : triste champ plus mélancolique que les forêts qui l'environnent ! Ce champ est un ancien cimetière indien. Que je me repose un instant dans cette double solitude de la mort et de la nature : est-il un asile où j'aimasse mieux dormir pour toujours ?

Sept heures.

Ne pouvant sortir de ces bois, nous y avons campé. La réverbération de notre bûcher s'étend au loin : éclairé en dessous par la lueur scarlatine, le feuillage paroît ensanglanté, les troncs des arbres les plus proches s'élèvent comme des colonnes de granit rouge, mais les plus distants, atteints à peine de la lumière, ressemblent, dans l'enfoncement du bois, à de pâles fantômes rangés en cercle au bord d'une nuit profonde.

Minuit.

Le feu commence à s'éteindre, le cercle de sa lumière se rétrécit. J'écoute : un calme formidable pèse sur ces forêts ; on diroit que des silences succèdent à des silences. Je cherche vainement à entendre dans un tombeau universel quelque bruit qui décèle la vie. D'où vient ce soupir ? d'un de mes compagnons : il se plaint, bien qu'il sommeille. Tu vis, donc tu souffres : voilà l'homme.

Minuit et demi.

Le repos continue ; mais l'arbre décrépit se rompt : il tombe. Les forêts mugissent ; mille voix s'élèvent. Bientôt les bruits s'affoiblissent ; ils meurent dans des lointains presque imaginaires : le silence envahit de nouveau le désert.

Une heure du matin.

Voici le vent ; il court sur la cime des arbres ; il

les secoue en passant sur ma tête. Maintenant c'est comme le flot de la mer qui se brise tristement sur le rivage.

Les bruits ont réveillé les bruits. La forêt est toute harmonie. Est-ce les sons graves de l'orgue que j'entends, tandis que des sons plus légers errent dans les voûtes de verdure ? Un court silence succède ; la musique aérienne recommence ; partout de douces plaintes, des murmures qui renferment en eux-mêmes d'autres murmures ; chaque feuille parle un différent langage, chaque brin d'herbe rend une note particulière.

Une voix extraordinaire retentit : c'est celle de cette grenouille qui imite les mugissements du taureau. De toutes les parties de la forêt les chauves-souris accrochées aux feuilles élèvent leurs chants monotones : on croit ouïr des glas continus ; ou le tintement funèbre d'une cloche. Tout nous ramène à quelque idée de la mort, parce que cette idée est au fond de la vie.

Dix heures du matin.

Nous avons repris notre course : descendus dans un vallon inondé, des branches de chêne-saule étendues d'une racine de jonc à une autre racine nous ont servi de pont pour traverser le marais. Nous préparons notre dîner au pied d'une colline couverte de bois, que nous escaladerons bientôt pour découvrir la rivière que nous cherchons.

Une heure.

Nous nous sommes remis en marche; les gelinottes nous promettent pour ce soir un bon souper.

Le chemin s'escarpe, les arbres deviennent rares ; une bruyère glissante couvre le flanc de la montagne.

Six heures.

Nous voilà au sommet : au-dessous de nous on n'aperçoit que la cime des arbres. Quelques rochers isolés sortent de cette mer de verdure, comme des écueils élevés au-dessus de la surface de l'eau. La carcasse d'un chien, suspendue à une branche de sapin, annonce le sacrifice indien offert au génie de ce désert. Un torrent se précipite à nos pieds, et va se perdre dans une petite rivière.

Quatre heures du matin.

La nuit a été paisible. Nous nous sommes décidés à retourner à notre bateau, parce que nous étions sans espérance de trouver un chemin dans ces bois.

Neuf heures.

Nous avons déjeûné sous un vieux saule tout couvert de convolvulus, et rongé par de larges potirons. Sans les maringouins, ce lieu seroit fort agréable : il a fallu faire une grande fumée de bois vert pour chasser nos ennemis. Les guides ont annoncé la visite de quelques voyageurs qui pouvoient être encore à deux heures de marche de l'endroit où nous étions.

Cette finesse de l'ouïe tient du prodige : il y a tel Indien qui entend les pas d'un autre Indien à quatre et cinq heures de distance, en mettant l'oreille à terre. Nous avons vu arriver en effet au bout de deux heures une famille sauvage ; elle a poussé le cri de bienvenue : nous y avons répondu joyeusement.

Midi.

Nos hôtes nous ont appris qu'ils nous entendoient depuis deux jours ; qu'ils savoient que nous étions des *chairs blanches*, le bruit que nous faisions en marchant étant plus considérable que le bruit fait par les chairs rouges. J'ai demandé la cause de cette différence ; on m'a répondu que cela tenoit à la manière de rompre les branches et de se frayer un chemin. Le blanc révèle aussi sa race à la pesanteur de son pas ; le bruit qu'il produit n'augmente pas progressivement : l'Européen tourne dans les bois ; l'Indien marche en ligne droite.

La famille indienne est composée de deux femmes, d'un enfant et de trois hommes. Revenus ensemble au bateau, nous avons fait un grand feu au bord de la rivière. Une bienveillance mutuelle règne parmi nous : les femmes ont apprêté notre souper, composé de truites saumonées et d'une grosse dinde. Nous autres *guerriers*, nous fumons et devisons ensemble. Demain nos hôtes nous aideront à porter notre canot à un fleuve qui n'est qu'à cinq milles du lieu où nous sommes.

Le journal finit ici. Une page détachée qui se

trouve à la suite nous transporte au milieu des Apalaches. Voici cette page :

Ces montagnes ne sont pas, comme les Alpes et les Pyrénées, des monts entassés régulièrement les uns sur les autres, élevant au-dessus des nuages leurs sommets couverts de neige. A l'ouest et au nord, elles ressemblent à des murs perpendiculaires de quelques mille pieds, du haut desquels se précipitent les fleuves qui tombent dans l'Ohio et le Mississipi. Dans cette espèce de grande fracture, on aperçoit des sentiers qui serpentent au milieu des précipices avec les torrents. Ces sentiers et ces torrents sont bordés d'une espèce de pin dont la cime est couleur de vert de mer, et dont le tronc presque lilas est marqué de taches obscures produites par une mousse rase et noire.

Mais du côté du sud et de l'est, les Apalaches ne peuvent presque plus porter le nom de montagnes : leurs sommets s'abaissent graduellement jusqu'au sol qui borde l'Atlantique; elles versent sur ce sol d'autres fleuves qui fécondent des forêts de chênes-verts, d'érables, de noyers, de mûriers, de maronniers, de pins, de sapins, de copalmes, de magnolias et de mille espèces d'arbustes à fleurs.

Après ce court fragment vient un morceau assez étendu sur le cours de l'Ohio et du Mississipi, depuis Pittsbourg jusqu'aux Natchez. Le récit s'ouvre par la description des monuments de l'Ohio. Le *Génie du Christianisme* a un passage et une note sur ces monuments; mais ce que j'ai écrit dans ce passage et dans cette note diffère en beaucoup de points de ce que je dis ici[1].

Représentez-vous des restes de fortifications ou de monuments, occupant une étendue immense. Quatre espèces d'ouvrages s'y font remarquer : des bastions carrés, des lunes, des demi-lunes et des *tumuli*. Les bastions, les lunes et demi-lunes sont réguliers, les fossés larges et profonds, les retranchements faits de terre avec des parapets à plan incliné; mais les angles des glacis correspondent à ceux des fossés, et ne s'inscrivent pas comme le parallélogramme dans le polygone.

Les tumuli sont des tombeaux de forme circulaire. On a ouvert quelques-uns de ces tombeaux;

---

[1] Depuis l'époque où j'écrivis cette Dissertation, des hommes savants et des Sociétés archéologiques américaines ont publié des *Mémoires sur les ruines de l'Ohio*. Ils sont curieux sous deux rapports :

1° Ils rappellent les traditions des tribus indiennes; ces tribus indiennes disent toutes qu'elles sont venues de l'ouest aux rivages de l'Atlantique, un siècle ou deux (autant qu'on en peut juger) avant la découverte de l'Amérique par les Européens; qu'elles eurent dans leurs longues marches beaucoup de peuples à combattre, particulièrement sur les rives de l'Ohio, etc.

2° Les *Mémoires* des savants américains mentionnent la découverte de quelques idoles trouvées dans des tombeaux, lesquelles idoles ont un caractère purement asiatique. Il est très certain qu'un peuple beaucoup plus civilisé que les Sauvages actuels de l'Amérique a fleuri dans la vallée de l'Ohio et du Mississipi. Quand et comment a-t-il péri? C'est ce qu'on ne saura peut-être jamais. Ces *Mémoires* dont je parle sont peu connus, et méritent de l'être. On les trouve dans le journal intitulé : *Nouvelles Annales des Voyages*.

on a trouvé au fond un cercueil formé de quatre pierres, dans lequel il y avoit des ossemens humains. Ce cercueil étoit surmonté d'un autre cercueil contenant un autre squelette, et ainsi de suite jusqu'au haut de la pyramide, qui peut avoir de vingt à trente pieds d'élévation.

Ces constructions ne peuvent être l'ouvrage des nations actuelles de l'Amérique ; les peuples qui les ont élevées devoient avoir une connoissance des arts, supérieure même à celle des Mexicains et des Péruviens.

Faut-il attribuer ces ouvrages aux Européens modernes ? Je ne trouve que Ferdinand de Soto qui ait pénétré anciennement dans les Florides, et il ne s'est jamais avancé au-delà d'un village de Chicassas, sur une des branches de la Mobile : d'ailleurs, avec une poignée d'Espagnols, comment auroit-il remué toute cette terre et à quel dessein ?

Sont-ce les Carthaginois ou les Phéniciens qui jadis, dans leur commerce autour de l'Afrique et aux îles Cassitérides, ont été poussés aux régions américaines ? Mais avant de pénétrer plus avant dans l'ouest, ils ont dû s'établir sur les côtes de l'Atlantique : pourquoi alors ne trouve-t-on pas la moindre trace de leur passage dans la Virginie, les Géorgies et les Florides ? Ni les Phéniciens ni les Carthaginois n'enterroient leurs morts comme sont enterrés les morts des fortifications de l'Ohio. Les Égyptiens faisoient quelque chose de semblable ; mais les momies étoient embaumées, et celles des tombes américaines ne le sont pas ; on ne sauroit dire que les ingrédients manquoient : les gommes, les résines, les camphres, les sels, sont ici de toutes parts.

L'Atlantide de Platon auroit-elle existé ? L'Afrique, dans des siècles inconnus, tenoit-elle à l'Amérique ? Quoi qu'il en soit, une nation ignorée, une nation supérieure aux générations indiennes de ce moment, a passé dans ces déserts. Quelle étoit cette nation ? Quelle révolution l'a détruite ? Quand cet événement est-il arrivé ? Questions qui nous jettent dans cette immensité du passé, où les siècles s'abîment comme des songes.

Les ouvrages dont je parle se trouvent à l'embouchure du grand Miamis, à celle du Muskingum à la *Crique du Tombeau*, et sur une des branches du Scioto : ceux qui bordent cette rivière occupent un espace de plus de deux heures de marche en descendant vers l'Ohio. Dans le Kentucky, le long du Tennessé, chez les Siminoles, vous ne pouvez faire un pas sans apercevoir quelques vestiges de ces monuments.

Les Indiens s'accordent à dire que quand leurs pères vinrent de l'ouest, ils trouvèrent les ouvrages de l'Ohio tels qu'on les voit aujourd'hui. Mais la date de cette migration des Indiens d'occident en orient varie selon les nations. Les Chicassas, par exemple, arrivèrent dans les forts qui couvrent les fortifications il n'y a guère plus de deux siècles : ils mirent sept ans à accomplir leur voyage, ne marchant qu'une fois chaque année, et emmenant des chevaux dérobés aux Espagnols, devant lesquels ils se retiroient.

5.

Une autre tradition veut que les ouvrages de l'Ohio aient été élevés par les Indiens *blancs*. Ces Indiens *blancs*, selon les Indiens *rouges*, devoient être venus de l'orient; et lorsqu'ils quittèrent le lac sans rivages (la mer), ils étoient vêtus comme les Chairs-Blanches d'aujourd'hui.

Sur cette foible tradition, on a raconté que vers l'an 1170, Ogan, prince du pays de Galles, ou son fils Madoc, s'embarqua avec un grand nombre de ses sujets[1], et qu'il aborda à des pays inconnus, vers l'occident. Mais est-il possible d'imaginer que les descendants de ces Gallois aient pu construire les ouvrages de l'Ohio; et qu'en même temps, ayant perdu tous les arts, ils se soient trouvés réduits à une poignée de guerriers errants dans les bois comme les autres Indiens?

On a aussi prétendu qu'aux sources du Missouri, des peuples nombreux et civilisés vivent dans des enceintes militaires pareilles à celles des bords de l'Ohio: que ces peuples se servent de chevaux et d'autres animaux domestiques; qu'ils ont des villes, des chemins publics, qu'ils sont gouvernés par des rois[2].

[1] C'est une altération des traditions islandoises et des poétiques histoires des Sagas.

[2] Aujourd'hui les sources du Missouri sont connues : on n'a rencontré dans ces régions que des Sauvages. Il faut pareillement reléguer parmi les fables cette histoire d'un temple où on auroit trouvé une Bible, laquelle Bible ne pouvoit être lue par des Indiens *blancs*, possesseurs du temple, et qui avoient perdu l'usage de l'écriture. Au reste, la colonisation des Russes au nord-ouest de l'Amérique auroit bien pu donner naissance à ces bruits d'un peuple blanc établi vers les sources du Missouri.

La tradition religieuse des Indiens sur les monuments de leurs déserts n'est pas conforme à leur tradition historique. Il y a, disent-ils, au milieu de ces ouvrages une caverne; cette caverne est celle du Grand-Esprit. Le Grand-Esprit créa les Chicassas dans cette caverne. Le pays étoit alors couvert d'eau; ce que voyant le Grand-Esprit, il bâtit des murs de terre pour mettre sécher dessus les Chicassas.

Passons à la description du cours de l'Ohio. L'Ohio est formé par la réunion de la Monongahela et de l'Alleghany : la première rivière prenant sa source au sud, dans les montagnes Bleues ou les Apalaches; la seconde, dans une autre chaîne de ces montagnes au nord, entre le lac Érié et le lac Ontario : au moyen d'un court partage, l'Alleghany communique avec le premier lac. Les deux rivières se joignent au-dessous du fort, jadis appelé le fort Duquesne, aujourd'hui le fort Pitt, ou Pittsbourg : leur confluent est au pied d'une haute colline de charbon de terre; en mêlant leurs ondes, elles perdent leurs noms, et ne sont plus connues que sous celui de l'Ohio, qui signifie, et à bon droit, *belle rivière*.

Plus de soixante rivières apportent leurs richesses à ce fleuve; celles dont le cours vient de l'est et du midi sortent des hauteurs qui divisent les eaux tributaires de l'Atlantique, des eaux descendantes à l'Ohio et au Mississipi; celles qui naissent à l'ouest et au nord, découlent des collines dont le double versant nourrit les lacs du Canada et alimente le Mississipi et l'Ohio.

L'espace où roule ce dernier fleuve offre dans son ensemble un large vallon bordé de collines d'égales hauteurs ; mais, dans les détails, à mesure que l'on voyage avec les eaux, ce n'est plus cela.

Rien d'aussi fécond que les terres arrosées par l'Ohio : elles produisent sur les coteaux des forêts de pins rouges, des bois de lauriers, de myrtes, d'érables à sucre, de chênes de quatre espèces : les vallées donnent le noyer, l'alizier, le frêne, le tupelo ; les marais portent le bouleau, le tremble, le peuplier et le cyprès chauve. Les Indiens font des étoffes avec l'écorce du peuplier ; ils mangent la seconde écorce du bouleau ; ils emploient la sève de la bourgène pour guérir la fièvre et pour chasser les serpents ; le chêne leur fournit des flèches, le frêne des canots.

Les herbes et les plantes sont très variées ; mais celles qui couvrent toutes les campagnes sont : l'herbe à buffle, de sept à huit pieds de haut, l'herbe à trois feuilles, la folle avoine ou le riz sauvage, et l'indigo.

Sous un sol partout fertile, à cinq ou six pieds de profondeur, on rencontre généralement un lit de pierre blanche, base d'un excellent humus ; cependant, en approchant du Mississipi, on trouve d'abord à la surface du sol une terre forte et noire, ensuite une couche de craie de diverses couleurs, et puis des bois entiers de cyprès chauves, engloutis dans la vase.

Sur le bord du Chanon, à deux cents pieds au-dessous de l'eau, on prétend avoir vu des caractères tracés aux parois d'un précipice : on en a conclu que l'eau couloit jadis à ce niveau, et que des nations inconnues écrivirent ces lettres mystérieuses en passant sur le fleuve.

Une transition subite de température et de climat se fait remarquer sur l'Ohio : aux environs du Canaway, le cyprès chauve cesse de croître, et les sassafras disparoissent ; les forêts de chênes et d'ormeaux se multiplient. Tout prend une couleur différente : les verts sont plus foncés, leurs nuances plus sombres.

Il n'y a, pour ainsi dire, que deux saisons sur le fleuve : les feuilles tombent tout à coup en novembre ; les neiges les suivent de près ; le vent du nord-ouest commence, et l'hiver règne. Un froid sec continue avec un ciel pur jusqu'au mois de mars ; alors le vent tourne au nord-est, et en moins de quinze jours, les arbres chargés de givre apparoissent couverts de fleurs. L'été se confond avec le printemps.

La chasse est abondante. Les canards branchus, les linottes bleues, les cardinaux, les chardonnerets pourpres, brillent dans la verdure des arbres ; l'oiseau *whet-shaw* imite le bruit de la scie ; l'oiseau-chat miaule, et les perroquets qui apprennent quelques mots autour des habitations les répètent dans les bois. Un grand nombre de ces oiseaux vivent d'insectes : la chenille verte à tabac, le ver d'une espèce de mûrier blanc, les mouches luisantes, l'araignée d'eau, leur servent principalement de nourriture ; mais les perroquets se réunissent en grandes troupes et dévastent les champs ensemencés.

On accorde une prime pour chaque tête de ces oiseaux : on donne la même prime pour les têtes d'écureuil.

L'Ohio offre à peu près les mêmes poissons que le Mississipi. Il est assez commun d'y prendre des truites de trente à trente-cinq livres, et une espèce d'esturgeon dont la tête est faite comme la pelle d'une pagaie.

En descendant le cours de l'Ohio on passe une petite rivière appelée le Lic des grands os. On appelle *lic* en Amérique des bancs d'une terre blanche un peu glaiseuse, que les buffles se plaisent à lécher ; ils y creusent avec leur langue des sillons. Les excréments de ces animaux sont si imprégnés de la terre du lic, qu'ils ressemblent à des morceaux de chaux. Les buffles recherchent les lics à cause des sels qu'ils contiennent : ces sels guérissent les animaux ruminants des tranchées que leur cause la crudité des herbes. Cependant les terres de la vallée de l'Ohio ne sont point salées au goût ; elles sont au contraire extrêmement insipides.

Le lic de la rivière du Lic est un des plus grands que l'on connoisse ; les vastes chemins que les buffles ont tracés à travers les herbes pour y aborder seroient effrayants si l'on ne savoit que ces taureaux sauvages sont les plus paisibles de toutes les créatures. On a découvert dans ce lic une partie du squelette d'un mamouth : l'os de la cuisse pesoit soixante-dix livres, les côtes comptoient dans leur courbure sept pieds, et la tête trois pieds de long ; les dents mâchelières portoient cinq pouces de largeur et huit de hauteur, les défenses quatorze pouces de la racine à la pointe.

De pareilles dépouilles ont été rencontrées au Chili et en Russie. Les Tartares prétendent que le mamouth existe encore dans leur pays à l'embouchure des rivières : on assure aussi que des chasseurs l'ont poursuivi à l'ouest du Mississipi. Si la race de ces animaux a péri, comme il est à croire, quand cette destruction dans des pays si divers et dans des climats si différents est-elle arrivée ? Nous ne savons rien, et pourtant nous demandons tous les jours à Dieu compte de ses ouvrages !

Le Lic des grands os est à environ trente milles de la rivière Kentucky, et à cent huit milles à peu près des Rapides de l'Ohio. Les bords de la rivière Kentucky sont taillés à pic comme des murs. On remarque dans ce lieu un chemin fait par les buffles, qui descend du haut d'une colline, des sources de bitume qu'on peut brûler en guise d'huile, des grottes qu'embellissent des colonnes naturelles, et un lac souterrain qui s'étend à des distances inconnues.

Au confluent du Kentucky et de l'Ohio le paysage déploie une pompe extraordinaire : là, ce sont des troupeaux de chevreuils qui, de la pointe du rocher, vous regardent passer sur les fleuves ; ici des bouquets de vieux pins se projettent horizontalement sur les flots ; des plaines riantes se déroulent à perte de vue, tandis que des rideaux de forêts voilent la base de quelques montagnes dont la cime apparoît dans le lointain.

Ce pays si magnifique s'appelle pourtant le Kentucky, du nom de sa rivière, qui signifie *rivière de sang :* il doit ce nom funeste à sa beauté même : pendant plus de deux siècles les nations du parti des Chéroquois et du parti des nations iroquoises s'en disputèrent les chasses. Sur ce champ de bataille, aucune tribu indienne n'osoit se fixer : les Sawanoes, les Miamis, les Piankiciawoes, les Wayoes, les Kaskasias, les Delawares, les Illinois venoient tour à tour y combattre. Ce ne fut que vers l'an 1752 que les Européens commencèrent à savoir quelque chose de positif sur les vallées situées à l'ouest des monts Alleghany, appelés d'abord les *montagnes Endless* (sans fin), ou *Kittaniny*, ou *montagnes Bleues.* Cependant Charlevoix, en 1720, avoit parlé du cours de l'Ohio ; et le fort Duquesne, aujourd'hui fort Pitt (Pitts-Burgh), avoit été tracé par les François à la jonction des deux rivières mères de l'Ohio. En 1752, Louis Evant publia une carte du pays situé sur l'Ohio et le Kentucky; Jacques Macbrive fit une course dans ce désert en 1754 ; Jones Finley y pénétra en 1757 ; le colonel Boone le découvrit entièrement en 1769, et s'y établit avec sa famille en 1775. On prétend que le docteur Wood et Simon Kenton furent les premiers Européens qui descendirent l'Ohio en 1773, depuis le fort Pitt jusqu'au Mississipi. L'orgueil national des Américains les porte à s'attribuer le mérite de la plupart des découvertes à l'occident des États-Unis ; mais il ne faut pas oublier que les François du Canada et de la Louisiane, arrivant par le nord et par le midi, avoient parcouru ces régions long-temps avant les Américains qui venoient du côté de l'orient, et que gênoient dans leur route la confédération des Creeks et les Espagnols des Florides.

Cette terre commence (1791) à se peupler par les colonies de la Pensylvanie, de la Virginie et de la Caroline, et par quelques-uns de mes malheureux compatriotes fuyant devant les premiers orages de la révolution.

Les générations européennes seront-elles plus vertueuses et plus libres sur ces bords que les générations américaines qu'elles auront exterminées? des esclaves ne laboureront-ils point la terre sous le fouet de leur maître, dans ces déserts où l'homme promenoit son indépendance? des prisons et des gibets ne remplaceront-ils point la cabane ouverte, et le haut chêne qui ne porte que le nid des oiseaux? la richesse du sol ne fera-t-elle point naître de nouvelles guerres? le Kentucky cessera-t-il d'être la *terre du sang*, et les édifices des hommes embelliront-ils mieux les bords de l'Ohio que les monuments de la nature?

Du Kentucky aux Rapides de l'Ohio on compte à peu près quatre-vingts milles. Ces Rapides sont formés par une roche qui s'étend sous l'eau dans le lit de la rivière; la descente de ces Rapides n'est ni dangereuse, ni difficile, la chute moyenne n'étant guère que de quatre à cinq pieds dans l'espace d'un tiers de lieue. La rivière se divise en deux canaux par des îles groupées au milieu des Rapides. Lorsqu'on s'abandonne au courant, on peut passer sans alléger les bateaux, mais il est impossible de les remonter sans diminuer leur charge.

Le fleuve, à l'endroit des Rapides, a un mille de large. Glissant sur le magnifique canal, la vue est arrêtée à quelque distance au-dessous de sa chute par une île couverte d'un bois d'ormes enguirlandés de lianes et de vigne vierge.

Au nord, se dessinent les collines de la *Crique d'Argent :* la première de ces collines trempe perpendiculairement dans l'Ohio ; sa falaise taillée à grandes facettes rouges est décorée de plantes ; d'autres collines parallèles, couronnées de forêts, s'élèvent derrière la première colline, fuient en montant de plus en plus dans le ciel, jusqu'à ce que leur sommet, frappé de lumière, devienne de la couleur du ciel, et s'évanouisse.

Au midi sont des savanes parsemées de bocages et couvertes de buffles, les uns couchés, les autres errants, ceux-ci paissant l'herbe, ceux-là arrêtés en groupe, et opposant les uns aux autres leurs têtes baissées. Au milieu de ce tableau les Rapides, selon qu'ils sont frappés des rayons du soleil, rebroussés par le vent, ou ombrés par les nuages, s'élèvent en bouillons d'or, blanchissent en écume, ou roulent à flots brunis.

Au bas des Rapides est un îlot où les corps se pétrifient. Cet îlot est couvert d'eau au temps des débordements ; on prétend que la vertu pétrifiante confinée à ce petit coin de terre ne s'étend pas au rivage voisin.

Des Rapides à l'embouchure du Wabash on compte trois cent seize milles. Cette rivière communique, au moyen d'un portage de neuf milles, avec le Miamis du lac qui se décharge dans l'Érié. Les rivages du Wabash sont élevés ; on y a découvert une mine d'argent.

A quatre-vingt-quatorze milles au-dessous de l'embouchure du Wabash commence une cyprière. De cette cyprière aux bancs Jaunes, toujours en descendant l'Ohio, il y a cinquante-six milles : on laisse à gauche les embouchures de deux rivières qui ne sont qu'à dix-huit milles de distance l'une de l'autre.

La première rivière s'appelle le Chéroquois ou le Tennessé ; elle sort des monts qui séparent les Carolines et les Géorgies de ce qu'on appelle les terres de l'Ouest ; elle roule d'abord d'orient en occident au pied des monts : dans cette première partie de son cours, elle est rapide et tumultueuse ; ensuite elle tourne subitement au nord ; grossie de plusieurs affluents, elle épand et retient ses ondes, comme pour se délasser, après une fuite précipitée de quatre cents lieues. A son embouchure, elle a six cents toises de large, et dans un endroit nommé le Grand-Détour, elle présente une nappe d'eau d'une lieue d'étendue.

La seconde rivière, le Shanawon ou le Cumberland, est la compagne du Chéroquois ou du Tennessé. Elle passe avec lui son enfance dans les mêmes montagnes, et descend avec lui dans les plaines. Vers le milieu de sa carrière, obligée de quitter le Tennessé, elle se hâte de parcourir des lieux déserts, et les deux jumeaux, se rapprochant vers la fin de leur vie, expirent à quelque distance l'un de l'autre dans l'Ohio qui les réunit.

Le pays que ces rivières arrosent est généralement entrecoupé de collines et de vallées rafraîchies par une multitude de ruisseaux : cependant il y a quelques plaines de cannes sur le Cumberland, et plusieurs grandes cyprières. Le buffle et le chevreuil abondent dans ce pays qu'habitent encore des nations sauvages, particulièrement les Chéroquois. Les cimetières indiens sont fréquents, triste preuve de l'ancienne population de ces déserts.

De la grande cyprière sur l'Ohio, aux bancs Jaunes, j'ai dit que la route estimée est d'environ cinquante-six milles. Les bancs Jaunes sont ainsi nommés de leur couleur : placés sur la rive septentrionale de l'Ohio, on les rase de près, parce que l'eau est profonde de ce côté. L'Ohio a presque partout un double rivage, l'un pour la saison des débordements, l'autre pour les temps de sécheresse.

Des bancs Jaunes à l'embouchure de l'Ohio dans le Mississipi, par les 36° 51' de latitude, on compte à peu près trente-cinq milles.

Pour bien juger du confluent des deux fleuves, il faut supposer que l'on part d'une petite île sous la rive orientale du Mississipi, et que l'on veut entrer dans l'Ohio : à gauche vous apercevez le Mississipi qui coule dans cet endroit presque est et ouest, et qui présente une grande eau troublée et tumultueuse ; à droite, l'Ohio, plus transparent que le cristal, plus paisible que l'air, vient lentement du nord au sud, décrivant une courbe gracieuse : l'un et l'autre dans les saisons moyennes ont à peu près deux milles de large au moment de leur rencontre. Le volume de leur fluide est presque le même; les deux fleuves, s'opposant une résistance égale, ralentissent leurs cours, et paroissent dormir ensemble pendant quelques lieues dans leur lit commun.

La pointe où ils marient leurs flots est élevée d'une vingtaine de pieds au-dessus d'eux : composé de limon et de sable, ce cap marécageux se couvre de chanvre sauvage, de vigne qui rampe sur le sol ou qui grimpe le long des tuyaux de l'herbe à buffle ; des chênes-saules croissent aussi sur cette langue de terre qui disparoît dans les grandes inondations. Les fleuves débordés et réunis ressemblent alors à un vaste lac.

Le confluent du Missouri et du Mississipi présente peut-être encore quelque chose de plus extraordinaire. Le Missouri est un fleuve fougueux, aux eaux blanches et limoneuses, qui se précipite dans le pur et tranquille Mississipi avec violence. Au printemps, il détache de ses rives de vastes morceaux de terre : ces îles flottantes descendant le cours du Missouri avec leurs arbres couverts de feuilles ou de fleurs, les uns encore debout, les autres à moitié tombés, offrent un spectacle merveilleux.

De l'embouchure de l'Ohio aux mines de fer sur la côte orientale du Mississipi, il n'y a guère plus de quinze milles; des mines de fer à l'embouchure de la rivière de Chicassas, on marque soixante-sept milles. Il faut faire cent quatre milles pour arriver aux collines de Margette qu'arrose la petite rivière de ce nom; c'est un lieu rempli de gibier.

Pourquoi trouve-t-on tant de charme à la vie sauvage? pourquoi l'homme le plus accoutumé à exercer sa pensée s'oublie-t-il joyeusement dans le tumulte d'une chasse? Courir dans les bois, poursuivre des bêtes sauvages, bâtir sa hutte, allumer son feu, apprêter soi-même son repas auprès d'une source, est certainement un très grand plaisir. Mille Européens ont connu ce plaisir, et n'en ont plus voulu d'autre, tandis que l'Indien meurt de regret si on l'enferme dans nos cités. Cela prouve que l'homme est plutôt un être actif qu'un être contemplatif; que dans sa condition naturelle il lui faut peu de chose, et que la simplicité de l'âme est une source inépuisable de bonheur.

De la rivière Margette à celle de Saint-François on parcourt soixante-dix milles. La rivière de Saint-François a reçu son nom des François, et elle est encore pour eux un rendez-vous de chasse.

On compte cent huit milles de la rivière Saint-François aux Akansas ou Arkansas. Les Akansas nous sont encore fort attachés. De tous les Européens, mes compatriotes sont les plus aimés des Indiens. Cela tient à la gaîté des François, à leur valeur brillante, à leur goût de la chasse, et même de la vie sauvage; comme si la plus grande civilisation se rapprochoit de l'état de nature.

La rivière d'Akansas est navigable en canot pendant plus de quatre cent cinquante milles: elle coule à travers une belle contrée; sa source paroit être cachée dans les montagnes du Nouveau-Mexique.

De la rivière des Akansas à celle des Yazous, cent

cinquante-huit milles. Cette dernière rivière a cent toises de largeur à son embouchure. Dans la saison des pluies, les grands bateaux peuvent remonter le Yazou à plus de quatre-vingts milles; une petite cataracte oblige seulement à un portage. Les Yazous, les Chactas et les Chicassas habitoient autrefois les diverses branches de cette rivière. Les Yazous ne faisoient qu'un peuple avec les Natchez.

La distance des Yazous aux Natchez par le fleuve se divise ainsi : des côtes des Yazous ou Bayouk-Noir, trente-neuf milles; du Bayouk-Noir à la rivière des Pierres, trente milles; de la rivière des Pierres aux Natchez, dix milles.

Depuis les côtes des Yazous jusqu'au Bayouk-Noir, le Mississipi est rempli d'îles et fait de longs détours; sa largeur est d'environ deux milles, sa profondeur de huit à dix brasses. Il seroit facile de diminuer les distances en coupant des pointes. La distance de la Nouvelle-Orléans à l'embouchure de l'Ohio, qui n'est que de quatre cent soixante milles en ligne droite, est de huit cent cinquante-six sur le fleuve. On pourroit raccourcir ce trajet de deux cent cinquante milles au moins.

Du Bayouk-Noir à la rivière des Pierres, on remarque des carrières de pierres. Ce sont les premières que l'on rencontre à partir de l'embouchure du Mississipi jusqu'à la petite rivière qui a pris le nom de ces carrières.

Le Mississipi est sujet à deux inondations périodiques, l'une au printemps, l'autre en automne : la première est la plus considérable; elle commence en mai et finit en juin. Le courant du fleuve file alors cinq milles à l'heure, et l'ascension des contre-courants est à peu près de la même vitesse : admirable prévoyance de la nature! car, sans ces contre-courants, les embarcations pourroient à peine remonter le fleuve[1]. À cette époque, l'eau s'élève à une grande hauteur, noie ses rivages, et ne retourne point au fleuve dont elle est sortie; comme l'eau du Nil; elle reste sur la terre, où filtre à travers le sol, sur lequel elle dépose un sédiment fertile.

La seconde crue a lieu aux pluies d'octobre; elle n'est pas aussi considérable que celle du printemps. Pendant ces inondations, le Mississipi charrie des trains de bois énormes, et pousse des mugissements. La vitesse ordinaire du cours du fleuve est d'environ deux milles à l'heure.

Les terres un peu élevées qui bordent le Mississipi, depuis la Nouvelle-Orléans jusqu'à l'Ohio, sont presque toutes sur la rive gauche; mais ces terres s'éloignent ou se rapprochent plus ou moins du canal, laissant quelquefois, entre elles et le fleuve, des savanes de plusieurs milles de largeur. Les collines ne courent pas toujours parallèlement au rivage; tantôt elles divergent en rayons à de grandes distance, et présentent, dans les perspectives qu'elles ouvrent, des vallées plantées de mille sortes d'arbres; tantôt elle viennent converger au fleuve, et forment une multitude de caps qui se mirent dans l'onde. La rive droite du Mississipi est rase, marécageuse, uni-

[1] Les bateaux à vapeur ont fait disparoître la difficulté de la navigation d'amont.

forme, à quelques exceptions près : au milieu des hautes cannes vertes ou dorées qui la décorent, on voit bondir des buffles, ou étinceler les eaux d'une multitude d'étangs remplis d'oiseaux aquatiques.

Les poissons du Mississipi sont la perche, le brochet, l'esturgeon et les colles; on y pêche aussi des crabes énormes.

Le sol autour du fleuve fournit la rhubarbe, le coton, l'indigo, le safran, l'arbre ciré, le sassafras, le lin sauvage : un ver du pays file une assez forte soie; la drague, dans quelques ruisseaux, amène de grandes huîtres à perles, mais dont l'eau n'est pas belle. On connoît une mine de vif-argent, une autre de lapis-lazuli, et quelques mines de fer.

La suite du manuscrit contient la description du pays des Natchez et celle du cours du Mississipi jusqu'à la Nouvelle-Orléans. Ces descriptions sont complétement transportées dans *Atala* et dans les *Natchez*.

Immédiatement après la description de la Louisiane, viennent dans le manuscrit quelques extraits des voyages de Bartram, que j'avois traduits avec assez de soin. A ces extraits sont entremêlées mes rectifications, mes observations, mes réflexions, mes additions, mes propres descriptions, à peu près comme les notes de M. Ramond à sa traduction du *Voyage de Coxe en Suisse*. Mais, dans mon travail, le tout est beaucoup plus enchevêtré, de sorte qu'il est presque impossible de séparer ce qui est de moi de ce qui est de Bartram, ni souvent même de le

6.

reconnoître. Je laisse donc le morceau tel qu'il est sous ce titre :

Description de quelques sites dans l'intérieur des Florides.

Nous étions poussés par un vent frais. La rivière alloit se perdre dans un lac qui s'ouvroit devant nous, et qui formoit un bassin d'environ neuf lieues de circonférence. Trois îles s'élevoient du milieu de ce lac ; nous fîmes voile vers la plus grande, où nous arrivâmes à huit heures du matin.

Nous débarquâmes à l'orée d'une plaine de forme circulaire ; nous mîmes notre canot à l'abri sous un groupe de marronniers qui croissoient presque dans l'eau. Nous bâtîmes notre hutte sur une petite éminence. La brise de l'est souffloit, et rafraîchissoit le lac et les forêts. Nous déjeûnâmes avec nos galettes de maïs, et nous nous dispersâmes dans l'île, les uns pour chasser, les autres pour pêcher ou pour cueillir des plantes.

Nous remarquâmes une espèce d'hibiscus. Cette herbe énorme, qui croît dans les lieux bas et humides, monte à plus de dix ou douze pieds, et se termine en un cône extrêmement aigu : les feuilles lisses, légèrement sillonnées, sont ravivées par de belles fleurs cramoisies, que l'on aperçoit à une grande distance.

L'agavé vivipare s'élevoit encore plus haut dans les criques salées, et présentoit une forêt d'herbes de trente pieds perpendiculaires. La graine mûre de cette herbe germe quelquefois sur la plante même, de sorte que le jeune plant tombe à terre tout formé.

Comme l'agavé vivipare croît souvent au bord des eaux courantes, ses graines nues emportées du flot étoient exposées à périr : la nature les a développées pour ces cas particuliers sur la vieille plante, afin qu'elles pussent se fixer par leurs petites racines en s'échappant du sein maternel.

Le souchet d'Amérique étoit commun dans l'île. Le tuyau de ce souchet ressemble à celui d'un jonc noueux, et sa feuille à celle du poireau. Les Sauvages l'appellent *apoya matsi*. Les filles indiennes de mauvaise vie broient cette plante entre deux pierres, et s'en frottent le sein et les bras.

Nous traversâmes une prairie semée de jacobée à fleurs jaunes, d'alcée à panaches roses, et d'obélia, dont l'aigrette est pourpre. Des vents légers se jouant sur la cime de ces plantes, brisoient leurs flots d'or, de rose et de pourpre, où creusoient dans la verdure de longs sillons.

La sénéka, abondante dans les terrains marécageux, ressembloit, par la forme et par la couleur, à des scions d'osier rouge ; quelques branches rampoient à terre, d'autres s'élevoient dans l'air : la sénéka a un petit goût amer et aromatique. Auprès d'elle croissoit le convolvulus des Carolines, dont la feuille imite la pointe d'une flèche. Ces deux plantes se trouvent partout où il y a des serpents à sonnettes : la première guérit de leur morsure ; la seconde est si puissante, que les Sauvages, après s'en être frotté les mains, manient impunément ces redoutables reptiles. Les Indiens racontent que le Grand-Esprit a eu pitié des guerriers de la Chair-

Rouge *aux jambes nues,* et qu'il a semé lui-même ces herbes salutaires, malgré la réclamation des âmes des serpents.

Nous reconnûmes la serpentaire sur les racines des grands arbres ; l'arbre pour le mal de dents, dont le tronc et les branches épineuses sont chargés de protubérances grosses comme des œufs de pigeon ; l'arctosta ou canneberge, dont la cerise rouge croît parmi les mousses, et guérit du flux hépatique. La bourgène, qui a la propriété de chasser les couleuvres, poussoit vigoureusement dans des eaux stagnantes couvertes de rouille.

Un spectacle inattendu frappa nos regards : nous découvrîmes une ruine indienne ; elle étoit située sur un monticule au bord du lac ; on remarquoit sur la gauche un cône de terre de quarante à quarante-cinq pieds de haut ; de ce cône partoit un ancien chemin tracé à travers un magnifique bocage de magnolias et de chênes verts, et qui venoit aboutir à une savane. Des fragments de vases et d'ustensiles divers étoient dispersés çà et là, agglomérés avec des fossiles, des coquillages, des pétrifications de plantes et des ossements d'animaux.

Le contraste de ces ruines et de la jeunesse de la nature, ces monuments des hommes dans un désert où nous croyions avoir pénétré les premiers, causoient un grand saisissement de cœur et d'esprit. Quel peuple avoit habité cette île ? Son nom, sa race, le temps de son existence, tout est inconnu ; il vivoit peut-être lorsque le monde qui le cachoit dans son sein étoit encore ignoré des trois autres parties de la terre. Le silence de ce peuple est peut-être contemporain du bruit que faisoient de grandes nations européennes tombées à leur tour dans le silence, et qui n'ont laissé elles-mêmes que des débris.

Nous examinâmes les ruines : des anfractuosités sablonneuses du tumulus sortoit une espèce de pavot à fleur rose, pesant au bout d'une tige inclinée d'un vert pâle. Les Indiens tirent de la racine de ce pavot une boisson soporifique; la tige et la fleur ont une odeur agréable qui reste attachée à la main lorsqu'on y touche. Cette plante étoit faite pour orner le tombeau d'un Sauvage : ses racines procurent le sommeil, et le parfum de sa fleur, qui survit à cette fleur même, est une assez douce image du souvenir qu'une vie innocente laisse dans la solitude.

Continuant notre route et observant les mousses, les graminées pendantes, les arbustes échevelés, et tout ce train de plantes au port mélancolique qui se plaisent à décorer les ruines, nous observâmes une espèce d'œnothère pyramidale, haute de sept à huit pieds, à feuilles oblongues, dentelées, et d'un vert noir; sa fleur est jaune. Le soir, cette fleur commence à s'entr'ouvrir; elle s'épanouit pendant la nuit; l'aurore la trouve dans tout son éclat; vers la moitié du matin elle se fane; elle tombe à midi : elle ne vit que quelques heures, mais elle passe ces heures sous un ciel serein. Qu'importe alors la brièveté de sa vie?

A quelques pas de là s'étendoit une lisière de mimosa ou de sensitive : dans les chansons des

Sauvages, l'âme d'une jeune fille est souvent comparée à cette plante [1].

En retournant à notre camp, nous traversâmes un ruisseau tout bordé de dionées; une multitude d'éphémères bourdonnoient à l'entour. Il y avoit aussi sur ce parterre trois espèces de papillons : l'un blanc comme l'albâtre, l'autre noir comme le jais avec des ailes traversées de bandes jaunes, le troisième portant une queue fourchue, quatre ailes d'or barrées de bleu et semées d'yeux de pourpre. Attirés par les dionées, ces insectes se posoient sur elles; mais ils n'en avoient pas plus tôt touché les feuilles qu'elles se refermoient et enveloppoient leur proie.

De retour à notre ajoupa, nous allâmes à la pêche pour nous consoler du peu de succès de la chasse. Embarqués dans le canot, avec les filets et les lignes, nous côtoyâmes la partie orientale de l'île, au bord des algues et le long des caps ombragés : la truite étoit si vorace que nous la prenions à des hameçons sans amorce; le poisson appelé le poisson d'or étoit en abondance. Il est impossible de voir rien de plus beau que ce petit roi des ondes : il a environ cinq pouces de long; sa tête est couleur d'outremer; ses côtés et son ventre étincellent comme le feu; une barre brune longitudinale traverse ses flancs; l'iris de ses larges yeux brille comme de l'or bruni. Ce poisson est carnivore.

---

[1] Tous ces divers passages sont de moi; mais je dois à la vérité historique de dire que si je voyois aujourd'hui ces ruines indiennes de l'Alabama, je rabattrois de leur antiquité.

A quelque distance du rivage, à l'ombre d'un cyprès chauve, nous remarquâmes de petites pyramides limoneuses qui s'élevoient sous l'eau et montoient jusqu'à sa surface. Une légion de poissons d'or faisoit en silence les approches de ces citadelles. Tout à coup l'eau bouillonnoit; les poissons d'or fuyoient. Des écrevisses armées de ciseaux, sortant de la place insultée, culbutoient leurs brillants ennemis. Mais bientôt les bandes éparses revenoient à la charge, faisoient plier à leur tour les assiégés, et la brave, mais lente garnison, rentroit à reculons pour se réparer dans la forteresse.

Le crocodile, flottant comme le tronc d'un arbre, la truite, le brochet, la perche, le cannelet, la basse, la brême, le poisson tambour, le poisson d'or, tous ennemis mortels les uns des autres, nageoient pêle mêle dans le lac, et sembloient avoir fait une trêve afin de jouir en commun de la beauté de la soirée : le fluide azuré se peignoit de leurs couleurs changeantes. L'onde étoit si pure, que l'on eût cru pouvoir toucher du doigt les acteurs de cette scène, qui se jouoient à vingt pieds de profondeur dans leur grotte de cristal.

Pour regagner l'anse où nous avions notre établissement, nous n'eûmes qu'à nous laisser dériver au gré de l'eau et des brises. Le soleil approchoit de son couchant : sur le premier plan de l'île paroissoient des chênes verts, dont les branches horizontales formoient le parasol, et des azaléas qui brilloient comme des réseaux de corail.

Derrière ce premier plan s'élevoient les plus

charmants de tous les arbres, les papayas : leur tronc droit, grisâtre et guilloché, de la hauteur de vingt à vingt-cinq pieds, soutient une touffe de longues feuilles à côtes, qui se dessinent comme l'*S* gracieuse d'un vase antique. Les fruits, en forme de poire, sont rangés autour de la tige ; on les prendroit pour des cristaux de verre ; l'arbre entier ressemble à une colonne d'argent ciselé, surmontée d'une urne corinthienne.

Enfin, au troisième plan, montoient graduellement dans l'air les magnolias et les liquidambars.

Le soleil tomba derrière le rideau d'arbres de la plaine ; à mesure qu'il descendoit, les mouvements de l'ombre et de la lumière répandoient quelque chose de magique sur le tableau : là, un rayon se glissoit à travers le dôme d'une futaie, et brilloit comme une escarboucle enchâssée dans le feuillage sombre ; ici, la lumière divergeoit entre les troncs et les branches, et projetoit sur les gazons des colonnes croissantes et des treillages mobiles. Dans les cieux, c'étoient des nuages de toutes les couleurs, les uns fixes, imitant de gros promontoires ou de vieilles tours près d'un torrent, les autres flottant en fumée de rose ou en flocons de soie blanche. Un moment suffisoit pour changer la scène aérienne : on voyoit alors des gueules de four enflammées, de grands tas de braise, des rivières de laves, des paysages ardents. Les mêmes teintes se répétoient sans se confondre ; le feu se détachoit du feu, le jaune pâle du jaune pâle, le violet du violet : tout étoit éclatant, tout étoit enveloppé, pénétré, saturé de lumière.

Mais la nature se joue du pinceau des hommes : lorsqu'on croit qu'elle a atteint sa plus grande beauté, elle sourit et s'embellit encore.

A notre droite étoient les ruines indiennes ; à notre gauche notre camp de chasseurs : l'île dérouloit devant nous ses paysages gravés ou modelés dans les ondes. A l'orient, la lune, touchant l'horizon, sembloit reposer immobile sur les côtes lointaines ; à l'occident, la voûte du ciel paroissoit fondue en une mer de diamants et de saphirs, dans laquelle le soleil, à demi plongé, avoit l'air de se dissoudre.

Les animaux de la création étoient, comme nous, attentifs à ce grand spectacle : le crocodile, tourné vers l'astre du jour, lançoit par sa gueule béante l'eau du lac en gerbes colorées ; perché sur un rameau desséché, le pélican louoit à sa manière le Maître de la nature; tandis que la cicogne s'envoloit pour le bénir au-dessus des nuages !

Nous te chanterons aussi, Dieu de l'univers, toi qui prodigues tant de merveilles ! la voix d'un homme s'élèvera avec la voix du désert : tu distingueras les accents du foible fils de la femme, au milieu du bruit des sphères que ta main fait rouler, du mugissement de l'abîme dont tu as scellé les portes.

A notre retour dans l'île, j'ai fait un repas excellent ; des truites fraîches, assaisonnées avec des cimes de canneberges, étoient un mets digne de la table d'un roi : aussi étois-je bien plus qu'un roi. Si le sort m'avoit placé sur le trône, et qu'une révolution m'en eût précipité, au lieu de traîner ma misère dans l'Europe comme Charles et Jacques, j'aurois dit aux amateurs : « Ma place vous fait en- « vie : hé bien ! essayez du métier ; vous verrez qu'il « n'est pas si bon. Égorgez-vous pour mon vieux « manteau ; je vais jouir dans les forêts de l'Amé- « rique de la liberté que vous m'avez rendue. »

Nous avions un voisin à notre souper : un trou semblable à la tanière d'un blaireau étoit la demeure d'une tortue : la solitaire sortit de sa grotte et se mit à marcher gravement au bord de l'eau. Ces tortues diffèrent peu des tortues de mer ; elles ont le cou plus long. On ne tua point la paisible reine de l'île.

Après le souper, je me suis assis à l'écart sur la rive ; on n'entendoit que le bruit du flux et du reflux du lac, prolongé le long des grèves ; des mouches luisantes brilloient dans l'ombre et s'éclipsoient lorsqu'elles passoient sous les rayons de la lune. Je suis tombé dans cette espèce de rêverie connue de tous les voyageurs : nul souvenir distinct de moi ne me restoit ; je me sentois vivre comme partie du grand tout, et végéter avec les arbres et les fleurs. C'est peut-être la disposition la plus douce pour l'homme, car, alors même qu'il est heureux, il y a dans ses plaisirs un certain fond d'amertume, un je ne sais quoi qu'on pourroit appeler la tristesse du bonheur. La rêverie du voyageur est une sorte de plénitude de cœur et de vide de tête, qui vous laisse jouir en repos de votre existence : c'est par la pensée que nous troublons la félicité que Dieu nous donne : l'âme est paisible ; l'esprit est inquiet.

Les Sauvages de la Floride racontent qu'il y a au milieu d'un lac une île où vivent les plus belles femmes du monde. Les Muscogulges ont voulu plusieurs fois tenter la conquête de l'île magique; mais les retraites élyséennes fuyant devant leurs canots, finissoient par disparoître : naturelle image du temps que nous perdons à la poursuite de nos chimères. Dans ce pays étoit aussi une fontaine de Jouvence : qui voudroit rajeunir?

Le lendemain, avant le lever du soleil, nous avons quitté l'île, traversé le lac, et rentré dans la rivière par laquelle nous y étions descendus. Cette rivière étoit remplie de kaïmans. Ces animaux ne sont dangereux que dans l'eau, surtout au moment d'un débarquement. A terre, un enfant peut aisément les devancer en marchant d'un pas ordinaire. Pour éviter leurs embûches, on met le feu aux herbes et aux roseaux : c'est alors un spectacle curieux que de voir de grands espaces d'eau surmontés d'une chevelure de flamme.

Lorsque le crocodile de ces régions a pris toute sa croissance, il mesure environ vingt à vingt-quatre pieds de la tête à la queue. Son corps est gros comme celui d'un cheval : ce reptile auroit exactement la forme du lézard commun, si sa queue n'étoit comprimée des deux côtés comme celle d'un poisson. Il est couvert d'écailles à l'épreuve de la balle, excepté auprès de la tête et entre les pates. Sa tête a environ trois pieds de long; les naseaux sont larges; la mâchoire supérieure de l'animal est la seule qui soit mobile; elle s'ouvre à angle droit sur la mâchoire inférieure : au-dessous de la première sont placées deux grosses dents comme les défenses d'un sanglier, ce qui donne au monstre un air terrible.

La femelle du kaïman pond à terre des œufs blanchâtres qu'elle recouvre d'herbes et de vase. Ces œufs, quelquefois au nombre de cent, forment avec le limon dont ils sont recouverts, de petites meules de quatre pieds de haut et de cinq pieds de diamètre à leur base : le soleil et la fermentation de l'argile font éclore ces œufs. Une femelle ne distingue point ses propres œufs des œufs d'une autre femelle; elle prend sous sa garde toutes les couvées du soleil. N'est-il pas singulier de trouver chez des crocodiles les enfants communs de la république de Platon ?

La chaleur étoit accablante; nous naviguions au milieu des marais; nos canots prenoient l'eau : le soleil avoit fait fondre la poix du bordage. Il nous venoit souvent des bouffées brûlantes du nord; nos coureurs de bois prédisoient un orage, parce que le rat des savanes montoit et descendoit incessamment le long des branches du chêne vert; les maringouins nous tourmentoient affreusement. On apercevoit des feux errants sur les lieux bas.

Nous avons passé la nuit fort mal à l'aise, sans ajoupa, sur une presqu'île formée par des marais; la lune et tous les objets étoient noyés dans un brouillard rouge. Ce matin la brise a manqué, et nous nous sommes rembarqués pour tâcher de gagner un village indien à quelques milles de distance; mais il nous a été impossible de remonter long-temps la rivière, et nous avons été obligés de débarquer sur la pointe d'un cap couvert d'arbres, d'où nous commandons une vue immense. Des nuages sortent tour à tour de dessous l'horizon du nord-ouest, et montent lentement dans le ciel. Nous nous faisons, du mieux que nous pouvons, un abri avec des branches.

Le soleil se couvre, les premiers roulements du tonnerre se font entendre; les crocodiles y répondont par un sourd rugissement, comme un tonnerre répond à un autre tonnerre. Une immense colonne de nuages s'étend au nord-est et au sud-est; le reste du ciel est d'un cuivre sale, demi-transparent et teint de la foudre. Le désert éclairé d'un jour faux, l'orage suspendu sur nos têtes et près d'éclater, offrent un tableau plein de grandeur.

Voilà l'orage! qu'on se figure un déluge de feu sans vent et sans eau; l'odeur de soufre remplit l'air; la nature est éclairée comme à la lueur d'un embrasement.

A présent les cataractes de l'abîme s'ouvrent; les grains de pluie ne sont point séparés : un voile d'eau unit les nuages à la terre.

Les Indiens disent que le bruit du tonnerre est causé par des oiseaux immenses qui se battent dans l'air, et par les efforts que fait un vieillard pour vomir une couleuvre de feu. En preuve de cette assertion, ils montrent des arbres où la foudre a tracé l'image d'un serpent. Souvent les orages mettent le feu aux forêts; elles continuent de brûler jusqu'à ce que l'incendie soit arrêté par le cours de quelque fleuve : ces forêts brûlées se changent en lacs et en marais.

Le courlis, dont nous entendons la voix dans le ciel au milieu de la pluie et du tonnerre, nous annonce la fin de l'ouragan. Le vent déchire les nuages qui volent brisés à travers le ciel; le tonnerre et les éclairs attachés à leurs flancs les suivent; l'air devient froid et sonore : il ne reste plus de ce déluge que des gouttes d'eau qui tombent en perles du feuillage des arbres. Nos filets et nos provisions de voyage flottent dans les canots remplis d'eau jusqu'à l'échancrure des avirons.

Le pays habité par les Creeks (la confédération des Muscogulges, des Siminoles et des Chéroquois) est enchanteur. De distance en distance la terre est percée par une multitude de bassins qu'on appelle des *puits*, et qui sont plus ou moins larges, plus ou moins profonds : ils communiquent par des routes souterraines aux lacs, aux marais et aux rivières. Tous ces puits sont placés au centre d'un monticule planté des plus beaux arbres, et dont les flancs creusés ressemblent aux parois d'un vase rempli d'une eau pure. De brillants poissons nagent au fond de cette eau.

Dans la saison des pluies, les savanes deviennent des espèces de lacs au-dessus desquels s'élèvent, comme des îles, les monticules dont nous venons de parler.

Cuscowilla, village siminole, est situé sur une chaîne de collines graveleuses à quatre cents toises d'un lac; des sapins écartés les uns des autres, et se touchant seulement par la cime, séparent la ville et le lac : entre leurs troncs, comme entre des colonnes, on aperçoit des cabanes; le lac et ses rivages attachés d'un côté à des forêts, de l'autre à des prairies : c'est à peu près ainsi que la mer, la plaine et les ruines d'Athènes se montrent, dit-on[1], à travers les colonnes isolées du temple de Jupiter Olympien.

Il seroit difficile d'imaginer rien de plus beau que les environs d'Apalachucla, la ville de la paix. A partir du fleuve Chata-Uche, le terrain s'élève en se retirant à l'horizon du couchant; ce n'est pas par une pente uniforme, mais par des espèces de terrasses posées les unes sur les autres.

A mesure que vous gravissez de terrasse en terrasse, les arbres changent selon l'élévation du sol : au bord de la rivière ce sont des chênes-saules, des lauriers et des magnolias; plus haut des sassafras et des platanes; plus haut encore des ormes et des noyers; enfin la dernière terrasse est plantée d'une forêt de chênes, parmi lesquels on remarque l'espèce qui traîne de longues mousses blanches. Des rochers nus et brisés surmontent cette forêt.

Des ruisseaux descendent en serpentant de ces rochers, coulent parmi les fleurs et la verdure, ou

---

[1] Je les ai vues depuis.

tombent en nappes de cristal. Lorsque, placé de l'autre côté de la rivière Chata-Uche, on découvre ces vastes degrés couronnés par l'architecture des montagnes, on croiroit voir le temple de la nature et le magnifique perron qui conduit à ce monument.

Au pied de cet amphithéâtre est une plaine où paissent des troupeaux de taureaux européens, des escadrons de chevaux de race espagnole, des hordes de daims et de cerfs, des bataillons de grues et de dindes, qui marbrent de blanc et de noir le fond vert de la savane. Cette association d'animaux domestiques et sauvages, les huttes siminoles où l'on remarque les progrès de la civilisation à travers l'ignorance indienne, achèvent de donner à ce tableau un caractère que l'on ne retrouve nulle part.

Ici finit, à proprement parler, l'*Itinéraire* ou le mémoire des lieux parcourus; mais il reste dans les diverses parties du manuscrit une multitude de détails sur les mœurs et les usages des Indiens. J'ai réuni ces détails dans des chapitres communs, après les avoir soigneusement revus et amené ma narration jusqu'à l'époque actuelle. Trente-six ans écoulés depuis mon voyage ont apporté bien des lumières et changé bien des choses dans l'Ancien et dans le Nouveau-Monde; ils ont dû modifier les idées et rectifier les jugements de l'écrivain. Avant de passer aux *mœurs des Sauvages*, je mettrai sous les yeux des lecteurs quelques esquisses de l'*histoire naturelle* de l'Amérique septentrionale

HISTOIRE NATURELLE.

CASTORS.

Quand on voit pour la première fois les ouvrages des castors, on ne peut s'empêcher d'admirer celui qui enseigna à une pauvre petite bête l'art des architectes de Babylone, et qui souvent envoie l'homme, si fier de son génie, à l'école d'un insecte.

Ces étonnantes créatures ont-elles rencontré un vallon où coule un ruisseau, elles barrent ce ruisseau par une chaussée; l'eau monte et remplit bientôt l'intervalle qui se trouve entre les deux collines : c'est dans ce réservoir que les castors bâtissent leurs habitations. Détaillons la construction de la chaussée.

Des deux flancs opposés des collines qui forment la vallée, commence un rang de palissades entrelacées de branches et revêtues de mortier. Ce premier rang est fortifié d'un second rang placé à quinze pieds en arrière du premier. L'espace entre les deux palissades est comblé avec de la terre.

La levée continue de venir ainsi des deux côtés de la vallée, jusqu'à ce qu'il ne reste plus qu'une ouverture d'une vingtaine de pieds au centre; mais à ce centre l'action du courant, opérant dans toute son énergie, les ingénieurs changent de matériaux : ils renforcent le milieu de leurs substructions hydrauliques de troncs d'arbres entassés les uns sur les autres, et liés ensemble par un ciment semblable à celui des palissades. Souvent la digue entière a cent pieds de long, quinze de haut et douze de large à la base; diminuant d'épaisseur dans une proportion mathématique à mesure qu'elle s'élève, elle n'a plus que trois pieds de surface au plan horizontal qui la termine.

Le côté de la chaussée opposé à l'eau se retire graduellement en talus; le côté extérieur garde un parfait aplomb.

Tout est prévu : le castor sait par la hauteur de la levée combien il doit bâtir d'étages à sa maison future; il sait qu'au-delà d'un certain nombre de pieds il n'a plus d'inondation à craindre, parce que l'eau passeroit alors par-dessus la digue. En conséquence une chambre qui surmonte cette digue lui fournit une retraite dans les grandes crues; quelquefois il pratique une écluse de sûreté dans la chaussée, écluse qu'il ouvre et ferme à son gré.

La manière dont les castors abattent les arbres est très curieuse : ils les choisissent toujours au bord d'une rivière. Un nombre de travailleurs proportionné à l'importance de la besogne ronge incessamment les racines : on n'incise point l'arbre du côté de la terre, mais du côté de l'eau, pour qu'il tombe sur le courant. Un castor, placé à quelque distance, avertit les bûcherons par un sifflement, quand il voit pencher la cime de l'arbre attaqué, afin qu'ils se mettent à l'abri de la chute. Les ouvriers traînent le tronc abattu à l'aide du flottage jusqu'à leurs villes, comme les Égyptiens, pour embellir leurs métropoles, faisoient descendre sur le Nil les obélisques taillés dans les carrières d'Éléphantine.

Les palais de la Venise de la solitude, construits dans le lac artificiel, ont deux, trois, quatre et cinq étages, selon la profondeur du lac. L'édifice, bâti sur pilotis, sort des deux tiers de sa hauteur hors de l'eau : les pilotis sont au nombre de six ; ils supportent le premier plancher, fait de brins de bouleau croisés. Sur ce plancher s'élève le vestibule du monument : les murs de ce vestibule se courbent et s'arrondissent en voûte recouverte d'une glaise polie comme un stuc. Dans le plancher du portique est ménagée une trappe par laquelle les castors descendent au bain ou vont chercher les branches de tremble pour leur nourriture : ces branches sont entassées sous l'eau dans un magasin commun, entre les pilotis des diverses habitations. Le premier étage du palais est surmonté de trois autres, construits de la même manière, mais divisés en autant d'appartements qu'il y a de castors. Ceux-ci sont ordinairement au nombre de dix ou douze, partagés en trois familles : ces familles s'assemblent dans le vestibule déjà décrit, et y prennent leur repas en commun : la plus grande propreté règne de toute part. Outre le passage du bain, il y a des issues pour les divers besoins des habitants ; chaque chambre est tapissée de jeunes branches de sapin, et l'on n'y souffre pas la plus petite ordure. Lorsque les propriétaires vont à leur maison des champs, bâtie au bord du lac et construite comme celle de la ville, personne ne prend leur place, leur appartement demeure vide jusqu'à leur retour. A la fonte des neiges, les citoyens se retirent dans les bois.

Comme il y a une écluse pour le trop plein des eaux, il y a une route secrète pour l'évacuation de la cité : dans les châteaux gothiques un souterrain creusé sous les tours aboutissoit dans la campagne.

Il y a des infirmeries pour les malades. Et c'est un animal foible et informe qui achève tous ces travaux, qui fait tous ces calculs !

Vers le mois de juillet, les castors tiennent un conseil général : ils examinent s'il est expédient de réparer l'ancienne ville et l'ancienne chaussée, ou s'il est bon de construire une cité nouvelle et une nouvelle digue. Les vivres manquent-ils dans cet endroit, les eaux et les chasseurs ont-ils trop endommagé les ouvrages, on se décide à former un autre établissement. Juge-t-on au contraire que le premier peut subsister, on remet à neuf les vieilles demeures, et l'on s'occupe des provisions d'hiver.

Les castors ont un gouvernement régulier : des édiles sont choisis pour veiller à la police de la république. Pendant le travail commun, des sentinelles préviennent toute surprise. Si quelque citoyen refuse de porter sa part des charges publiques, on l'exile ; il est obligé de vivre honteusement seul dans un trou. Les Indiens disent que ce paresseux puni est maigre, et qu'il a le dos pelé en signe d'infamie. Que sert à ces sages animaux tant d'intelligence ? L'homme laisse vivre les bêtes féroces et extermine les castors, comme il souffre les tyrans et persécute l'innocence et le génie.

La guerre n'est malheureusement point inconnue aux castors : il s'élève quelquefois entre eux des discordes civiles, indépendamment des contestations étrangères qu'ils ont avec les rats musqués. Les Indiens racontent que si un castor est surpris en maraude sur le territoire d'une tribu qui n'est pas la sienne, il est conduit devant le chef de cette tribu, et puni correctionnellement ; à la récidive, on lui coupe cette utile queue qui est à la fois sa charrette et sa truelle : il retourne ainsi mutilé chez ses amis, qui s'assemblent pour venger son injure. Quelquefois le différent est vidé par un duel entre les deux chefs des deux troupes, ou par un combat singulier de trois contre trois, de trente contre trente, comme le combat des Curiaces et des Horaces, ou des trente Bretons contre les trente Anglois. Les batailles générales sont sanglantes : les Sauvages qui surviennent pour dépouiller les morts en ont souvent trouvé plus de quinze couchés au lit d'honneur. Les castors vainqueurs s'emparent de la ville des castors vaincus, et, selon les circonstances, ils y établissent une colonie ou y entretiennent une garnison.

La femelle du castor porte deux, trois, et jusqu'à quatre petits ; elle les nourrit et les instruit pendant une année. Quand la population devient trop nombreuse, les jeunes castors vont former un nouvel établissement, comme un essaim d'abeilles échappé de la ruche. Le castor vit chastement avec une seule femelle ; il est jaloux, et tue quelquefois sa femme pour cause ou soupçon d'infidélité.

La longueur moyenne du castor est de deux pieds et demi à trois pieds ; sa largeur, d'un flanc à l'autre, d'environ quatorze pouces; il peut peser quarante-cinq livres ; sa tête ressemble à celle du rat ; ses yeux sont petits, ses oreilles courtes, nues en dedans, velues en dehors ; ses pates de devant n'ont guère que trois pouces de long, et sont armées d'ongles creux et aigus ; ses pates de derrière, palmées comme celles du cygne, lui servent à nager; la queue est plate, épaisse d'un pouce, recouverte d'écailles hexagones, disposées en tuiles comme celles des poissons; il use de cette queue en guise de truelle et de traîneau. Ses mâchoires, extrêmement fortes, se croisent ainsi que les branches des ciseaux ; chaque mâchoire est garnie de dix dents, dont deux incisives de deux pouces de longueur : c'est l'instrument avec lequel le castor coupe les arbres, équarrit leurs troncs, arrache leur écorce, et broie les bois tendres dont il se nourrit.

L'animal est noir, rarement blanc ou brun ; il a deux poils, le premier long, creux et luisant ; le second, espèce de duvet qui pousse sous le premier, est le seul employé dans le feutre. Le castor vit vingt ans. La femelle est plus grosse que le mâle, et son poil est plus grisâtre sous le ventre. Il n'est pas vrai que le castor se mutile lorsqu'il tombe vivant entre les mains des chasseurs, afin de soustraire sa postérité à l'esclavage. Il faut chercher une autre étymologie à son nom.

La chair des castors ne vaut rien, de quelque manière qu'on l'apprête. Les Sauvages la conservent cependant après l'avoir fait boucaner à la fumée ; ils la mangent lorsque les vivres viennent à leur manquer.

La peau du castor est fine sans être chaude ; aussi la chasse du castor n'avoit autrefois aucun renom chez les Indiens : celle de l'ours, où ils trouvoient avantage et péril, étoit la plus honorable. On se contentoit de tuer quelques castors pour en porter la dépouille comme parure ; mais on n'immoloit pas des peuplades entières. Le prix que les Européens ont mis à cette dépouille a seul amené dans le Canada l'extermination de ces quadrupèdes, qui tenoient par leur instinct le premier rang chez les animaux. Il faut cheminer très loin vers la baie d'Hudson pour trouver maintenant des castors ; encore ne montrent-ils plus la même industrie, parce que le climat est trop froid : diminués en nombre, ils ont baissé en intelligence, et ne développent plus les facultés qui naissent de l'association [1].

Ces républiques comptoient autrefois cent et cent cinquante citoyens ; quelques-unes étoient encore plus populeuses. On voyoit auprès de Québec un

---

[1] On a retrouvé des castors entre le Missouri et le Mississipi ; ils sont surtout extrêmement nombreux au-delà des montagnes Rocheuses, sur les branches de la Colombie ; mais les Européens ayant pénétré dans ces régions, les castors seront bientôt exterminés. Déjà l'année dernière (1826) on a vendu à Saint-Louis, sur le Mississipi, cent paquets de peaux de castor, chaque paquet pesant cent livres, et chaque livre de cette précieuse marchandise vendue au prix de cinq gourdes.

étang formé par des castors, qui suffisoit à l'usage d'un moulin à scie. Les réservoirs de ces amphibies étoient souvent utiles, en fournissant de l'eau aux pirogues qui remontoient les rivières pendant l'été. Des castors faisoient ainsi pour des Sauvages, dans la Nouvelle-France, ce qu'un esprit ingénieux, un grand roi et un grand ministre ont fait dans l'ancienne pour des hommes policés.

OURS.

Les ours sont de trois espèces en Amérique : l'ours brun ou jaune, l'ours noir, et l'ours blanc. L'ours brun est petit et frugivore; il grimpe aux arbres.

L'ours noir est plus grand; il se nourrit de chair, de poisson et de fruits; il pêche avec une singulière adresse. Assis au bord d'une rivière, de sa pate droite il saisit dans l'eau le poisson qu'il voit passer, et le jette sur le bord. Si, après avoir assouvi sa faim, il lui reste quelque chose de son repas, il le cache. Il dort une partie de l'hiver dans les tanières ou dans les arbres creux où il se retire. Lorsqu'aux premiers jours de mars il sort de son engourdissement, son premier soin est de se purger avec des simples.

<small>Il vivoit de régime et mangeoit à ses heures.</small>

L'ours blanc ou l'ours marin fréquente les côtes de l'Amérique septentrionale, depuis les parages de Terre-Neuve jusqu'au fond de la baie de Baffin, gardien féroce de ces déserts glacés.

CERF.

Le cerf du Canada est une espèce de renne que l'on peut apprivoiser. Sa femelle, qui n'a point de bois, est charmante ; et si elle avoit les oreilles plus courtes, elle ressembleroit assez bien à une légère jument angloise.

ORIGNAL.

L'orignal a le muffle du chameau, le bois plat du daim, les jambes du cerf. Son poil est mêlé de gris, de blanc, de rouge et de noir ; sa course est rapide.

Selon les Sauvages, les orignaux ont un roi surnommé *le grand orignal;* ses sujets lui rendent toutes sortes de devoirs. Ce grand orignal a les jambes si hautes, que huit pieds de neige ne l'embarrassent point du tout. Sa peau est invulnérable ; il a un bras qui lui sort de l'épaule, et dont il use de la même manière que les hommes se servent de leurs bras.

Les jongleurs prétendent que l'orignal a dans le cœur un petit os qui, réduit en poudre, apaise les douleurs de l'enfantement ; ils disent aussi que la corne du pied gauche de ce quadrupède appliquée sur le cœur des épileptiques les guérit radicalement. L'orignal, ajoutent-ils, est lui-même sujet à l'épilepsie ; lorsqu'il sent approcher l'attaque il se tire du sang de l'oreille gauche avec la corne de son pied gauche, et se trouve soulagé.

BISON.

Le bison porte basses ses cornes noires et courtes; il a une longue barbe de crin; un toupet pareil pend échevelé entre ses deux cornes jusque sur ses yeux. Son poitrail est large, sa croupe effilée, sa queue épaisse et courte; ses jambes sont grosses et tournées en dehors; une bosse d'un poil roussâtre et long s'élève sur ses épaules comme la première bosse du dromadaire. Le reste de son corps est couvert d'une laine noire que les Indiennes filent pour en faire des sacs à blé et des couvertures. Cet animal a l'air féroce, et il est fort doux.

Il y a des variétés dans les bisons, ou, si l'on veut, dans les *buffaloes,* mot espagnol *anglicisé.* Les plus grands sont ceux que l'on rencontre entre le Missouri et le Mississipi; ils approchent de la taille d'un moyen éléphant. Ils tiennent du lion par la crinière, du chameau par la bosse, de l'hippopotame ou du rhinocéros par la queue et la peau de l'arrière-train, du taureau par les cornes et par les jambes.

Dans cette espèce, le nombre des femelles surpasse de beaucoup celui des mâles. Le taureau fait sa cour à la génisse en galopant en rond autour d'elle. Immobile au milieu du cercle, elle mugit doucement. Les Sauvages imitent dans leurs jeux propitiatoires ce manége, qu'ils appellent *la danse du bison.*

Le bison a des temps irréguliers de migration: on ne sait trop où il va; mais il paroît qu'il remonte beaucoup au nord en été, puisqu'on le retrouve aux bords du lac de l'Esclave, et qu'on l'a rencontré jusque dans les îles de la mer Polaire. Peut-être aussi gagne-t-il les vallées des montagnes Rocheuses à l'ouest, et les plaines du Nouveau-Mexique au midi. Les bisons sont si nombreux dans les stepps verdoyants du Missouri, que quand ils émigrent leur troupe met quelquefois plusieurs jours à défiler comme une immense armée : on entend leur marche à plusieurs milles de distance, et l'on sent trembler la terre.

Les Indiens tannent supérieurement la peau du bison avec l'écorce du bouleau : l'os de l'épaule de la bête tuée leur sert de grattoir.

La viande du bison, coupée en tranches larges et minces, séchée au soleil ou à la fumée, est très savoureuse ; elle se conserve plusieurs années, comme du jambon : les bosses et les langues des vaches sont les parties les plus friandes à manger fraîches. La fiente du bison brûlée donne une braise ardente ; elle est d'une grande ressource dans les savanes, où l'on manque de bois. Cet utile animal fournit à la fois les aliments et le feu du festin. Les Sioux trouvent dans sa dépouille la couche et le vêtement. Le bison et le Sauvage, placés sur le même sol, sont le taureau et l'homme dans l'état de nature : ils ont l'air de n'attendre tous les deux qu'un sillon, l'un pour devenir domestique, l'autre pour se civiliser.

FOUINE.

La fouine américaine porte auprès de la vessie un petit sac rempli d'une liqueur roussâtre : lorsque la bête est poursuivie, elle lâche cette eau en s'enfuyant ; l'odeur en est telle que les chasseurs et les chiens même abandonnent la proie : elle s'attache aux vêtements et fait perdre la vue. Cette odeur est une sorte de musc pénétrant qui donne des vertiges : les Sauvages prétendent qu'elle est souveraine pour les maux de tête.

RENARDS.

Les renards du Canada sont de l'espèce commune ; ils ont seulement l'extrémité du poil d'un noir lustré. On sait la manière dont ils prennent les oiseaux aquatiques : La Fontaine, le premier des naturalistes, ne l'a pas oublié dans ses immortels tableaux.

Le renard canadien fait donc au bord d'un lac ou d'un fleuve mille sauts et gambades. Les oies et les canards, charmés qu'ils sont, s'approchent pour le mieux considérer. Il s'assied alors sur son derrière, et remue doucement la queue. Les oiseaux, de plus en plus satisfaits, abordent au rivage, s'avancent en dandinant vers le futé quadrupède, qui affecte autant de bêtise qu'ils en montrent. Bientôt la sotte volatile s'enhardit au point de venir becqueter la queue du *maître-passé,* qui s'élance sur sa proie.

LOUPS.

Il y a en Amérique diverses sortes de loups : celui qu'on appelle *cervier* vient pendant la nuit aboyer autour des habitations. Il ne hurle jamais qu'une fois au même lieu; sa rapidité est si grande, qu'en moins de quelques minutes on entend sa voix à une distance prodigieuse de l'endroit où il a poussé son premier cri.

RAT MUSQUÉ.

Le rat musqué vit au printemps de jeunes pousses d'arbrisseaux, et en été de fraises et de framboises; il mange des baies de bruyères en automne, et se nourrit en hiver de racines d'orties. Il bâtit et travaille comme le castor. Quand les Sauvages ont tué un rat musqué, ils paroissent fort tristes : ils fument autour de son corps et l'environnent de Manitous, en déplorant leur parricide : on sait que la femelle du rat musqué est la mère du genre humain.

CARCAJOU.

Le carcajou est une espèce de tigre ou de grand chat. La manière dont il chasse l'orignal avec ses alliés les renards est célèbre. Il monte sur un arbre, se couche à plat sur une branche abaissée, et s'enveloppe d'une queue touffue qui fait trois fois le tour de son corps. Bientôt on entend des glapissements lointains, et l'on voit paroître un orignal rabattu par trois renards, qui manœuvrent de manière à le diriger vers l'embuscade du carcajou. Au moment où la bête lancée passe sous l'arbre fatal, le carcajou tombe sur elle, lui serre le cou avec sa queue, et cherche à lui couper avec les dents la veine jugulaire. L'orignal bondit, frappe l'air de son bois, brise la neige sous ses pieds : il se traîne sur ses genoux, fuit en ligne directe, recule, s'accroupit, marche par sauts, secoue sa tête. Ses forces s'épuisent, ses flancs battent, son sang ruisselle le long de son cou, ses jarrets tremblent, plient. Les trois renards arrivent à la curée : tyran équitable, le carcajou divise également la proie entre lui et ses satellites. Les Sauvages n'attaquent jamais le carcajou et les renards dans ce moment : ils disent qu'il seroit injuste d'enlever à ces autres chasseurs le fruit de leurs travaux.

OISEAUX.

Les oiseaux sont plus variés et plus nombreux en Amérique qu'on ne l'avoit cru d'abord : il en a été ainsi pour l'Afrique et pour l'Asie. Les premiers voyageurs n'avoient été frappés en arrivant que de ces grands et brillants volatiles qui sont comme des fleurs sur les arbres; mais on a découvert depuis une foule de petits oiseaux chanteurs, dont le ramage est aussi doux que celui de nos fauvettes.

POISSONS.

Les poissons dans les lacs du Canada, et surtout dans les lacs de la Floride, sont d'une beauté et d'un éclat admirable.

SERPENTS.

L'Amérique est comme la patrie des serpents. Le serpent d'eau ressemble au serpent à sonnettes; mais il n'en a ni la sonnette ni le venin. On le trouve partout.

J'ai parlé plusieurs fois dans mes ouvrages du serpent à sonnettes : on sait que les dents dont il se sert pour répandre son poison ne sont point celles avec lesquelles il mange. On peut lui arracher les premières, et il ne reste plus alors qu'un assez beau serpent plein d'intelligence et qui aime passionnément la musique. Aux ardeurs du midi, dans le plus profond silence des forêts, il fait entendre sa sonnette pour appeler sa femelle : ce signal d'amour est le seul bruit qui frappe alors l'oreille du voyageur.

La femelle porte quelquefois vingt petits; quand ceux-ci sont poursuivis, ils se retirent dans la gueule de leur mère, comme s'ils rentroient dans le sein maternel.

Les serpents en général, et surtout le serpent à sonnettes, sont en grande vénération chez les indigènes de l'Amérique, qui leur attribuent un esprit divin : ils les apprivoisent au point de les faire venir coucher l'hiver dans des boîtes placées au foyer d'une cabane. Ces singuliers pénates sortent de leurs habitacles au printemps, pour retourner dans les bois.

Un serpent noir qui porte un anneau jaune au cou est assez malfaisant ; un autre serpent tout noir, sans poison, monte sur les arbres et donne la chasse aux oiseaux et aux écureuils. Il charme l'oiseau par ses regards, c'est-à-dire qu'il l'effraie. Cet effet de la peur, qu'on a voulu nier, est aujourd'hui mis hors de doute : la peur casse les jambes à l'homme ; pourquoi ne briseroit-elle pas les ailes à l'oiseau ?

Le serpent ruban, le serpent vert, le serpent piqué, prennent leurs noms de leurs couleurs et des dessins de leur peau ; ils sont parfaitement innocents et d'une beauté remarquable.

Le plus admirable de tous est le serpent appelé de *verre*, à cause de la fragilité de son corps, qui se brise au moindre contact. Ce reptile est presque transparent, et reflète les couleurs comme un prisme. Il vit d'insectes et ne fait aucun mal : sa longueur est celle d'une petite couleuvre.

Le serpent à épines est court et gros. Il porte à la queue un dard dont la blessure est mortelle.

Le serpent à deux têtes est peu commun : il ressemble assez à la vipère ; toutefois ses têtes ne sont pas comprimées.

Le serpent siffleur est fort multiplié dans la Géorgie et dans les Florides. Il a dix-huit pouces de long ; sa peau est sablée de noir sur un fond vert. Lorsqu'on approche de lui, il s'aplatit, devient de différentes couleurs, et ouvre la gueule en sifflant. Il se faut bien garder d'entrer dans l'atmosphère qui l'environne ; il a le pouvoir de décomposer l'air autour de lui. Cet air imprudemment respiré fait tomber en langueur. L'homme attaqué dépérit, ses poumons se vicient, et, au bout de quelques mois, il meurt de consomption : c'est le dire des habitants du pays.

ARBRES ET PLANTES.

Les arbres, les arbrisseaux, les plantes, les fleurs, transportés dans nos bois, dans nos champs, dans nos jardins, annoncent la variété et la richesse du règne végétal en Amérique. Qui ne connoît aujourd'hui le laurier couronné de roses appelé *Magnolia*, le marronnier qui porte une véritable hyacinthe, le catalpa qui reproduit la fleur de l'oranger, le tulipier qui prend le nom de sa fleur, l'érable à sucre, le hêtre pourpre, le sassafras, et parmi les arbres verts et résineux, le pin du lord Weymouth, le cèdre de la Virginie, le baumier de Gilead, et ce cyprès de la Louisiane, aux racines noueuses, au tronc énorme, dont la feuille ressemble à une dentelle de mousse? les lilas, les azaléas, les pompadouras ont enrichi nos printemps ; les aristoloches, les ustérias, les bignonias, les décumarias, les célustris ont mêlé leurs fleurs, leurs fruits et leurs parfums à la verdure de nos lierres.

Les plantes à fleurs sont sans nombre : l'éphémère de Virginie, l'hélonias, le lis du Canada, le lis appelé *superbe*, la tigridie panachée, l'achillée rose, le dahlia, l'hellénie d'automne, les phlox de toutes les espèces se confondent aujourd'hui avec nos fleurs natives.

Enfin, nous avons exterminé presque partout la population sauvage; et l'Amérique nous a donné la pomme de terre, qui prévient à jamais la disette parmi les peuples destructeurs des Américains.

ABEILLES.

Tous ces végétaux nourrissent de brillants insectes. Ceux-ci ont reçu dans leurs tribus notre mouche à miel, qui est venue à la découverte de ces savanes et de ces forêts embaumées dont on racontoit tant de merveilles. On a remarqué que les colons sont souvent précédés dans les bois du Kentucky et du Tennessée par des abeilles : avant-garde des laboureurs, elles sont le symbole de l'industrie et de la civilisation, qu'elles annoncent. Étrangères à l'Amérique, arrivées à la suite des voiles de Colomb, ces conquérantes pacifiques n'ont ravi à un nouveau monde de fleurs que des trésors dont les indigènes ignoroient l'usage; elles ne se sont servies de ces trésors que pour enrichir le sol dont elles les avoient tirés. Qu'il faudroit se féliciter, si toutes les invasions et toutes les conquêtes ressembloient à celles de ces filles du ciel!

Les abeilles ont pourtant eu à repousser des myriades de moustiques et de maringouins, qui attaquoient leurs essaims dans le tronc des arbres; leur génie a triomphé de ces envieux, méchants et laids ennemis. Les abeilles ont été reconnues reines du désert, et leur monarchie administrative s'est établie dans les bois auprès de la république de Washington.

MOEURS DES SAUVAGES.

Il y a deux manières également fidèles et infidèles de peindre les Sauvages de l'Amérique septentrionale : l'une est de ne parler que de leurs lois et de leurs mœurs, sans entrer dans le détail de leurs coutumes bizarres, de leurs habitudes souvent dégoûtantes pour les hommes civilisés. Alors on ne verra que des Grecs et des Romains; car les lois des Indiens sont graves et les mœurs souvent charmantes.

L'autre manière consiste à ne représenter que les habitudes et les coutumes des Sauvages, sans mentionner leurs lois et leurs mœurs ; alors on n'aperçoit plus que des cabanes enfumées et infectes dans lesquelles se retirent des espèces de singes à parole humaine. Sidoine Apollinaire se plaignoit d'être obligé *d'entendre le rauque langage du Germain et de fréquenter le Bourguignon qui se frottoit les cheveux avec du beurre.*

Je ne sais si la chaumine du vieux Caton, dans le pays des Sabins, étoit beaucoup plus propre que la hutte d'un Iroquois. Le malin Horace pourroit sur ce point nous laisser des doutes.

Si l'on donne aussi les mêmes traits à tous les Sauvages de l'Amérique septentrionale, on altérera la ressemblance; les Sauvages de la Louisiane et de la Floride différoient en beaucoup de points des Saûvages du Canada. Sans faire l'histoire particulière de chaque tribu, j'ai rassemblé tout ce que j'ai su des Indiens sous ces titres :

Mariages, enfants, funérailles; Moissons, fêtes, danses et jeu; Année, division et règlement du temps, calendrier naturel; Médecine; Langues indiennes; Chasse; Guerre; Religion; Gouvernement. Une conclusion générale fait voir l'Amérique telle qu'elle s'offre aujourd'hui.

MARIAGES, ENFANTS, FUNÉRAILLES.

Il y a deux espèces de mariages parmi les Sauvages : le premier se fait par le simple accord de la femme et de l'homme; l'engagement est pour un temps plus ou moins long, et tel qu'il a plu au couple qui se marie de le fixer. Le terme de l'engagement expiré, les deux époux se séparent : tel étoit à peu près le concubinage légal en Europe, dans le huitième et le neuvième siècle.

Le second mariage se fait pareillement en vertu du consentement de l'homme et de la femme; mais les parents interviennent. Quoique ce mariage ne soit point limité, comme le premier, à un certain nombre d'années, il peut toujours se rompre. On a remarqué que, chez les Indiens, le second mariage, le mariage légitime, étoit préféré par les jeunes filles et les vieillards, et le premier par les vieilles femmes et les jeunes gens.

Lorsqu'un Sauvage s'est résolu au mariage légal, il va avec son père faire la demande aux parents de la femme. Le père revêt des habits qui n'ont point encore été portés; il orne sa tête de plumes nouvelles, lave l'ancienne peinture de son visage, met un nouveau fard, et change l'anneau pendant à son nez ou à ses oreilles; il prend dans sa main droite un calumet dont le fourneau est blanc, le tuyau bleu, et empenné avec des queues d'oiseaux; dans sa main gauche il tient son arc détendu en guise de bâton. Son fils le suit chargé de peaux d'ours, de castors et d'orignaux; il porte en outre deux colliers de porcelaine à quatre branches et une tourterelle vivante dans une cage.

Les prétendants vont d'abord chez le plus vieux parent de la jeune fille; ils entrent dans sa cabane, s'asseyent devant lui sur une natte, et le père du jeune guerrier, prenant la parole, dit : « Voilà des « peaux. Les deux colliers, le calumet bleu et la « tourterelle demandent ta fille en mariage. »

Si les présents sont acceptés, le mariage est conclu, car le consentement de l'aïeul ou du plus ancien sachem de la famille l'emporte sur le consentement paternel. L'âge est la source de l'autorité chez les Sauvages : plus un homme est vieux, plus il a d'empire. Ces peuples font dériver la puissance divine de l'éternité du Grand-Esprit.

Quelquefois le vieux parent, tout en acceptant les présents, met à son consentement quelque restriction. On est averti de cette restriction si, après avoir aspiré trois fois la vapeur du calumet, le fumeur laisse échapper la première bouffée au lieu de l'avaler, comme dans un consentement absolu.

De la cabane du vieux parent on se rend au foyer de la mère et de la jeune fille. Quand les songes de celle-ci ont été néfastes, sa frayeur est grande. Il faut que les songes, pour être favorables, n'aient représenté ni les Esprits, ni les aïeux, ni la patrie, mais qu'ils aient montré des berceaux, des oiseaux et des biches blanches. Il y a pourtant un moyen infaillible de conjurer les rêves funestes, c'est de suspendre un collier rouge au cou d'un marmouset de bois de chêne : chez les hommes civilisés l'espérance a aussi ses colliers rouges et ses marmousets.

Après cette première demande, tout a l'air d'être oublié; un temps considérable s'écoule avant la conclusion du mariage : la vertu de prédilection du Sauvage est la patience. Dans les périls les plus imminents, tout se doit passer comme à l'ordinaire : lorsque l'ennemi est aux portes, un guerrier qui négligeroit de fumer tranquillement sa pipe, assis les jambes croisées au soleil, passeroit pour une *vieille femme.*

Quelle que soit donc la passion du jeune homme, il est obligé d'affecter un air d'indifférence, et d'attendre les ordres de la famille. Selon la coutume ordinaire, les deux époux doivent demeurer d'abord dans la cabane de leur plus vieux parent; mais souvent des arrangements particuliers s'opposent à l'observation de cette coutume. Le futur mari bâtit alors sa cabane : il en choisit presque toujours l'emplacement dans quelque vallon solitaire, auprès d'un ruisseau ou d'une fontaine, et sous les bois qui la peuvent cacher.

Les Sauvages sont tous, comme les héros d'Homère, des médecins, des cuisiniers et des charpentiers. Pour construire la hutte du mariage, on enfonce dans la terre quatre poteaux, ayant un pied de circonférence et douze pieds de haut : ils sont destinés à marquer les quatre angles d'un parallélogramme de vingt pieds de long sur dix-huit de large. Des mortaises creusées dans ces poteaux reçoivent des traverses, lesquelles forment, quand leurs intervalles sont remplis avec de la terre, les quatre murailles de la cabane.

Dans les deux murailles longitudinales, on pratique deux ouvertures : l'une sert d'entrée à tout l'édifice, l'autre conduit dans une seconde chambre semblable à la première, mais plus petite.

On laisse le prétendu poser seul les fondements de sa demeure; mais il est aidé dans la suite du travail par ses compagnons. Ceux-ci arrivent chantant et dansant; ils apportent des instruments de maçonnerie faits de bois; l'omoplate de quelque grand quadrupède leur sert de truelle. Ils frappent dans la main de leur ami, sautent sur ses épaules, font des railleries sur son mariage, et achèvent la cabane. Montés sur les poteaux et les murs commencés, ils élèvent le toit d'écorce de bouleau ou de chaume de maïs; mêlant du poil de bête fauve et de la paille de folle-avoine hachée dans de l'argile rouge, ils enduisent de ce mastic les murailles à l'extérieur et à l'intérieur. Au centre ou à l'une des extrémités de la grande salle, les ouvriers plantent cinq longues perches, qu'ils entourent d'herbe sèche et de mortier : cette espèce de cône devient la cheminée, et laisse échapper la fumée par une ouverture ménagée dans le toit. Tout ce travail se fait au milieu des brocards et des chants satiriques : la plupart de ces chants sont grossiers; quelques-uns ne manquent pas d'une certaine grâce :

« La lune cache son front sous un nuage; elle est
« honteuse, elle rougit; c'est qu'elle sort du lit du
« soleil. Ainsi se cachera et rougira... le lendemain
« de ses noces, et nous lui dirons : Laisse-nous donc
« voir tes yeux. »

Les coups de marteau, le bruit des truelles, le craquement des branches rompues, les ris, les cris, les chansons, se font entendre au loin, et les familles sortent de leurs villages pour prendre part à ces ébattements.

La cabane étant terminée en dehors, on la lambrisse en dedans avec du plâtre quand le pays en fournit, avec de la terre glaise au défaut de plâtre. On pèle le gazon resté dans l'intérieur de l'édifice : les ouvriers, dansant sur le sol humide, l'ont bientôt pétri et égalisé. Des nattes de roseaux tapissent ensuite cette aire ainsi que les parois du logis. Dans quelques heures est achevée une hutte qui cache souvent sous un toit d'écorce plus de bonheur que n'en recouvrent les voûtes d'un palais.

Le lendemain on remplit la nouvelle habitation de tous les meubles et comestibles du propriétaire : nattes, escabelles, vases de terre et de bois, chaudières, seaux, jambons d'ours et d'orignaux, gateaux secs, gerbes de maïs, plantées pour nourriture ou pour remèdes : ces divers objets s'accrochent aux murs ou s'étalent sur des planches; dans un trou garni de cannes éclatées, on jette le maïs et la folle-avoine. Les instruments de pêche, de chasse, de guerre et d'agriculture, la crosse du labourage, les piéges, les filets faits avec la moelle intérieure du faux palmier, les hameçons de dents de castor, les arcs, les flèches, les casse-têtes, les haches, les couteaux, les armes à feu, les cornes pour porter la poudre, les chichikoués, les tambourins, les fifres, les calumets, le fil de nerfs de chevreuil, la toile de mûrier ou de bouleau; les plumes, les perles, les colliers, le noir, l'azur et le vermillon pour la parure, une multitude de peaux, les unes tannées, les autres avec leurs poils; tels sont les trésors dont on enrichit la cabane.

Huit jours avant la célébration du mariage, la jeune femme se retire à la cabane des purifications, lieu séparé où les femmes entrent et restent trois ou quatre jours par mois, et où elles vont faire leurs couches. Pendant les huit jours de retraite, le guerrier engagé chasse : il laisse le gibier dans l'endroit où il le tue; les femmes le ramassent et le portent à la cabane des parents pour le festin de noces. Si la chasse a été bonne, on en tire un augure favorable.

Enfin le grand jour arrive. Les jongleurs et les principaux sachems sont invités à la cérémonie. Une troupe de jeunes guerriers va chercher le marié chez lui; une troupe de jeunes filles va pareillement chercher la mariée à sa cabane. Le couple promis est orné de ce qu'il a de plus beau en plumes, en colliers, en fourrures, et de plus éclatant en couleurs.

Les deux troupes, par des chemins opposés, surviennent en même temps à la hutte du plus vieux parent. On pratique une seconde porte à cette hutte, en face de la porte ordinaire : environné de ses compagnons, l'époux se présente à l'une des portes; l'épouse, entourée de ses compagnes, se présente à l'autre. Tous les Sachems de la fête sont assis dans la cabane, le calumet à la bouche. La bru et le gendre vont se placer sur des rouleaux de peaux à l'une des extrémités de la cabane.

Alors commence en dehors la danse nuptiale entre les deux chœurs restés à la porte. Les jeunes filles, armées d'une crosse recourbée, imitent les divers ouvrages du labour; les jeunes guerriers font la garde autour d'elles, l'arc à la main. Tout à coup un parti ennemi sortant de la forêt s'efforce d'enlever les femmes; celles-ci jettent leur hoyau et s'enfuient; leurs frères volent à leur secours. Un combat simulé s'engage; les ravisseurs sont repoussés.

A cette pantomime succèdent d'autres tableaux tracés avec une vivacité naturelle : c'est la peinture de la vie domestique, le soin du ménage, l'entretien de la cabane, les plaisirs et les travaux du foyer; touchantes occupations d'une mère de famille. Ce spectacle se termine par une ronde où les jeunes filles tournent à rebours du cours du soleil, et les jeunes guerriers, selon le mouvement apparent de cet astre.

Le repas suit : il est composé de soupes, de gibier, de gâteaux de maïs, de canneberges, espèce de légumes, de pommes de mai, sorte de fruit porté par une herbe, de poissons, de viandes grillées et d'oiseaux rôtis. On boit dans les grandes calebasses le suc de l'érable ou du sumac, et dans de petites tasses de hêtre une préparation de cassine, boisson chaude que l'on sert comme du café. La beauté du repas consiste dans la profusion des mets.

Après le festin la foule se retire. Il ne reste dans la cabane du plus vieux parent que douze personnes, six sachems de la famille du mari, six matrones de la famille de la femme. Ces douze personnes, assises à terre, forment deux cercles concentriques ; les hommes décrivent le cercle extérieur. Les conjoints se placent au centre des deux cercles : ils tiennent horizontalement, chacun par un bout, un roseau de six pieds de long. L'époux porte dans la main droite un pied de chevreuil ; l'épouse élève de la main gauche une gerbe de maïs. Le roseau est peint de différents hiéroglyphes qui marquent l'âge du couple uni et la lune où se fait le mariage. On dépose aux pieds de la femme les présents du mari et de sa famille, savoir : une parure complète, le jupon d'écorce de mûrier, le corset pareil, la mante de plumes d'oiseaux ou de peau de martre, les mocassines brodées en poil de porc-épic, les bracelets de coquillages, les anneaux ou les perles pour le nez et pour les oreilles.

A ces vêtements sont mêlés un berceau de jonc, un morceau d'agaric, des pierres à fusil pour allumer le feu, la chaudière pour faire bouillir les viandes, le collier de cuir pour porter les fardeaux, et la bûche du foyer. Le berceau fait palpiter le cœur de l'épouse, la chaudière et le collier ne l'effraient point : elle regarde avec soumission ces marques de l'esclavage domestique.

Le mari ne demeure pas sans leçons : un casse-tête, un arc, une pagaie, lui annoncent ses devoirs : combattre, chasser et naviguer. Chez quelques tribus, un lézard vert, de cette espèce dont les mouvements sont si rapides que l'œil peut à peine les saisir, des feuilles mortes entassées dans une corbeille, font entendre au nouvel époux que le temps fuit et que l'homme tombe. Ces peuples enseignent par des emblèmes la morale de la vie, et rappellent la part des soins que la nature a distribués à chacun de ses enfants.

Les deux époux enfermés dans le double cercle des douze parents, ayant déclaré qu'ils veulent s'unir, le plus vieux parent prend le roseau de six pieds; il le sépare en douze morceaux, lesquels il distribue aux douze témoins : chaque témoin est obligé de représenter sa portion de roseau pour être réduite en cendre si les époux demandent un jour le divorce.

Les jeunes filles qui ont amené l'épouse à la cabane du plus vieux parent l'accompagnent avec des chants à la hutte nuptiale; les jeunes guerriers y conduisent de leur côté le nouvel époux. Les conviés à la fête retournent à leurs villages : ils jettent, en sacrifice aux Manitous des morceaux de leurs habits dans les fleuves, et brûlent une part de leur nourriture.

En Europe, afin d'échapper aux lois militaires, on se marie : parmi les Sauvages de l'Amérique septentrionale, nul ne se pouvoit marier qu'après avoir combattu pour la patrie. Un homme n'étoit jugé digne d'être père que quand il avoit prouvé qu'il sauroit défendre ses enfants. Par une conséquence de cette mâle coutume, un guerrier ne commençoit à jouir de la considération publique que du jour de son mariage.

La pluralité des femmes est permise; un abus contraire livre quelquefois une femme à plusieurs maris : des hordes plus grossières offrent leurs femmes et leurs filles aux étrangers. Ce n'est pas une dépravation, mais le sentiment profond de leur misère, qui pousse ces Indiens à cette sorte d'infamie; ils pensent rendre leur famille plus heureuse, en changeant le sang paternel.

Les Sauvages du nord-ouest voulurent avoir de la race du premier Nègre qu'ils aperçurent : ils le prirent pour un mauvais esprit; ils espérèrent qu'en le naturalisant chez eux, ils se ménageroient des intelligences et des protecteurs parmi les génies noirs.

L'adultère dans la femme étoit autrefois puni chez les Hurons par la mutilation du nez : on voùloit que la faute restât gravée sur le visage.

En cas de divorce, les enfants sont adjugés à la femme : chez les animaux, disent les Sauvages, c'est la femelle qui nourrit les petits.

On taxe d'incontinence une femme qui devient grosse la première année de son mariage; elle prend quelquefois le suc d'une espèce de rue pour détruire son fruit trop hâtif : cependant (inconséquences naturelles aux hommes), une femme n'est estimée qu'au moment où elle devient mère. Comme mère, elle est appelée aux délibérations publiques ; plus elle a d'enfants, et surtout de fils, plus on la respecte.

Un mari qui perd sa femme épouse la sœur de sa femme quand elle a une sœur; de même qu'une femme qui perd son mari épouse le frère de ce mari s'il a un frère : c'étoit à peu près la loi athénienne. Une veuve chargée de beaucoup d'enfants est fort recherchée.

Aussitôt que les premiers symptômes de la grossesse se déclarent, tous rapports cessent entre les époux. Vers la fin du neuvième mois, la femme se retire à la hutte des purifications, où elle est assistée par les matrones. Les hommes, sans en excepter le mari, ne peuvent entrer dans cette hutte. La femme y demeure trente ou quarante jours après ses couches, selon qu'elle a mis au monde une fille ou un garçon.

Lorsque le père a reçu la nouvelle de la naissance de son enfant, il prend un calumet de paix dont il entoure le tuyau avec des pampres de vigne vierge, et court annoncer l'heureuse nouvelle aux divers membres de la famille. Il se rend d'abord chez les parents maternels, parce que l'enfant appartient exclusivement à la mère. S'approchant du sachem le plus âgé, après avoir fumé vers les quatre points cardinaux; il lui présente sa pipe, en disant : « Ma femme est mère. » Le sachem prend la pipe, fume à son tour, et dit en ôtant le calumet de sa bouche : « Est-ce un guerrier ? »

Si la réponse est affirmative, le sachem fume trois fois vers le soleil; si la réponse est négative, le sachem ne fume qu'une fois. Le père est reconduit en cérémonie plus ou moins loin, selon le sexe de l'enfant. Un Sauvage devenu père prend une tout autre autorité dans la nation; sa dignité d'homme commence avec sa paternité.

Après les trente ou quarante jours de purification, l'accouchée se dispose à revenir à sa cabane : les parents s'y rassemblent pour imposer un nom à l'enfant : on éteint le feu; on jette au vent les anciennes cendres du foyer; on prépare un bûcher composé de bois odorants : le prêtre ou jongleur, une mèche à la main, se tient prêt à allumer le feu nouveau : on purifie les lieux d'alentour en les aspergeant avec de l'eau de fontaine.

Bientôt s'avance la jeune mère : elle vient seule, vêtue d'une robe nouvelle; elle ne doit rien porter de ce qui lui a servi autrefois. Sa mamelle gauche est découverte; elle y suspend son enfant complétement nu; elle pose un pied sur le seuil de sa porte.

Le prêtre met le feu au bûcher : le mari s'avance et reçoit son enfant des mains de sa femme. Il le reconnoît d'abord et l'avoue à haute voix. Chez quelques tribus les parents du même sexe que l'enfant assistent seuls aux relevailles. Après avoir baisé les lèvres de son enfant, le père le remet au plus vieux sachem ; le nouveau-né passe ainsi entre les bras de toute sa famille : il reçoit la bénédiction du prêtre et les vœux des matrones.

On procède ensuite au choix d'un nom : la mère reste toujours sur le seuil de la cabane. Chaque famille a ordinairement trois ou quatre noms qui reviennent tour à tour ; mais il n'est jamais question que de ceux du côté maternel. Selon l'opinion des Sauvages, c'est le père qui crée l'âme de l'enfant, la mère n'en engendre que le corps[1] : on trouve juste que le corps ait un nom qui vienne de la mère.

Quand on veut faire un grand honneur à l'enfant, on lui confère le nom le plus ancien dans sa famille : celui de son aïeule, par exemple. Dès ce moment l'enfant occupe la place de la femme dont il a recueilli le nom ; on lui donne en lui parlant le degré de parenté que son nom fait revivre : ainsi un oncle peut saluer un neveu du titre de *grand'mère;* coutume qui prêteroit au rire, si elle n'étoit infiniment touchante. Elle rend, pour ainsi dire, la vie aux aïeux ; elle reproduit dans la foiblesse des premiers ans la foiblesse du vieil âge ; elle lie et rapproche les deux extrémités de la vie, le commencement et la fin de la famille ; elle communique une espèce d'immortalité aux ancêtres, en les supposant présents au milieu de leur postérité ; elle augmente les soins que la mère a pour l'enfance par le souvenir des soins qu'on prit de la sienne : la tendresse filiale redouble l'amour maternel.

---

[1] Voyez *les Natchez.*

Après l'imposition du nom, la mère entre dans la cabane; on lui rend son enfant qui n'appartient plus qu'à elle. Elle le met dans un berceau. Ce berceau est une petite planche du bois le plus léger, qui porte un lit de mousse ou de coton sauvage : l'enfant est déposé tout nu sur cette couche; deux bandes d'une peau moelleuse l'y retiennent et préviennent sa chute, sans lui ôter le mouvement. Au-dessus de la tête du nouveau-né est un cerceau sur lequel on étend un voile pour éloigner les insectes, et pour donner de la fraîcheur et de l'ombre à la petite créature.

J'ai parlé ailleurs [1] de la mère indienne; j'ai raconté comment elle porte ses enfants; comment elle les suspend aux branches des arbres; comment elle leur chante; comment elle les pare, les endort, et les réveille; comment, après leur mort, elle les pleure; comment elle va répandre son lait sur le gazon de leur tombe, ou recueillir leur âme sur les fleurs [2].

Après le mariage et la naissance, il conviendroit de parler de la mort, qui termine les scènes de la vie; mais j'ai si souvent décrit les funérailles des Sauvages, que la matière est presque épuisée.

Je ne répèterai donc point ce que j'ai dit dans *Atala* et dans les *Natchez* relativement à la manière dont on habille le décédé, dont on le peint, dont on s'entretient avec lui, etc. J'ajouterai seulement que, parmi toutes les tribus, il est d'usage de se ruiner pour les morts : la famille distribue ce qu'elle pos-

---

[1] *Atala*, le *Génie du Christianisme*, les *Natchez*, etc.
[2] Voyez, pour l'éducation des enfants, la lettre ci-dessus, p. 42

sède aux convives du repas funèbre; il faut manger et boire tout ce qui se trouve dans la cabane. Au lever du soleil, on pousse de grands hurlements sur le cercueil d'écorce où gît le cadavre; au coucher du soleil, les hurlements recommencent : cela dure trois jours, au bout desquels le défunt est enterré. On le recouvre du mont du tombeau; s'il fut guerrier renommé, un poteau peint en rouge marque sa sépulture.

Chez plusieurs tribus les parents du mort se font des blessures aux jambes et aux bras. Un mois de suite, on continue les cris de douleur au coucher et au lever du soleil, et pendant plusieurs années on accueille par des mêmes cris l'anniversaire de la perte que l'on a faite.

Quand un sauvage meurt l'hiver à la chasse, son corps est conservé sur les branches des arbres; on ne lui rend les derniers honneurs qu'après le retour des guerriers au village de sa tribu. Cela se pratiquoit jadis ainsi chez les Moscovites.

Non-seulement les Indiens ont des prières, des cérémonies différentes, selon le degré de parenté, la dignité, l'âge et le sexe de la personne décédée, mais ils ont encore des temps d'exhumation publique[1], de commémoration générale.

Pourquoi les Sauvages de l'Amérique sont-ils de tous les peuples ceux qui ont le plus de vénération pour les morts? Dans les calamités nationales, la première chose à laquelle on pense, c'est à sauver les trésors de la tombe : on ne reconnoît la propriété

[1] *Atala.*

légale que là où sont ensevelis les ancêtres. Quand les Indiens ont plaidé leurs droits de possession, ils se sont toujours servis de cet argument qui leur paroissoit sans réplique : « Dirons-nous aux os de nos « pères : Levez-vous et suivez-nous dans une terre « étrangère? » Cet argument n'étant point écouté, qu'ont-ils fait? ils ont emporté les ossements qui ne les pouvoient suivre.

Les motifs de cet attachement extraordinaire à de saintes reliques se trouvent facilement. Les peuples civilisés ont, pour conserver les souvenirs de leur patrie, les monuments des lettres et des arts; ils ont des cités, des palais, des tours, des colonnes, des obélisques; ils ont la trace de la charrue dans les champs par eux cultivés; leurs noms sont gravés sur l'airain et le marbre; leurs actions conservées dans les chroniques.

Les Sauvages n'ont rien de tout cela : leur nom n'est point écrit sur les arbres de leurs forêts; leur hutte, bâtie dans quelques heures, périt dans quelques instants; la simple crosse de leur labour, qui n'a fait qu'effleurer la terre, n'a pu même élever un sillon; leurs chansons traditionnelles s'évanouissent avec la dernière mémoire qui les retient, avec la dernière voix qui les répète. Il n'y a donc pour les tribus du Nouveau-Monde qu'un seul monument: la tombe. Enlevez à des Sauvages les os de leurs pères, vous leur enlevez leur histoire, leur loi et jusqu'à leurs dieux; vous ravissez à ces hommes dans la postérité la preuve de leur existence comme celle de leur néant.

MOISSONS, FÊTES,
RÉCOLTE DE SUCRE D'ÉRABLE, PÊCHES, DANSES ET JEUX.

MOISSONS.

On a cru et on a dit que les Sauvages ne tiroient pas parti de la terre : c'est une erreur. Ils sont principalement chasseurs, à la vérité, mais tous s'adonnent à quelque genre de culture, tous savent employer les plantes et les arbres aux besoins de la vie. Ceux qui occupoient le beau pays qui forme aujourd'hui les états de la Géorgie, du Tennessée, de l'Alabama, du Mississipi, étoient sous ce rapport plus civilisés que les naturels du Canada.

Chez les Sauvages, tous les travaux publics sont des fêtes : lorsque les derniers froids étoient passés, les femmes Siminoles, Chicassoises, Natchez, s'armoient d'une crosse de noyer, mettoient sur leur tête des corbeilles à compartiments remplies de semailles de maïs, de graine de melon d'eau, de féveroles et de tournesols. Elles se rendoient au champ commun, ordinairement placé dans une position facile à défendre, comme sur une langue de terre entre deux fleuves ou dans un cercle de collines.

A l'une des extrémités du champ, les femmes se rangeoient en ligne, et commençoient à remuer la terre avec leur crosse, en marchant à reculons.

Tandis qu'elles rafraîchissoient ainsi l'ancien labourage sans former de sillon, d'autres Indiennes les suivoient ensemençant l'espace préparé par leurs compagnes. Les féveroles et le grain de maïs étoient jetés ensemble sur le guéret ; les quenouilles du maïs étant destinées à servir de tuteurs ou de rames au légume grimpant.

Des jeunes filles s'occupoient à faire des couches d'une terre noire et lavée : elles répandoient sur ces couches des graines de courge et de tournesol ; on allumoit autour de ces lits de terre des feux de bois vert, pour hâter la germination au moyen de la fumée.

Les sachems et les jongleurs présidoient au travail ; les jeunes hommes rôdoient autour du champ commun et chassoient les oiseaux par leurs cris.

FÊTES.

La fête de blé vert arrivoit au mois de juin : on cueilloit une certaine quantité de maïs tandis que le grain étoit encore en lait. De ce grain, alors excellent, on pétrissoit le tassomanony, espèce de gâteau qui sert de provisions de guerre ou de chasse.

Les quenouilles de maïs, mises bouillir dans de l'eau de fontaine, sont retirées à moitié cuites et présentées à un feu sans flamme. Lorsqu'elles ont acquis une couleur roussâtre, on les égrène dans un *poutagan* ou mortier de bois. On pile le grain en l'humectant. Cette pâte, coupée en tranches et séchée au soleil, se conserve un temps infini. Lorsqu'on veut en user, il suffit de la plonger dans de l'eau, du lait de noix ou du jus d'érable; ainsi détrempée, elle offre une nourriture saine et agréable.

La plus grande fête des Natchez étoit la fête du feu nouveau, espèce de jubilé en l'honneur du soleil, à l'époque de la grande moisson : le soleil étoit la divinité principale de tous les peuples voisins de l'empire mexicain.

Un crieur public parcouroit les villages, annonçant la cérémonie au son d'une conque. Il faisoit entendre ces paroles :

« Que chaque famille prépare des vases vierges,
« des vêtements qui n'ont point été portés; qu'on
« lave les cabanes; que les vieux grains, les vieux
« habits, les vieux ustensiles, soient jetés et brûlés
« dans un feu commun au milieu de chaque village;
« que les malfaiteurs reviennent : les sachems ou-
« blient leurs crimes. »

Cette amnistie des hommes, accordée aux hommes au moment où la terre leur prodigue ses trésors, cet appel général des heureux et des infortunés, des innocents et des coupables au grand banquet de la nature, étoient un reste touchant de la simplicité primitive de la race humaine.

Le crieur reparaissoit le second jour, prescrivoit un jeûne de soixante-douze heures, une abstinence rigoureuse de tout plaisir, et ordonnoit en même temps la *médecine des purifications*. Tous les Natchez prenoient aussitôt quelques gouttes d'une racine qu'ils appeloient *la racine de sang*. Cette racine appartient à une espèce de plantin ; elle distille une liqueur rouge, violent émétique. Pendant les trois jours d'abstinence et de prières, on gardoit un profond silence ; on s'efforçoit de se détacher des choses terrestres pour s'occuper uniquement de CELUI qui mûrit le fruit sur l'arbre et le blé dans l'épi.

A la fin du troisième jour, le crieur proclamoit l'ouverture de la fête, fixée au lendemain.

A peine l'aube avoit-elle blanchi le ciel, qu'on voyoit s'avancer, par les chemins brillants de rosée, les jeunes filles, les jeunes guerriers, les matrones et les sachems. Le temple du soleil, grande cabane qui ne recevoit le jour que par deux portes, l'une du côté de l'occident et l'autre du côté de l'orient, étoit le lieu du rendez-vous ; on ouvroit la porte orientale, le plancher et les parois intérieures du temple étoient couverts de nattes fines, peintes et ornées de différents hiéroglyphes. Des paniers rangés en ordre dans le sanctuaire renfermoient les ossements des plus anciens chefs de la nation, comme les tombeaux dans nos églises gothiques.

Sur un autel, placé en face de la porte orientale de manière à recevoir les premiers rayons du soleil levant, s'élevoit une idole représentant un chouchouacha. Cet animal, de la grosseur d'un cochon de lait, a le poil du blaireau, la queue du rat, les pates du singe ; la femelle porte sous le ventre une poche où elle nourrit ses petits. A droite de l'image du chouchouacha étoit la figure d'un serpent à sonnettes, à gauche un marmouzet grossièrement sculpté. On entretenoit dans un vase de pierre, devant les symboles, un feu d'écorce de chêne qu'on ne laissoit jamais éteindre, excepté la veille de la fête du feu nouveau ou de la moisson : les prémices des fruits étoient suspendues autour de l'autel, les assistants ordonnés ainsi dans le temple :

Le Grand-Chef ou le *Soleil*, à droite de l'autel ; à gauche, la Femme-Chef, qui, seule de toutes les femmes, avoit le droit de pénétrer dans le sanctuaire ; auprès du *Soleil* se rangeoient successivement les deux chefs de guerre, les deux officiers pour les traités, et les principaux sachems ; à côté de la Femme-Chef s'asseyoient l'édile ou l'inspecteur des travaux publics, les quatre hérauts des festins, et ensuite les jeunes guerriers. A terre, devant l'autel, des tronçons de cannes séchées, couchés obliquement les uns sur les autres jusqu'à la hauteur de dix-huit pouces, traçoient des cercles concentriques dont les différentes révolutions embrassoient, en s'éloignant du centre, un diamètre de douze à treize pieds.

Le grand-prêtre debout, au seuil du temple, tenoit les yeux attachés sur l'orient. Avant de présider à la fête, il s'étoit plongé trois fois dans le Mississipi. Une robe blanche d'écorce de bouleau l'enveloppoit et se rattachoit autour de ses reins par une peau de serpent. L'ancien hibou empaillé, qu'il portoit sur sa tête, avoit fait place à la dépouille d'un jeune oiseau de cette espèce. Ce prêtre frottoit lentement, l'un contre l'autre, deux morceaux de bois secs, et prononçoit à voix basse des paroles magiques. A ses côtés, deux acolytes soulevoient par les anses deux coupes remplies d'une espèce de sorbet noir. Toutes les femmes, le dos tourné à l'orient, appuyées d'une main sur leur crosse de labour, de l'autre tenant leurs petits enfants, décrivoient en dehors un grand cercle à la porte du temple.

Cette cérémonie avoit quelque chose d'auguste : le vrai Dieu se fait sentir jusque dans les fausses religions; l'homme qui prie est respectable; la prière qui s'adresse à la Divinité est si sainte de sa nature, qu'elle donne quelque chose de sacré à celui-là même qui la prononce, innocent, coupable ou malheureux. C'étoit un touchant spectacle que celui d'une nation assemblée dans un désert à l'époque de la moisson, pour remercier le Tout-Puissant de ses bienfaits, pour chanter ce Créateur qui perpétue le souvenir de la création, en ordonnant chaque matin au soleil de se lever sur le monde.

Cependant un profond silence régnoit dans la foule. Le grand-prêtre observoit attentivement les variations du ciel. Lorsque les couleurs de l'aurore, muées du rose au pourpre, commençoient à être traversées des rayons d'un feu pur, et devenoient de plus en plus vives, le prêtre accéléroit la collision de deux morceaux de bois sec. Une mèche soufrée de moelle de sureau étoit préparée afin de recevoir l'étincelle. Les deux maîtres de cérémonies s'avançoient à pas mesurés, l'un vers le Grand-Chef, l'autre vers la Femme-Chef. De temps en temps ils s'inclinoient; et s'arrêtant enfin devant le Grand-Chef et devant la Femme-Chef, ils demeuroient complétement immobiles.

Des torrents de flamme s'échappoient de l'orient, et la portion supérieure du disque du soleil se montroit au-dessus de l'horizon. A l'instant le grand-prêtre pousse l'oah sacré, le feu jaillit du bois échauffé par le frottement, la mèche soufrée s'allume, les femmes, en dehors du temple, se retournent subitement et élèvent toutes à la fois vers l'astre du jour leurs enfants nouveau-nés et la crosse du labourage.

Le Grand-Chef et la Femme-Chef boivent le sorbet noir que leur présentent les maîtres de cérémonies; le jongleur communique le feu aux cercles de roseau : la flamme serpente en suivant leur spirale. Les écorces de chêne sont allumées sur l'autel, et ce feu nouveau donne ensuite une nouvelle semence aux foyers éteints du village. Le Grand-Chef entonne l'hymne au soleil.

Les cercles de roseau étant consumés et le cantique achevé, la Femme-Chef sortoit du temple, se mettoit à la tête des femmes, qui, toutes rangées à la file, se rendoient au champ commun de la moisson. Il n'étoit pas permis aux hommes de les suivre. Elles alloient cueillir les premières gerbes de maïs pour les offrir au temple, et pétrir avec le surplus les pains azymes du banquet de la nuit.

Arrivées aux cultures, les femmes arrachoient dans le carré attribué à leur famille un certain nombre des plus belles gerbes de maïs, plante superbe, dont les roseaux de sept pieds de hauteur,

environnés de feuilles vertes et surmontés d'un
rouleau de grains dorés, ressemblent à ces quenouilles entourées de rubans que nos paysannes
consacrent dans les églises de village. Des milliers
de grives bleues, de petites colombes de la grosseur d'un merle, des oiseaux de rizière, dont le
plumage gris est mêlé de brun, se posent sur la
tige des gerbes, et s'envolent à l'approche des
moissonneuses américaines, entièrement cachées
dans les avenues des grands épis. Les renards noirs
font quelquefois des ravages considérables dans
ces champs.

Les femmes revenoient au temple, portant les
prémices en faisceau sur leur tête; le grand-prêtre
recevoit l'offrande, et la déposoit sur l'autel. On
fermoit la porte orientale du sanctuaire, et l'on
ouvroit la porte occidentale.

Rassemblée à cette dernière porte lorsque le jour
alloit clore, la foule dessinoit un croissant dont les
deux pointes étoient tournées vers le soleil; les
assistants, le bras droit levé, présentoient les pains
azymes à l'astre de la lumière. Le jongleur chantoit l'hymne du soir; c'étoit l'éloge du soleil à son
coucher : ses rayons naissants avoient fait croître
le maïs, ses rayons mourants avoient sanctifié les
gâteaux formés du grain de la gerbe moissonnée.

La nuit venue, on allumoit des feux; on faisoit
rôtir des oursons, lesquels, engraissés de raisins
sauvages, offroient à cette époque de l'année un
mets excellent. On mettoit griller sur des charbons
des dindes de savanes, des perdrix noires, des

espèces de faisans plus gros que ceux d'Europe. Ces oiseaux ainsi préparés s'appeloient la *nourriture des hommes blancs*. Les boissons et les fruits servis à ces repas étoient l'eau de smilax, d'érable, de plane, de noyer blanc, les pommes de mai, les plankmines, les noix. La plaine resplendissoit de la flamme des bûchers; on entendoit de toutes parts les sons du chichikoué, du tambourin et du fifre, mêlés aux voix des danseurs et aux applaudissements de la foule.

Dans ces fêtes, si quelque infortuné retiré à l'écart promenoit ses regards sur les jeux de la plaine, un sachem l'alloit chercher, et s'informoit de la cause de sa tristesse; il guérissoit ses maux, s'ils n'étoient pas sans remède, ou le soulageoit du moins, s'ils étoient de nature à ne pouvoir finir.

La moisson du maïs se fait en arrachant les gerbes, ou en les coupant à deux pieds de hauteur sur leur tige. Le grain se conserve dans des outres ou dans des fosses garnies de roseaux. On garde aussi les gerbes entières; on les égrène à mesure que l'on en a besoin. Pour réduire le maïs en farine, on le pile dans un mortier ou on l'écrase entre deux pierres. Les sauvages usent aussi de moulins à bras achetés des Européens.

La moisson de la folle-avoine ou de riz sauvage suit immédiatement celle du maïs. J'ai parlé ailleurs de cette moisson[1].

---

[1] Dans *les Natchez*.

RÉCOLTE DU SUCRE D'ÉRABLE.

La récolte du suc d'érable se faisoit et se fait encore parmi les Sauvages deux fois l'année. La première récolte a lieu vers la fin de février, de mars ou d'avril, selon la latitude du pays où croît l'érable à sucre. L'eau recueillie après les légères gelées de la nuit se convertit en sucre, en la faisant bouillir sur un grand feu. La quantité de sucre obtenue par ce procédé varie selon les qualités de l'arbre. Ce sucre, léger de digestion, est d'une couleur verdâtre, d'un goût agréable et un peu acide.

La seconde récolte a lieu quand la sève de l'arbre n'a pas assez de consistance pour se changer en suc. Cette sève se condense en une espèce de mélasse, qui, étendue dans de l'eau de fontaine, offre une liqueur fraîche pendant les chaleurs de l'été.

On entretient avec grand soin le bois d'érable de l'espèce rouge et blanche. Les érables les plus productifs sont ceux dont l'écorce paroît noire et galeuse. Les Sauvages ont cru observer que ces accidents sont causés par le pivert noir à tête rouge, qui perce l'érable dont la sève est la plus abondante. Ils respectent ce pivert comme un oiseau intelligent et un bon génie.

A quatre pieds de terre environ, on ouvre dans le tronc d'érable deux trous de trois quarts de pouce de profondeur, et perforés du haut en bas pour faciliter l'écoulement de la sève.

Ces deux premières incisions sont tournées au

midi; on en pratique deux autres semblables du côté du nord. Ces quatre taillades sont ensuite creusées, à mesure que l'arbre donne sa sève, jusqu'à la profondeur de deux pouces et demi.

Deux auges de bois sont placées aux deux faces de l'arbre au nord et au midi, et des tuyaux de sureau introduits dans les fentes servent à diriger la sève dans ces auges.

Toutes les vingt-quatre heures on enlève le suc écoulé ; on le porte sous des hangars couverts d'écorce ; on le fait bouillir dans un bassin de pierre en l'écumant. Lorsqu'il est réduit à moitié par l'action d'un feu clair ; on le transvase dans un autre bassin, où l'on continue à le faire bouillir jusqu'à ce qu'il ait pris la consistance d'un sirop. Alors, retiré du feu, il repose pendant douze heures. Au bout de ce temps on le précipite dans un troisième bassin, prenant soin de ne pas remuer le sédiment tombé au fond de la liqueur.

Ce troisième bassin est à son tour remis sur des charbons demi-brûlés et sans flamme. Un peu de graisse est jetée dans le sirop pour l'empêcher de surmonter les bords du vase. Lorsqu'il commence à filer, il faut se hâter de le verser dans un quatrième et dernier bassin de bois, appelé *le refroidisseur*. Une femme vigoureuse le remue en rond, sans discontinuer, avec un bâton de cèdre, jusqu'à ce qu'il ait pris le grain du sucre. Alors elle le coule dans des moules d'écorce qui donnent au fluide coagulé la forme de petits pains coniques : l'opération est terminée.

Quand il ne s'agit que des mélasses, le procédé finit au second feu.

L'écoulement des érables dure quinze jours, et ces quinze jours sont une fête continuelle. Chaque matin on se rend au bois d'érables, ordinairement arrosé par un courant d'eau. Des groupes d'Indiens et d'Indiennes sont dispersés aux pieds des arbres; des jeunes gens dansent et jouent à différents jeux; des enfants se baignent sous les yeux des sachems. A la gaîté de ces sauvages, à leur demi-nudité, à la vivacité des danses, aux luttes non moins bruyantes des baigneurs, à la mobilité et à la fraîcheur des eaux, à la vieillesse des ombrages, on croiroit assister à l'une de ces scènes de Faunes et de Dryades décrites par les poëtes.

Tum vero in numerum Faunosque ferasque videres
Ludere.

PÊCHES.

Les sauvages sont aussi habiles à la pêche qu'adroits à la chasse : ils prennent le poisson avec des hameçons et des filets; ils savent aussi épuiser les viviers. Mais ils ont de grandes pêches publiques. La plus célèbre de toutes ces pêches étoit celle de l'esturgeon, qui avoit lieu sur le Mississipi et sur ses affluents.

Elle s'ouvroit par le mariage du filet. Six guerriers et six matrones portant ce filet s'avançoient au milieu des spectateurs sur la place publique, et demandoient en mariage pour leur fils, le filet, deux jeunes filles qu'ils désignoient.

Les parents des jeunes filles donnoient leur consentement, et les jeunes filles et le filet étoient mariés par le jongleur avec les cérémonies d'usage : le doge de Venise épousoit la mer!

Des danses de caractère suivoient le mariage. Après les noces du filet on se rendoit au fleuve au bord duquel étoient assemblés les canots et les pirogues. Les nouvelles épouses enveloppées dans le filet étoient portées à la tête du cortége : on s'embarquoit après s'être muni de flambeaux de pin, et de pierres pour battre le feu. Le filet, ses femmes, le jongleur, le Grand-Chef, quatre sachems, huit guerriers pour manier les rames, montoient une grande pirogue qui prenoit le devant de la flotte.

La flotte cherchoit quelque baie fréquentée par l'esturgeon. Chemin faisant, on pêchoit toutes les autres sortes de poissons : la truite, avec la seine, le poisson-armé, avec l'hameçon. On frappe l'esturgeon d'un dard attaché à une corde, laquelle est nouée à la barre intérieure du canot. Le poisson frappé fuit en entraînant le canot; mais peu à peu sa fuite se ralentit et il vient expirer à la surface de l'eau. Les différentes attitudes des pêcheurs, le jeu des rames, le mouvement des voiles, la position des pirogues groupées ou dispersées montrant le flanc, la poupe ou la proue, tout cela compose un spectacle très pittoresque : les paysages de la terre forment le fond immobile de ce mobile tableau.

A l'entrée de la nuit, on allumoit dans les pirogues

meuré au centre de ce cercle, prononce, les yeux baissés, quelques mots inintelligibles. Quand l'enfant lève la tête, les guerriers sautent et mugissent plus fort : ils se vouent à Athaensic, Manitou de la haine et de la vengeance. Une espèce de coryphée marque la mesure en frappant sur un tambourin. Quelquefois les danseurs attachent à leurs pieds de petites sonnettes achetées des Européens.

Si l'on est au moment de partir pour une expédition, un chef prend la place de l'enfant, harangue les guerriers, frappe à coups de massue l'image d'un homme ou celle du Manitou de l'ennemi, dessinées grossièrement sur la terre. Les guerriers recommençant à danser, assaillent également l'image, imitent les attitudes de l'homme qui combat, brandissent leurs massues ou leurs haches, manient leurs mousquets ou leurs arcs, agitent leurs couteaux avec des convulsions et des hurlements.

Au retour de l'expédition, la danse de la guerre est encore plus affreuse : des têtes, des cœurs, des membres mutilés, des crânes avec leurs chevelures sanglantes sont suspendus à des piquets plantés en terre. On danse autour de ces trophées, et les prisonniers qui doivent être brûlés assistent au spectacle de ces horribles joies. Je parlerai de quelques autres danses de cette nature à l'article de la guerre.

JEUX.

Le jeu est une action commune à l'homme; il a trois sources : la nature, la société, les passions.

De là trois espèces de jeux : les jeux de l'enfance, les jeux de la virilité, les jeux de l'oisiveté ou des passions.

Les jeux de l'enfance, inventés par les enfants eux-mêmes, se retrouvent sur toute la terre. J'ai vu le petit Sauvage, le petit Bédouin, le petit Nègre, le petit François, le petit Anglois, le petit Allemand, le petit Italien, le petit Espagnol, le petit Grec opprimé, le petit Turc oppresseur, lancer la balle et rouler le cerceau. Qui a montré à ces enfants si divers par leurs langues, si différents par leurs races, leurs mœurs et leurs pays, qui leur a montré ces mêmes jeux ? Le maître des hommes, le Père de la grande et même famille : il enseigna à l'innocence ces amusements, developpement des forces, besoin de la nature.

La seconde espèce de jeux est celle qui, servant à apprendre un art, est un besoin de la société. Il faut ranger dans cette espèce les jeux gymnastiques, les courses de char, la naumachie chez les anciens, les joutes, les castilles, les pas d'armes, les tournois dans le moyen-âge, la paume, l'escrime, les courses de chevaux, et les jeux d'adresse chez les modernes. Le théâtre avec ses pompes est une chose à part, et le génie le réclame comme une de ses récréations : il en est de même de quelques combinaisons de l'esprit, comme le jeu de dames et des échecs.

La troisième espèce de jeux, les jeux de hasard, est celle où l'homme expose sa fortune, son honneur, quelquefois sa liberté et sa vie avec une fureur qui tient du délire ; c'est un besoin des passions. Les des flambeaux dont la lueur se répétoit à la surface de l'onde. Les canots pressés jetoient des masses d'ombres sur les flots rougis ; on eût pris les pêcheurs indiens qui s'agitoient dans ces embarcations, pour leurs Manitous, pour ces êtres fantastiques, création de la superstition et des rêves du Sauvage.

A minuit, le jongleur donnoit le signal de la retraite, déclarant que le filet vouloit se retirer avec ses deux épouses. Les pirogues se rangeoient sur deux lignes. Un flambeau étoit symétriquement et horizontalement placé entre chaque rameur sur le bord des pirogues : ces flambeaux, parallèles à la surface du fleuve, paroissoient, disparoissoient à la vue par le balancement des vagues, et ressembloient à des rames enflammées plongeant dans l'onde pour faire voguer les canots.

On chantoit alors l'épithalame du filet : le filet, dans toute la gloire d'un nouvel époux, étoit déclaré vainqueur de l'esturgeon qui porte une couronne et qui a douze pieds de long. On peignoit la déroute de l'armée entière des poissons : le lencornet, dont les barbes servent à entortiller son ennemi, le chaousaron, pourvu d'une lance dentelée, creuse et percée par le bout, l'artimègue qui déploie un pavillon blanc, les écrevisses qui précèdent les guerriers-poissons, pour leur frayer le chemin, tout cela étoit vaincu par le filet.

Venoient des strophes qui disoient la douleur des veuves des poissons. « En vain ces veuves apprennent à nager, elles ne reverront plus ceux avec qui elles aimoient à errer dans les forêts sous les eaux ;

10.

elles ne se reposeront plus avec eux sur des couches de mousse que recouvroit une voûte transparente. » Le filet est invité, après tant d'exploits, à dormir dans les bras de ses deux épouses.

DANSES.

La danse chez les Sauvages, comme chez les anciens Grecs et chez la plupart des peuples enfants, se mêle à toutes les actions de la vie. On danse pour les mariages, et les femmes font partie de cette danse; on danse pour recevoir un hôte, pour fumer un calumet; on danse pour les moissons; on danse pour la naissance d'un enfant; on danse surtout pour les morts. Chaque chasse a sa danse, laquelle consiste dans l'imitation des mouvements, des mœurs et des cris de l'animal dont la poursuite est décidée : on grimpe comme un ours, on bâtit comme un castor, on galope en rond comme un bison, on bondit comme un chevreuil, on hurle comme un loup, et l'on glapit comme un renard.

Dans la danse des braves ou de la guerre, les guerriers, complétement armés, se rangent sur deux lignes; un enfant marche devant eux, un chichikoué à la main; c'est *l'enfant des songes*, l'enfant qui a *rêvé* sous l'inspiration des bons ou des mauvais Manitous. Derrière les guerriers vient le jongleur, le prophète ou l'augure interprète des songes de l'enfant.

Les danseurs forment bientôt un double cercle en mugissant sourdement, tandis que l'enfant, dedés chez les anciens, les cartes chez les modernes, les osselets chez les Sauvages de l'Amérique septentrionale, sont au nombre de ces récréations funestes.

On retrouve les trois espèces de jeux dont je viens de parler chez les Indiens.

Les jeux de leurs enfants sont ceux de nos enfants ; ils ont la balle et la paume[1], la course, le tir de l'arc pour la jeunesse, et de plus le *jeu des plumes,* qui rapelle un ancien jeu de chevalerie.

Les guerriers et les jeunes filles dansent autour de quatre poteaux, sur lesquels sont attachées des plumes de différentes couleurs : de temps en temps un jeune homme sort des quadrilles et enlève une plume de la couleur que porte sa maîtresse : il attache cette plume dans ses cheveux, et rentre dans les chœurs de danse. Par la disposition de la plume et la forme des pas, l'Indienne devine le lieu que son amant lui indique pour rendez-vous. Il y a des guerriers qui prennent des plumes d'une couleur dont aucune danseuse n'est parée : cela veut dire que ce guerrier n'aime point ou n'est point aimé. Les femmes mariées ne sont admises que comme spectatrices à ce jeu.

Parmi les jeux de la troisième espèce, les jeux de l'oisiveté ou des passions, je ne décrirai que celui des osselets.

A ce jeu, les Sauvages pleigent leurs femmes, leurs enfants, leur liberté ; et lorsqu'ils ont joué sur promesse et qu'ils ont perdu, ils tiennent leur promesse. Chose étrange ! l'homme, qui manque

[1] Voyez *les Natchez.*

souvent aux serments les plus sacrés, qui se rit des lois, qui trompe sans scrupule son voisin et quelquefois son ami, qui se fait un mérite de la ruse et de la duplicité, met son honneur à remplir les engagements de ses passions, à tenir sa parole au crime, à être sincère envers les auteurs, souvent coupables, de sa ruine et les complices de sa dépravation.

Au jeu des osselets, appelé aussi le *jeu du plat*, deux joueurs seuls tiennent la main; le reste des joueurs parie pour ou contre : les deux adversaires ont chacun leur marqueur. La partie se joue sur une table ou simplement sur le gazon.

Les deux joueurs qui tiennent la main sont pourvus de six ou huit dés ou osselets, ressemblant à des noyaux d'abricot taillés à six faces inégales : les deux plus larges faces sont peintes, l'une en blanc l'autre en noir.

Les osselets se mêlent dans un plat de bois un peu concave; le joueur fait pirouetter ce plat; puis, frappant sur la table ou sur le gazon, il fait sauter en l'air les osselets.

Si tous les osselets, en tombant, présentent la même couleur, celui qui a joué gagne cinq points : si cinq osselets, sur six ou huit, amènent la même couleur, le joueur ne gagne qu'un point pour la première fois; mais si le même joueur répète le même coup; il fait rafle de tout et gagne la partie, qui est en quarante.

A mesure que l'on prend des points, on en défalque autant sur la partie de l'adversaire.

Le gagnant continue de tenir la main; le perdant cède sa place à l'un des parieurs de son côté, appelé à volonté par le marqueur de sa partie : les marqueurs sont les personnages principaux de ce jeu : on les choisit avec de grandes précautions, et l'on préfère surtout ceux à qui l'on croit le Manitou le plus fort et le plus habile.

La désignation des marqueurs amène de violents débats : si un parti a nommé un marqueur dont le Manitou, c'est-à-dire la fortune, passe pour redoutable, l'autre parti s'oppose à cette nomination : on a quelquefois une très grande idée de la puissance du Manitou d'un homme qu'on déteste; dans ce cas l'intérêt l'emporte sur la passion, et l'on adopte cet homme pour marqueur, malgré la haine qu'on lui porte.

Le marqueur tient à la main une petite planche sur laquelle il note les coups en craie rouge : les Sauvages se pressent en foule autour des joueurs; tous les yeux sont attachés sur le plat et sur les osselets; chacun offre des vœux et fait des promesses aux bons Génies. Quelquefois les valeurs engagées sur le coup de dés sont immenses pour des Indiens; les uns y ont mis leur cabane; les autres se sont dépouillés de leurs vêtements, et les jouent contre les vêtements des parieurs du parti opposé; d'autres enfin qui ont déjà perdu tout ce qu'ils possèdent, proposent contre un foible enjeu leur liberté; ils offrent de servir pendant un certain nombre de mois ou d'années celui qui gagneroit le coup contre eux.

Les joueurs se préparent à leur ruine par des observances religieuses : ils jeûnent, ils veillent, ils prient; les garçons s'éloignent de leurs maîtresses, les hommes mariés de leurs femmes; les songes sont observés avec soin. Les intéressés se munissent d'un sachet où ils mettent toutes les choses auxquelles ils ont rêvé, de petits morceaux de bois, des feuilles d'arbres, des dents de poissons, et cent autres Manitous supposés propices. L'anxiété est peinte sur les visages pendant la partie; l'assemblée ne seroit pas plus émue s'il s'agissoit du sort de la nation. On se presse autour du marqueur; on cherche à le toucher, à se mettre sous son influence; c'est une véritable frénésie; chaque coup est précédé d'un profond silence et suivi d'une vive acclamation. Les applaudissements de ceux qui gagnent, les imprécations de ceux qui perdent, sont prodigués aux marqueurs, et des hommes ordinairement chastes et modérés dans leurs propos vomissent des outrages d'une grossièreté et d'une atrocité incroyables.

Quand le coup doit être décisif, il est souvent arrêté avant d'être joué : des parieurs de l'un ou l'autre parti déclarent que le moment est fatal, qu'il ne faut pas encore faire sauter les osselets. Un joueur, apostrophant ces osselets, leur reproche leur méchanceté et les menace de les brûler : un autre ne veut pas que l'affaire soit décidée avant qu'il ait jeté un morceau de pétun dans le fleuve; plusieurs demandent à grands cris le saut des osselets; mais il suffit qu'une seule voix s'y oppose pour que le coup soit de droit suspendu. Lorsqu'on se croit au moment d'en finir, un assistant s'écrie : « Arrêtez! arrêtez! ce sont les meubles de ma ca-« bane qui me portent malheur! » Il court à sa cabane, brise et jette tous les meubles à la porte, et revient en disant : « Jouez! jouez! »

Souvent un parieur se figure que tel homme lui porte malheur; il faut que cet homme s'éloigne du jeu s'il n'y est pas mêlé, ou que l'on trouve un autre homme dont le Manitou, au jugement du parieur, puisse vaincre celui de l'homme qui porte malheur. Il est arrivé que des commandants françois au Canada, témoins de ces déplorables scènes, se sont vus forcés de se retirer pour satisfaire aux caprices d'un Indien. Et il ne s'agit pas de traiter légèrement ces caprices; toute la nation prendroit fait et cause pour le joueur; la religion se mêleroit de l'affaire, et le sang couleroit.

Enfin, quand le coup décisif se joue, peu d'Indiens ont le courage d'en supporter la vue; la plupart se précipitent à terre, ferment les yeux, se bouchent les oreilles, et attendent l'arrêt de la fortune comme on attendroit une sentence de vie ou de mort.

ANNÉE.
DIVISION ET RÉGLEMENT DU TEMPS.
CALENDRIER NATUREL.

ANNÉE.

Les Sauvages divisent l'année en douze lunes, division qui frappe tous les hommes; car la lune disparoissant et reparoissant douze fois, coupe visiblement l'année en douze parties, tandis que l'année solaire, véritable année, n'est point indiquée par des variations dans le disque du soleil.

DIVISION DU TEMPS.

Les douze lunes tirent leurs noms des labeurs, des biens et des maux des Sauvages, des dons et des accidents de la nature; conséquemment ces noms varient selon le pays et les usages des diverses peuplades. Charlevoix en cite un grand nombre. Un voyageur moderne [1] donne ainsi les mois des Sioux et les mois des Cipawois.

[1] Beltrami.

MOIS DES SIOUX. LANGUE SIOUSE.

Mars,	la lune du mal des yeux....	Wisthociasia-oni.
Avril,	la lune du gibier........	Mograhoandi-oni.
Mai,	la lune des nids........	Mograhochandà-oni.
Juin,	la lune des fraises.	Wojusticiascià-oni.
Juillet,	la lune des cerises.......	Champascià-oni.
Août,	la lune des buffaloes......	Tantankakiocu-oni.
Septembre,	la lune de la folle-avoine...	Wasipi-oni.
Octobre,	la lune de la fin de la folle-avoine............	Sciwostapi-oni.
Novembre,	la lune du chevreuil......	Takiouka-oni.
Décembre,	la lune du chevreuil qui jette ses cornes..........	Ah esciakiouska-oni.
Janvier,	la lune de valeur........	Ouwikari-oni.
Février,	la lune des chats sauvages...	Owiciata-oni.

MOIS DES CIPAWOIS. LANGUE ALGONQUINE.

Juin,	la lune des fraises......	Hode ï min-quisis.
Juillet,	la lune des fruits brûlés....	Mikin-quisis.
Août,	la lune des feuilles jaunes...	Wathebaqui-quisis.
Septembre,	la lune des feuilles tombantes.	Inaqui-quisis.
Octobre,	la lune du gibier qui passe. .	Bina-hamo-quisis.
Novembre,	la lune de la neige.......	Kaskadino-quisis.
Décembre,	la lune du Petit-Esprit.....	Manito-quisis.
Janvier,	la lune du Grand-Esprit....	Kitci-manito-quisis.
Février,	la lune des aigles qui arrivent.	Wamebinni-quisis.
Mars,	la lune de la neige durcie...	Ouabanni-quisis.
Avril,	la lune des raquettes aux pieds.	Pokaodaquimi-quisis.
Mai,	la lune des fleurs........	Wabigon-quisis.

Les années se comptent par neiges ou par fleurs : le vieillard et la jeune fille trouvent ainsi le symbole de leurs âges dans le nom de leurs années.

CALENDRIER NATUREL.

En astronomie, les Indiens ne connoissent guère que l'étoile polaire; ils l'appellent l'*étoile immobile*; elle leur sert pour se guider pendant la nuit. Les Osages ont observé et nommé quelques constellations. Le jour, les Sauvages n'ont pas besoin de boussole; dans les savanes, la pointe de l'herbe qui penche du côté du sud, dans les forêts, la mousse qui s'attache au tronc des arbres du côté du nord, leur indiquent le septentrion et le midi. Ils savent dessiner sur des écorces des cartes géographiques où les distances sont désignées par les nuits de marche.

Les diverses limites de leur territoire sont des fleuves, des montagnes, un rocher où l'on aura conclu un traité, un tombeau au bord d'une forêt, une grotte du Grand-Esprit dans une vallée.

Les oiseaux, les quadrupèdes, les poissons, servent de baromètre, de thermomètre, de calendrier aux Sauvages : ils disent que le castor leur a appris à bâtir et à se gouverner, le carcajou à chasser avec des chiens, parce qu'il chasse avec des loups, l'épervier d'eau à pêcher avec une huile qui attire le poisson.

Les pigeons, dont les volées sont innombrables, les bécasses américaines, dont le bec est d'ivoire, annoncent l'automne aux Indiens; les perroquets et les piverts leur prédisent la pluie par des sifflements tremblotants.

Quand le maukawis, espèce de caille, fait entendre son chant au mois d'avril depuis le lever jusqu'au coucher du soleil, le Siminole se tient assuré que les froids sont passés; les femmes sèment les grains d'été : mais quand le maukawis se perche la nuit sur une cabane, l'habitant de cette cabane se prépare à mourir.

Si l'oiseau blanc se joue au haut des airs, il annonce un orage; s'il vole le soir au-devant du voyageur, en se jetant d'une aile sur l'autre, comme effrayé, il prédit des dangers.

Dans les grands événements de la patrie, les jongleurs affirment que Kit-chi-manitou se montre au-dessus des nuages porté par son oiseau favori, le walkon, espèce d'oiseau de paradis aux ailes brunes, et dont la queue est ornée de quatre longues plumes vertes et rouges.

Les moissons, les jeux, les chasses, les danses, les assemblées des sachems, les cérémonies du mariage, de la naissance et de la mort, tout se règle par quelques observations tirées de l'histoire de la nature. On sent combien ces usages doivent répandre de grâce et de poésie dans le langage ordinaire de ces peuples. Les nôtres se réjouissent à la Grenouillère, grimpent au mât de cocagne, moissonnent à la mi-août, plantent des ognons à la Saint-Fiacre, et se marient à la Saint-Nicolas.

MÉDECINE.

La science du médecin est une espèce d'initiation chez les Sauvages : elle s'appelle la *grande médecine;* on y est affilié comme à une franc-maçonnerie; elle a ses secrets, ses dogmes, ses rites.

Si les Indiens pouvoient bannir du traitement des maladies les coutumes superstitieuses et les jongleries des prêtres, ils connoîtroient tout ce qu'il y a d'essentiel dans l'art de guérir; on pourroit même dire que cet art est presque aussi avancé chez eux que chez les peuples civilisés.

Ils connoissent une multitude de simples propres à fermer les blessures; ils ont l'usage du *garentoguen*, qu'ils appellent encore *abasoutchenza,* à cause de sa forme : c'est le *ginseng* des Chinois. Avec la seconde écorce de sassafras, ils coupent les fièvres intermittentes : les racines du lycnis à feuilles de lierre leur servent pour faire passer les enflures du ventre; ils emploient le *bellis* du Canada, haut de six pieds, dont les feuilles sont grasses et cannelées, contre la gangrène; il nettoie complétement les ulcères, soit qu'on le réduise en poudre, soit qu'on l'applique cru et broyé.

L'hédisaron à trois feuilles, dont les fleurs rouges sont disposées en épi, a la même vertu que le bellis.

Selon les Indiens, la forme des plantes a des analogies et des ressemblances avec les différentes parties du corps humain que ces plantes sont destinées à guérir, ou avec les animaux malfaisants dont elles neutralisent le venin. Cette observation mériteroit d'être suivie : les peuples simples, qui dédaignent moins que nous les indications de la Providence, sont moins sujets que nous à s'y tromper.

Un des grands moyens employés par les Sauvages dans beaucoup de maladies, ce sont les bains de vapeur. Ils bâtissent à cet effet une cabane qu'ils appellent la *cabane des sueurs*. Elle est construite avec des branches d'arbres plantées en rond et attachées ensemble par la cime, de manière à former un cône; on les garnit en dehors de peaux de différents animaux : on y ménage une très petite ouverture pratiquée contre terre, et par laquelle on entre en se traînant sur les genoux et sur les mains. Au milieu de cette étuve est un bassin plein d'eau que l'on fait bouillir en y jetant des cailloux rougis au feu; la vapeur qui s'élève de ce bassin est brûlante, et en moins de quelques minutes le malade se couvre de sueur.

La chirurgie n'est pas à beaucoup près aussi avancée que la médecine parmi les Indiens. Cependant ils sont parvenus à suppléer à nos instruments par des inventions ingénieuses. Ils entendent très bien les bandages applicables aux fractures simples; ils ont des os aussi pointus que des lancettes pour saigner et pour scarifier les membres rhumatisés; ils sucent le sang à l'aide d'une corne, et en tirent la quantité prescrite. Des courges pleines de matières combustibles auxquelles ils mettent le feu leur tiennent lieu de ventouses. Ils ouvrent des ustions avec des nerfs de chevreuil, ils font des siphons avec les vessies des divers animaux.

Les principes de la boîte fumigatoire employée quelque temps en Europe, dans le traitement des noyés, sont connus des Indiens. Ils se servent, à cet effet, d'un large boyau fermé à l'une des extrémités, ouvert à l'autre par un petit tube de bois; on enfle ce boyau avec de la fumée, et l'on fait entrer cette fumée dans les intestins du noyé.

Dans chaque famille on conserve ce qu'on appelle *le sac de médecine*; c'est un sac rempli de Manitous et de différents simples d'une grande puissance. On porte ce sac à la guerre : dans les camps c'est un palladium, dans les cabanes un dieu Lare.

Les femmes pendant leurs couches se retirent à la cabane de purification; elles y sont assistées par des matrones. Celles-ci, dans les accouchements ordinaires, ont les connoissances suffisantes, mais dans les accouchements difficiles, elles manquent d'instruments. Lorsque l'enfant se présente mal et qu'elles ne le peuvent retourner, elles suffoquent la mère, qui, se débattant contre la mort, délivre son fruit par l'effort d'une dernière convulsion. On avertit toujours la femme en travail avant de recourir à ce moyen; elle n'hésite jamais à se sacrifier. Quelquefois la suffocation n'est pas complète; on sauve à la fois l'enfant et son héroïque mère.

La pratique est encore, dans ces cas désespérés,

de causer une grande frayeur à la femme en couches; une troupe de jeunes gens s'approchent en silence de la cabane des purifications, et poussent tout à coup un cri de guerre : ces clameurs échouent auprès des femmes courageuses, et il y en a beaucoup.

Quand un Sauvage tombe malade, tous ses parents se rendent à sa hutte. On ne prononce jamais le mot de mort devant un ami du malade : l'outrage le plus sanglant qu'on puisse faire à un homme, c'est de lui dire : « Ton père est mort. »

Nous avons vu le côté sérieux de la médecine des Sauvages, nous allons en voir le côté plaisant, le côté qu'auroit peint un Molière indien, si ce qui rappelle les infirmités morales et physiques de notre nature n'avait quelque chose de triste.

Le malade a-t-il des évanouissements, dans les intervalles où on peut le supposer mort, les parents, assis selon les degrés de parenté autour de la natte du moribond, poussent des hurlements qu'on entendroit d'une demi-lieue. Quand le malade reprend ses sens les hurlements cessent pour recommencer à la première crise.

Cependant le jongleur arrive; le malade lui demande s'il reviendra à la vie : le jongleur ne manque pas de répondre qu'il n'y a que lui, jongleur, qui puisse lui rendre la santé. Alors le malade qui se croit près d'expirer harangue ses parents, les console, les invite à bannir la tristesse et à bien manger.

On couvre le patient d'herbes, de racines et de

11.

morceaux d'écorce ; on souffle avec un tuyau de pipe sur les parties de son corps où le mal est censé résider ; le jongleur lui parle dans la bouche pour conjurer, s'il en est temps encore, l'esprit infernal.

Le malade ordonne lui-même le repas funèbre : tout ce qui reste de vivres dans la cabane se doit consommer. On commence à égorger les chiens, afin qu'ils aillent avertir le Grand-Esprit de la prochaine arrivée de leur maître. A travers ces puérilités, la simplicité avec laquelle un Sauvage accomplit le dernier acte de la vie, a pourtant quelque chose de grand.

En déclarant que le malade va mourir, le jongleur met sa science à l'abri des événements, et fait admirer son art si le malade recouvre la santé.

Quand il s'aperçoit que le danger est passé, il n'en dit rien, et commence ses adjurations.

Il prononce d'abord des mots que personne ne comprend ; puis il s'écrie : « Je découvrirai le malé-« fice ; je forcerai Kitchi-Manitou à fuir devant moi. »

Il sort de la hutte ; les parents le suivent ; il court s'enfoncer dans la *cabane des sueurs* pour recevoir l'inspiration divine. Rangés dans une muette terreur autour de l'étuve, les parents entendent le prêtre qui hurle, chante, crie en s'accompagnant d'une chichikoué. Bientôt il sort tout nu par le soupirail de la hutte, l'écume aux lèvres, et les yeux tors : il se plonge, dégouttant de sueur, dans une eau glacée, se roule par terre, fait le mort, ressuscite, vole à sa hutte en ordonnant aux parents d'aller l'attendre à celle du malade.

Bientôt on le voit revenir, tenant un charbon à moitié allumé dans sa bouche, et un serpent dans sa main.

Après de nouvelles contorsions autour du malade, il laisse tomber le charbon et s'écrie : « Réveille-toi, je te promets la vie ; le Grand-Esprit m'a fait connoître le sort qui te faisoit mourir. » Le forcené se jette sur le bras de sa dupe, le déchire avec les dents, et ôtant de sa bouche un petit os qu'il y tenoit caché : « Voilà, s'écrie-t-il, le maléfice que j'ai arraché de ta chair ! » Alors le prêtre demande un chevreuil et des truites pour en faire un repas, sans quoi le malade ne pourroit guérir : les parents sont obligés d'aller sur-le-champ à la chasse et à la pêche.

Le médecin mange le dîner ; cela ne suffit pas. Le malade est menacé d'une rechute, si l'on n'obtient, dans une heure, le manteau d'un chef qui réside à deux ou trois journées de marche du lieu de la scène. Le jongleur le sait ; mais comme il prescrit à la fois la règle et donne les dispenses, moyennant quatre ou cinq manteaux profanes fournis par les parents, il les tient quittes du manteau sacré réclamé par le ciel.

Les fantaisies du malade, qui revient tout naturellement à la vie, augmentent la bizarrerie de cette cure : le malade s'échappe de son lit, se traîne sur les pieds et sur les mains derrière les meubles de la cabane. Vainement on l'interroge ; il continue sa ronde et pousse des cris étranges. On le saisit : on le remet sur sa natte ; on le croit en proie à une attaque de son mal : il reste tranquille un moment, puis il se relève à l'improviste, et va se plonger dans un vivier; on l'en retire avec peine; on lui présente un breuvage : « Donne-le à cet original, » dit-il en désignant un de ses parents.

Le médecin cherche à pénétrer la cause du nouveau délire du malade. « Je me suis endormi, ré-« pond gravement celui-ci, et j'ai rêvé que j'avois « un bison dans l'estomac. » La famille semble consternée; mais soudain les assistants s'écrient qu'ils sont aussi possédés d'un animal : l'un imite le cri d'un carribou, l'autre l'aboiement d'un chien, un troisième le hurlement d'un loup; le malade contrefait à son tour le mugissement de son bison : c'est un charivari épouvantable. On fait transpirer le songeur sur une infusion de sauge et de branches de sapin; son imagination est guérie par la complaisance de ses amis, et il déclare que le bison lui est sorti du corps. Ces folies, mentionnées par Charlevoix, se renouvellent tous les jours chez les Indiens.

Comment le même homme, qui s'élevoit si haut lorsqu'il se croyoit au moment de mourir, tombe-t-il si bas lorsqu'il est sûr de vivre? Comment de sages vieillards, des jeunes gens raisonnables, des femmes sensées, se soumettent-ils aux caprices d'un esprit déréglé? Ce sont là les mystères de l'homme, la double preuve de sa grandeur et de sa misère.

LANGUES INDIENNES.

QUATRE langues principales paroissent se partager l'Amérique septentrionale : l'algonquin et le huron au nord et à l'est, le sioux à l'ouest, et le chicassais au midi ; mais les dialectes diffèrent pour ainsi dire de tribu à tribu. Les Creeks actuels parlent le chicassais mêlé d'algonquin.

L'ancien natchez n'étoit qu'un dialecte plus doux du chicassais.

Le natchez, comme le huron et l'algonquin, ne connoissoit que deux genres, le masculin et le féminin ; il rejetoit le neutre. Cela est naturel chez des peuples qui prêtent des sens à tout, qui entendent des voix dans tous les murmures, qui donnent des haines et des amours aux plantes, des désirs à l'onde, des esprits immortels aux animaux, des âmes aux rochers. Les noms en natchez ne se déclinoient point ; ils prenoient seulement au pluriel la lettre *k* ou le monosyllabe *ki*, si le nom finissoit par une consonne.

Les verbes se distinguoient par la caractéristique, la terminaison et l'augment. Ainsi les Natchez disoient, *T-ija*, je marche ; *ni Tija-ban*, je marchois ; *ni-ga Tija*, je marcherai ; *ni-ki Tija*, je marchai ou j'ai marché.

Il y avoit autant de verbes qu'il y avoit de substantifs exposés à la même action; ainsi *manger* du maïs étoit un autre verbe que *manger* du chevreuil; se *promener* dans une forêt, se disoit d'une autre manière que se promener sur une colline; *aimer son ami* se rendoit par le verbe *napitilima,* qui signifie j'estime; *aimer sa maîtresse* s'exprimoit par le verbe *nisikia*, qu'on peut traduire par *je suis heureux.* Dans les langues des peuples près de la nature, les verbes sont ou très multipliés, ou peu nombreux, mais surchargés d'une multitude de lettres qui en varient les significations : le père, la mère, le fils, la femme, le mari, pour exprimer leurs divers sentiments, ont cherché des expressions diverses; ils ont modifié d'après les passions humaines la parole primitive que Dieu a donnée à l'homme avec l'existence. Le verbe étoit un et renfermoit tout : l'homme en a tiré les langues avec leurs variations et leurs richesses; langues où l'on trouve pourtant quelques mots radicalement les mêmes, restés comme type ou preuve d'une commune origine.

Le chicassais, racine du natchez, est privé de la lettre *r*, excepté dans les mots dérivés de l'algonquin, comme *arrego, je fais la guerre*, qui se prononce avec une sorte de déchirement de son. Le chicassais a des aspirations fréquentes pour le langage des passions violentes, telles que la haine, la colère, la jalousie; dans les sentiments tendres, dans les descriptions de la nature, ses expressions sont pleines de charme et de pompe.

Les Sioux, que leur tradition fait venir du Mexique

sur le haut Mississipi, ont étendu l'empire de leur langue depuis ce fleuve jusqu'aux montagnes Rocheuses, à l'ouest, et jusqu'à la rivière Rouge, au nord : là se trouvent les Cypovois qui parlent un dialecte de l'algonquin, et qui sont ennemis des Sioux.

La langue siouse siffle d'une manière assez désagréable à l'oreille : c'est elle qui a nommé presque tous les fleuves et tous les lieux à l'ouest du Canada, le Mississipi, le Missouri, l'Osage, etc. On ne sait rien encore, ou presque rien de sa grammaire.

L'algonquin et le huron sont des langues mères de tous les peuples de la partie de l'Amérique septentrionale comprise entre les sources du Mississipi, la baie d'Hudson et l'Atlantique, jusqu'à la côte de la Caroline. Un voyageur qui sauroit ces deux langues pourroit parcourir plus de dix-huit cents lieues de pays sans interprète, et se faire entendre de plus de cent peuples.

La langue algonquine commençoit à l'Acadie et au golfe Saint-Laurent ; tournant du sud-est par le nord jusqu'au sud-ouest, elle embrassoit une étendue de douze cents lieues. Les indigènes de la Virginie la parloient ; au-delà, dans les Carolines, au midi, dominoit la langue chicassaise. L'idiome algonquin, au nord, venoit finir chez les Cypovois. Plus loin encore, au septentrion, paroît la langue des Esquimaux ; à l'ouest, la langue algonquine touchoit la rive gauche du Mississipi : sur la rive droite règne la langue siouse.

L'algonquin a moins d'énergie que le huron ; mais il est plus doux, plus élégant et plus clair : on l'emploie ordinairement dans les traités ; il passe pour la langue polie ou la langue classique du désert.

Le huron étoit parlé par le peuple qui lui a donné son nom, et par les Iroquois, colonie de ce peuple.

Le huron est une langue complète ayant ses verbes, ses noms, ses pronoms et ses adverbes. Les verbes simples ont une double conjugaison, l'une absolue, l'autre réciproque; les troisièmes personnes ont les deux genres, et les nombres et les temps suivent le mécanisme de la langue grecque. Les verbes actifs se multiplient à l'infini, comme dans la langue chicassaise.

Le huron est sans labiales; on le parle du gosier, et presque toutes les syllabes sont aspirées. La diphtongue *ou* forme un son extraordinaire qui s'exprime sans faire aucun mouvement des lèvres. Les missionnaires ne sachant comment l'indiquer, l'ont écrit par le chiffre 8.

Le génie de cette noble langue consiste surtout à personnifier l'action, c'est-à-dire à tourner le passif par l'actif. Ainsi, l'exemple est cité par le père Rasle : « Si vous demandiez à un Européen pour- « quoi Dieu l'a créé, il vous diroit : C'est pour le « connoître, l'aimer, le servir, et par ce moyen « mériter la gloire éternelle. »

Un Sauvage vous répondroit dans la langue huronne : « Le Grand-Esprit a pensé de nous : qu'ils « me connoissent, qu'ils m'aiment, qu'ils me servent, « alors je les ferai entrer dans mon illustre félicité. »

La langue huronne ou iroquoise a cinq principaux dialectes.

Cette langue n'a que quatre voyelles, *a, e, i, o,* et la diphthongue 8, qui tient un peu de la consonne et de la valeur du *w* anglois ; elle a six consonnes, *h, k, n, r, s, t.*

Dans le huron, presque tous les noms sont verbes. Il n'y a point d'infinitif; la racine du verbe est la première personne du présent de l'indicatif.

Il y a trois temps primitifs dont se forment tous les autres : le présent de l'indicatif, le prétérit indéfini, et le futur simple affirmatif.

Il n'y a presque pas de substantifs abstraits ; si on en trouve quelques-uns, ils ont été évidemment formés après coup du verbe concret, en modifiant une de ses personnes.

Le huron a un duel comme le grec, et deux premières personnes plurielles et duelles. Point d'auxiliaire pour conjuguer les verbes ; point de participes ; point de verbes passifs ; on tourne par l'actif : *Je suis aimé,* dites : *On m'aime, etc.* Point de pronoms pour exprimer les relations dans les verbes : elles se connoissent seulement par l'initiale du verbe que l'on modifie autant de différentes fois et d'autant de différentes manières qu'il y a de relations possibles entre les différentes personnes des trois nombres, ce qui est énorme. Aussi ces relations sont-elles la clef de la langue. Lorsqu'on les comprend (elles ont des règles fixes), on n'est plus arrêté.

Une singularité, c'est que, dans les verbes, les impératifs ont une première personne.

Tous les mots de la langue huronne peuvent se composer entre eux. Il est général, à quelques exceptions près, que l'objet du verbe, lorsqu'il n'est pas un nom propre, s'inclut dans le verbe même, et ne fait plus qu'un seul mot, mais alors le verbe prend la conjugaison du nom; car tous les noms appartiennent à une conjugaison. Il y en a cinq.

Cette langue a un grand nombre de particules explétives qui seules ne signifient rien, mais qui, répandues dans le discours, lui donnent une grande force et une grande clarté. Les particules ne sont pas toujours les mêmes pour les hommes et pour les femmes. Chaque genre a les siennes propres.

Il y a deux genres, le genre noble, pour les hommes, et le genre non noble, pour les femmes et les animaux mâles ou femelles. En disant d'un lâche qu'il est une femme, on masculinise le mot *femme;* en disant d'une femme qu'elle est un homme, on féminise le mot *homme*.

La marque du genre noble et du genre non noble, du singulier, du duel et du pluriel, est la même dans les noms que dans les verbes, lesquels ont tous, à chaque temps et à chaque nombre, deux troisièmes personnes noble et non noble.

Chaque conjugaison est absolue, réfléchie, réciproque et relative. J'en mettrai ici un exemple.

Conjugaison absolue.

SING. PRÉS. DE L'INDICATIF.

Iks8ens. — Je hais, etc.

DUEL.

Tenis8ens. — Toi et moi, etc.

PLUR.

Te8as8ens. — Vous et nous, etc.

Conjugaison réfléchie.

SING.

Katats8ens. — Je me hais, etc.

DUEL.

Tiatats8ens. — Nous, nous, etc.

PLUR.

Te8atats8ens. — Vous et nous, etc.

Pour la conjugaison réciproque on ajoute *te* **à la conjugaison réfléchie, en changeant** *r* **en** *h* **dans les troisièmes personnes du singulier et du pluriel.**

On aura donc :

Tekatats8ens. — Je me hais, *mutuò*, avec quelqu'un.

Conjugaison relative du même verbe, du même temps.

SINGULIER.

Relation de la première personne aux autres.

Kons8ens. — *Ego te odi*, etc.

Relation de la seconde personne aux autres.

Taks8ens. — *Tu me.*

Relation de la troisième masculine aux autres.

Rask8ens. — *Ille me.*

Relation de la troisième personne féminine aux autres.

8aks8ens. — *Illa me*, etc.

Relation de la troisième personne indéfinie on.

Ionks8ens. — *On me hait.*

DUEL.

La relation du duel au duel et au pluriel devient plurielle. On ne mettra donc que la relation du duel au singulier.

Relation du duel aux autres personnes.

Kenis8ens. — *Nos 2 te*, etc.

Les troisièmes personnes duelles aux autres sont les mêmes que les plurielles.

PLURIEL.

Relation de la première plurielle aux autres.

K8as8ens. — *Nos te, etc.*

Relation de la seconde plurielle aux autres.

Tak8as8ens. — *Vos me.*

Relation de la troisième plur. masc. aux autres.

Ronks8ens. — *Illi me.*

Relation de la troisième fém. plur. aux autres.

Ionsks8ens. — *Illæ me.*

Conjugaison d'un nom.

SINGULIER.

Hieronke. — Mon corps.
Tsieronke. — Ton corps.
Raieronke. — Son — à lui.
Kaieronke. — Son — à elle.
Ieronke. — Le corps de quelqu'un.

DUEL.

Tenïeronke. — Notre (*meum et tuum.*).
Iakenïeronke. — Notre (*meum et illum*).
Senïieronke. — Votre 2.
Niieronke. — Leur 2 à eux.
Kaniieronke. — Leur 2 à elles.

PLURIEL.

Te8aieronke. — Notre (*nost. et vest.*).
Iak8aieronke. — Notre (*nost. et illor.*).

Et ainsi de tous les noms. En comparant la conjugaison de ce nom avec la conjugaison absolue du verbe *iks8ens*, je hais, on voit que ce sont absolument les mêmes modifications aux trois nombres : *k* pour la première personne, *s* pour la seconde ; *r* pour la troisième noble, *ka* pour la troisième non noble; *ni* pour le duel. Pour le pluriel, on redouble *te8a, se8a rati, konti,* changeant *k* en *te8a, s* en *se8a, ra* en *rati, ka* en *konti,* etc.

La relation dans la parenté est toujours du plus grand au plus petit. Exemple :

Mon père, *rakenika,* celui qui m'a pour fils. (Relation de la troisième personne à la première.)

Mon fils, *rienha,* celui que j'ai pour fils. (Relation de la première à la troisième personne.)

Mon oncle, *rakenchaa, rak...* (Relation de la troisième personne à la première.)

Mon neveu, *rion8atenha, ri...* (Relation de la première à la troisième personne, comme dans le verbe précédent.)

Le verbe *vouloir* ne se peut traduire en iroquois. On se sert de *ikire, penser;* ainsi :

Je veux aller là.
Ikere etho iake.
Je pense aller là.

Les verbes qui expriment une chose qui n'existe plus au moment où l'on parle n'ont point de parfait, mais seulement un imparfait, comme *ronnhek8e,* imparfait, il a vécu, il ne vit plus. Par analogie à cette règle : si *j'ai aimé* quelqu'un et si je *l'aime encore,* je me servirai du parfait *kenon8ehon.* Si je ne l'aime plus, je me servirai de l'imparfait *kenon8esk8e :* je l'*aimois,* mais je *ne l'aime plus :* voilà pour les temps.

Quant aux personnes, les verbes qui expriment une chose que l'on ne fait pas volontairement n'ont pas de premières personnes, mais seulement une troisième relative aux autres. Ainsi, j'éternue, *te8akitsionh8a,* relation de la troisième à la première : cela m'*éternue* ou me fait éternuer.

Je bâille, *te8akskara8ata,* même relation de la troisième non noble à la première 8*ak,* cela m'*ouvre la bouche.* La seconde personne, *tu bâilles, tu éternues,* sera la relation de la même troisième personne non noble à la seconde *tesatsionk8a, tesaskara8ata,* etc.

Pour les termes des verbes, ou régimes indirects, il y a une variété suffisante de modifications aux finales qui les expriment intelligiblement; et ces modifications sont soumises à des règles fixes.

Kninons, j'achète. *Kehninonse,* j'achète pour quelqu'un. *Kehninon,* j'achète de quelqu'un. — *Katennietha,* j'envoie. *Kehnieta,* j'envoie par quelqu'un. *Keiatennietennis,* j'envoie à quelqu'un.

Du seul examen de ces langues, il résulte que des peuples surnommés par nous *Sauvages* étoient fort avancés dans cette civilisation qui tient à la combinaison des idées. Les détails de leur gouvernement confirmeront de plus en plus cette vérité [1].

---

[1] J'ai puisé la plupart des renseignements curieux que je viens de donner sur la langue huronne, dans une petite grammaire iroquoise manuscrite qu'a bien voulu m'envoyer M. Marcoux, missionnaire au Saut Saint-Louis, district de Montréal, dans le bas Canada. Au reste, les Jésuites ont laissé des travaux considérables sur les langues sauvages du Canada. Le P. Chaumont, qui avoit passé cinquante ans parmi les Hurons, a composé une grammaire de leur langue. Nous devons au P. Rasle, enfermé dix ans dans un village d'Abénakis, de précieux documents. Un dictionnaire françois-iroquois est achevé; nouveau trésor pour les philologues. On a aussi le manuscrit d'un dictionnaire iroquois et anglois; malheureusement le premier volume, depuis la lettre A jusqu'à la lettre L, a été perdu.

CHASSE.

Quand les vieillards ont décidé la chasse du castor ou de l'ours, un guerrier va de porte en porte dans les villages, disant : « Les « chefs vont partir; que ceux qui veulent les suivre « se peignent de noir et jeûnent, pour apprendre « à l'Esprit des songes où les ours et les castors se « tiennent cette année. »

A cet avertissement tous les guerriers se barbouillent de noir de fumée détrempé avec de l'huile d'ours; le jeûne de huit nuits commence : il est si rigoureux qu'on ne doit pas même avaler une goutte d'eau, et il faut chanter incessamment, afin d'avoir d'heureux songes.

Le jeûne accompli, les guerriers se baignent : on sert un grand festin. Chaque Indien fait le récit de ses songes : si le plus grand nombre de ces songes désigne un même lieu pour la chasse, c'est là qu'on se résout d'aller.

On offre un sacrifice expiatoire aux âmes des ours tués dans les chasses précédentes, et on les conjure d'être favorables aux nouveaux chasseurs, c'est-à-dire qu'on prie les ours défunts de laisser assommer les ours vivants. Chaque guerrier chante ses anciens exploits contre les bêtes fauves.

Les chansons finies, on part complétement armé. Arrivés au bord d'un fleuve, les guerriers, tenant une pagaie à la main, s'asseyent deux à deux dans le fond des canots. Au signal donné par le chef, les canots se rangent à la file : celui qui tient la tête sert à rompre l'effort de l'eau lorsqu'on navigue contre le cours du fleuve. A ces expéditions, on mène des meutes, et l'on porte des lacets, des piéges, des raquettes à neige.

Lorsqu'on est parvenu au rendez-vous, les canots sont tirés à terre et environnés d'une palissade revêtue de gazon. Le chef divise les Indiens en compagnies composées d'un même nombre d'individus. Après le partage des chasseurs, on procède au partage du pays de chasse. Chaque compagnie bâtit une hutte au centre du lot qui lui est échu.

La neige est déblayée, des piquets sont enfoncés en terre, et des écorces de bouleau appuyées contre ces piquets : sur ces écorces, qui forment les murs de la hutte, s'élèvent d'autres écorces inclinées l'une vers l'autre; c'est le toit de l'édifice : un trou ménagé dans ce toit laisse échapper la fumée du foyer. La neige bouche en dehors les vides de la bâtisse, et lui sert de ravalement ou de crépi. Un brasier est allumé au milieu de la cabane; des fourrures couvrent le sol; les chiens dorment sur les pieds de leurs maîtres; loin de souffrir du froid, on étouffe. La fumée remplit tout : les chasseurs, assis ou couchés, tâchent de se placer au-dessous de cette fumée.

On attend que les neiges soient tombées, que le vent du nord-est, en rassérénant le ciel, ait amené un froid sec, pour commencer la chasse du castor.

Mais, pendant les jours qui précèdent cette nuaison, on s'occupe de quelques chasses intermédiaires, telles que celles des loutres, des renards et des rats musqués.

Les trappes employées contre ces animaux sont des planches plus ou moins épaisses, plus ou moins larges. On fait un trou dans la neige : une des extrémités des planches est posée à terre, l'autre extrémité est élevée sur trois morceaux de bois agencés dans la forme du chiffre 4. L'amorce s'attache à l'un des jambages de ce chiffre ; l'animal qui la veut saisir s'introduit sous la planche, tire à soi l'appât, abat la trappe, est écrasé.

Les amorces diffèrent selon les animaux auxquels elles sont destinées : au castor on présente un morceau de bois de tremble, au renard et au loup un lambeau de chair, au rat musqué des noix et divers fruits secs.

On tend les trappes pour les loups à l'entrée des passes, au débouché d'un fourré; pour les renards, au penchant des collines, à quelque distance des garennes; pour le rat musqué, dans les taillis de frênes; pour les loutres, dans les fossés des prairies et dans les joncs des étangs.

On visite les trappes le matin : on part de la hutte deux heures avant le jour.

Les chasseurs marchent sur la neige avec des raquettes : ces raquettes ont dix-huit pouces de long sur huit de large; de forme ovale par-devant, elles se terminent en pointe par-derrière; la courbe de l'ellipse est de bois de bouleau, plié et durci au feu. Les cordes transversales et longitudinales sont faites de lanières de cuir; elles ont six lignes en tous sens; on les renforce avec des scions d'osier. La raquette est assujettie aux pieds au moyen de trois bandelettes. Sans ces machines ingénieuses il seroit impossible de faire un pas l'hiver dans ces climats; mais elles blessent et fatiguent d'abord, parce qu'elles obligent à tourner les genoux en dedans et à écarter les jambes.

Lorsqu'on procède à la visite et à la levée des piéges, dans les mois de novembre et de décembre, c'est ordinairement au milieu des tourbillons de neige, de grêle et de vent : on voit à peine à un demi-pied devant soi. Les chasseurs marchent en silence; mais les chiens, qui sentent la proie, poussent des hurlements. Il faut toute la sagacité du Sauvage pour retrouver les trappes ensevelies, avec les sentiers, sous les frimas.

A un jet de pierre des piéges, le chasseur s'arrête, afin d'attendre le lever du jour; il demeure debout, immobile au milieu de la tempête, le dos tourné au vent, les doigts enfoncés dans la bouche : à chaque poil des peaux dont il est enveloppé se forme une aiguille de givre, et la touffe de cheveux qui couronne sa tête devient un panache de glace.

A la première lueur du jour, lorsqu'on aperçoit les trappes tombées, on court aux fins de la bête. Un loup ou un renard, les reins à moitié cassés, montre aux chasseurs ses dents blanches et sa gueule noire : les chiens font raison du blessé.

On balaie la nouvelle neige, on relève la machine; on y met une pâture fraîche, observant de dresser l'embûche sous le vent. Quelquefois les piéges sont détendus sans que le gibier y soit resté : cet accident est l'effet de la matoiserie des renards; ils attaquent l'amorce en avançant la pate par le côté de la planche, au lieu de s'engager sous la trappe; ils emportent sains et saufs la picorée.

Si la première levée des piéges a été bonne, les chasseurs retournent triomphants à la hutte; le bruit qu'ils font alors est incroyable : ils racontent les captures de la matinée; ils invoquent les manitous; ils crient sans s'entendre; ils déraisonnent de joie, et les chiens ne sont pas muets. De ce premier succès on tire les présages les plus heureux pour l'avenir.

Lorsque les neiges ont cessé de tomber, que le soleil brille sur leur surface durcie, la chasse du castor est proclamée. On fait d'abord au Grand-Castor une prière solennelle, et on lui présente une offrande de petun. Chaque Indien s'arme d'une massue pour briser la glace, d'un filet pour envelopper la proie. Mais quelle que soit la rigueur de l'hiver, certains petits étangs ne gèlent jamais dans le Haut-Canada : ce phénomène tient ou à l'abondance de quelques sources chaudes, ou à l'exposition particulière du sol.

Ces réservoirs d'eau non congélables sont souvent formés par les castors eux-mêmes, comme je l'ai dit à l'article de l'histoire naturelle. Voici comment on détruit les paisibles créatures de Dieu :

On pratique, à la chaussée de l'étang où vivent

les castors, un trou assez large pour que l'eau se perde et pour que la ville merveilleuse demeure à sec. Debout sur la chaussée, un assommoir à la main, leurs chiens derrière eux, les chasseurs sont attentifs : ils voient les habitations se découvrir à mesure que l'eau baisse. Alarmé de cet écoulement rapide, le peuple amphibie, jugeant, sans en connoître la cause, qu'une brèche s'est faite à la chaussée, s'occupe aussitôt à la fermer. Tous nagent à l'envi : les uns s'avancent pour examiner la nature du dommage; les autres abordent au rivage pour chercher des matériaux; d'autres se rendent aux maisons de campagne pour avertir les citoyens. Les infortunés sont environnés de toute part : à la chaussée, la massue étend roide mort l'ouvrier qui s'efforçoit de réparer l'avarie; l'habitant réfugié dans sa maison champêtre n'est pas plus en sûreté : le chasseur lui jette une poudre qui l'aveugle, et les dogues l'étranglent. Les cris des vainqueurs font retentir les bois, l'eau s'épuise, et l'on marche à l'assaut de la cité.

La manière de prendre les castors dans les viviers gelés est différente : des percées sont ménagées dans la glace; emprisonnés sous leur voûte de cristal, les castors s'empressent de venir respirer à ces ouvertures. Les chasseurs ont soin de recouvrir l'endroit brisé avec de la bourre de roseau; sans cette précaution, les castors découvriroient l'embuscade que leur cache la moelle du jonc répandue sur l'eau. Ils approchent donc du soupirail; le remole qu'ils font en nageant les trahit : le chasseur plonge son bras dans l'issue, saisit l'animal par une pate, le jette sur la glace, où il est entouré d'un cercle d'assassins, dogues et hommes. Bientôt attaché à un arbre, un Sauvage l'écorche à moitié vivant, afin que son poil aille envelopper au-delà des mers la tête d'un habitant de Londres ou de Paris.

L'expédition contre les castors terminée, on revient à la hutte des chasses, en chantant des hymnes au Grand-Castor, au bruit du tambour et du chichikoué.

L'écorchement se fait en commun. On plante des poteaux : deux chasseurs se placent à chaque poteau, qui porte deux castors suspendus par les jambes de derrière. Au commandement du chef, on ouvre le ventre des animaux tués, et on les dépouille. S'il se trouve une femelle parmi les victimes, la consternation est grande : non-seulement c'est un crime religieux de tuer les femelles du castor, mais c'est encore un délit politique, une cause de guerre entre les tribus. Cependant l'amour du gain, la passion des liqueurs fortes, le besoin d'armes à feu, l'ont emporté sur la force de superstition et sur le droit établi; des femelles en grande quantité ont été traquées, ce qui produira tôt ou tard l'extinction de leur race.

La chasse finit par un repas composé de la chair des castors. Un orateur prononce l'éloge des défunts comme s'il n'avoit pas contribué à leur mort : il raconte tout ce que j'ai rapporté de leurs mœurs; il loue leur esprit et leur sagesse : « Vous n'enten-

« drez plus, dit-il, la voix des chefs qui vous com-
« mandoient et que vous aviez choisis entre tous les
« guerriers castors pour vous donner des lois. Votre
« langage, que les jongleurs savent parfaitement,
« ne sera plus parlé au fond du lac; vous ne livrerez
« plus de batailles aux loutres, vos cruels ennemis.
« Non, castors ! mais vos peaux serviront à acheter
« des armes, nous porterons vos jambons fumés à
« nos enfants, nous empêcherons nos chiens de bri-
« ser vos os, qui sont si durs. »

Tous les discours, toutes les chansons des Indiens, prouvent qu'ils s'associent aux animaux, qu'ils leur prêtent un caractère et un langage, qu'ils les regardent comme des instituteurs, comme des êtres doués d'une âme intelligente. L'Écriture offre souvent l'instinct des animaux en exemple à l'homme.

La chasse de l'ours est la chasse la plus renommée chez les Sauvages. Elle commence par de longs jeûnes, des purgations sacrées et des festins, elle a lieu en hiver. Les chasseurs suivent des chemins affreux, le long des lacs, entre des montagnes dont les précipices sont cachés dans la neige. Dans les défilés dangereux, ils offrent le sacrifice réputé le plus puissant auprès du génie du désert : ils suspendent un chien vivant aux branches d'un arbre, et l'y laissent mourir enragé. Des huttes élevées chaque soir à la hâte ne donnent qu'un mauvais abri : on y est glacé d'un côté et brûlé de l'autre; pour se défendre contre la fumée, on n'a d'autre ressource que de se coucher sur le ventre, le visage enseveli dans des peaux. Les chiens affamés hurlent, passent et repassent sur le corps de leurs maîtres : lorsque ceux-ci croient aller prendre un chétif repas, le dogue, plus alerte, l'engloutit.

Après des fatigues inouïes, on arrive à des plaines couvertes de forêts de pins, retraite des ours. Les fatigues et les périls sont oubliés ; l'action commence.

Les chasseurs se divisent et embrassent, en se plaçant à quelque distance les uns des autres, un grand espace circulaire. Rendus aux différents points du cercle, ils marchent, à l'heure fixée, sur un rayon qui tend au centre, examinant avec soin sur ce rayon les vieux arbres qui recèlent les ours : l'animal se trahit par la marque que son haleine laisse dans la neige.

Aussitôt que l'Indien a découvert les traces qu'il cherche, il appelle ses compagnons, grimpe sur le pin, et, à dix ou douze pieds de terre, trouve l'ouverture par laquelle le solitaire s'est retiré dans sa cellule : si l'ours est endormi, on lui fend la tête ; deux autres chasseurs, montant à leur tour sur l'arbre, aident le premier à retirer le mort de sa niche et à le précipiter.

Le guerrier explorateur et vainqueur se hâte alors de descendre : il allume sa pipe, la met dans la gueule de l'ours, et soufflant dans le fourneau du calumet, remplit de fumée le gosier du quadrupède. Il adresse ensuite des paroles à l'âme du trépassé ; il le prie de lui pardonner sa mort, de ne point lui être contraire dans les chasses qu'il pourroit entreprendre. Après cette harangue, il coupe le filet de la langue de l'ours, pour le brûler au village, afin de découvrir, par la manière dont il pétillera dans la flamme, si l'esprit de l'ours est ou n'est pas apaisé.

L'ours n'est pas toujours renfermé dans le tronc d'un pin; il habite souvent une tanière dont il a bouché l'entrée. Cet ermite est quelquefois si replet, qu'il peut à peine marcher, quoiqu'il ait vécu une partie de l'hiver sans nourriture.

Les guerriers partis des différents points du cercle, et dirigés vers le centre, s'y rencontrent enfin, apportant, traînant ou chassant leur proie : on voit quelquefois arriver ainsi de jeunes Sauvages qui poussent devant eux, avec une baguette, un gros ours trottant pesamment sur la neige. Quand ils sont las de ce jeu, ils enfoncent un couteau dans le cœur du pauvre animal.

La chasse de l'ours, comme toutes les autres chasses, finit par un repas sacré. L'usage est de faire rôtir un ours tout entier, et de le servir aux convives, assis en rond sur la neige, à l'abri des pins, dont les branches étagées sont aussi couvertes de neige. La tête de la victime, peinte de rouge et de bleu, est exposée au haut d'un poteau. Des orateurs lui adressent la parole; ils prodiguent les louanges au mort, tandis qu'ils dévorent ses membres. « Comme tu montois au haut des arbres ! « quelle force dans tes étreintes! quelle constance « dans tes entreprises! quelle sobriété dans tes « jeûnes! Guerrier à l'épaisse fourrure, au prin- « temps les jeunes ourses brûloient d'amour pour « toi. Maintenant tu n'es plus; mais ta dépouille

« fait encore les délices de ceux qui la possèdent. »

On voit souvent assis pêle-mêle avec les Sauvages à ces festins, des dogues, des ours et des loutres apprivoisés.

Les Indiens prennent, pendant cette chasse, des engagements qu'ils ont de la peine à remplir. Ils jurent, par exemple, de ne point manger avant d'avoir porté la pate du premier ours qu'ils tueront à leur mère ou à leur femme, et quelquefois leur mère et leur femme sont à trois ou quatre cents milles de la forêt où ils ont assommé la bête. Dans ces cas on consulte le jongleur, lequel, au moyen d'un présent, accommode l'affaire. Les imprudents faiseurs de vœux en sont quittes pour brûler en l'honneur du Grand-Lièvre la partie de l'animal qu'ils avoient dévouée à leurs parents.

La chasse de l'ours finit vers la fin de février, et c'est à cette époque que commence celle de l'orignal. On trouve de grandes troupes de ces animaux dans les jeunes semis de sapins.

Pour les prendre, on enferme un terrain considérable dans deux triangles de grandeur inégale, et formés de pieux hauts et serrés. Ces deux triangles se communiquent par un de leurs angles, à l'issue duquel on tend des lacets. La base du plus grand triangle reste ouverte, et les guerriers s'y rangent sur une seule ligne. Bientôt ils s'avancent poussant de grands cris, frappant sur une espèce de tambour. Les orignaux prennent la fuite dans l'enclos cerné par les pieux. Ils cherchent en vain un passage, arrivent au détroit fatal, et demeurent embarrassés dans les filets. Ceux qui les franchissent se précipitent dans le petit triangle, où ils sont aisément percés de flèches.

La chasse du bison a lieu pendant l'été dans les savanes qui bordent le Missouri ou ses affluents. Les Indiens, battant la plaine, poussent les troupeaux vers le courant d'eau. Quand ils refusent de fuir, on embrase les herbes, et les bisons se trouvent resserrés entre l'incendie et le fleuve. Quelques milliers de ces pesants animaux, mugissant à la fois, traversant la flamme ou l'onde, tombant atteints par la balle ou percés par l'épieu, offrent un spectacle étonnant.

Les Sauvages emploient encore d'autres moyens d'attaque contre les bisons : tantôt ils se déguisent en loups, afin de les approcher, tantôt ils attirent les vaches, en imitant le mugissement du taureau. Aux derniers jours de l'automne, lorsque les rivières sont à peine gelées, deux ou trois tribus réunies dirigent les troupeaux vers ces rivières. Un Sioux, revêtu de la peau d'un bison, franchit le fleuve sur la glace mince; les bisons trompés le suivent, le pont fragile se rompt sous le lourd bétail, que l'on massacre au milieu des débris flottants. Dans ces occasions les chasseurs emploient la flèche : le coup muet de cette arme n'épouvante point le gibier, et le trait est repris par l'archer quand l'animal est abattu. Le mousquet n'a pas cet avantage : il y a perte et bruit dans l'usage du plomb et de la poudre.

On a soin de prendre les bisons sous le vent, parce qu'ils flairent l'homme à une grande distance.

Le taureau blessé revient sur le coup ; il défend la génisse, et meurt souvent pour elle.

Les Sioux errant dans les savanes, sur la rive droite du Mississipi, depuis les sources de ce fleuve jusqu'au saut Saint-Antoine, élèvent des chevaux de race espagnole, avec lesquels ils lancent les bisons.

Ils ont quelquefois de singuliers compagnons dans cette chasse : ce sont les loups. Ceux-ci se mettent à la suite des Indiens afin de profiter de leurs restes, et dans la mêlée ils emportent les veaux égarés.

Souvent aussi ces loups chassent pour leur propre compte. Trois d'entre eux amusent une vache par leurs folâtreries : tandis que, naïvement attentive, elle regarde les jeux de ces traîtres, un loup tapi dans l'herbe la saisit aux mamelles ; elle tourne la tête pour s'en débarrasser, et les trois complices du brigand lui sautent à la gorge.

Sur le théâtre de cette chasse s'exécute, quelques mois après, une chasse non moins cruelle, mais plus paisible, celle des colombes : on les prend la nuit au flambeau, sur les arbres isolés où elles se reposent pendant leur migration du nord au midi.

Le retour des guerriers au printemps, quand la chasse a été bonne, est une grande fête. On revient chercher les canots ; on les radoube avec de la graisse d'ours et de la résine de térébinthe : les pelleteries, les viandes fumées, les bagages sont embarqués, et l'on s'abandonne au cours des rivières, dont les rapides et les cataractes ont disparu sous la crue des eaux.

En approchant des villages, un Indien, mis à terre, court avertir la nation. Les femmes, les enfants, les vieillards, les guerriers restés aux cabanes se rendent au fleuve. Ils saluent la flotte par un cri, auquel la flotte répond par un autre cri. Les pirogues rompent leur file, se rangent bord à bord et présentent la proue. Les chasseurs sautent sur la rive, et rentrent aux villages dans l'ordre observé au départ. Chaque Indien chante sa propre louange : « Il faut être homme pour attaquer les « ours comme je l'ai fait; il faut être homme pour « apporter de telles fourrures et des vivres en si « grande abondance. » Les tribus applaudissent. Les femmes suivent portant le produit de la chasse.

On partage les peaux et les viandes sur la place publique; on allume le feu du retour; on y jette les filets de langues d'ours : s'ils sont charnus et pétillent bien, c'est l'augure le plus favorable; s'ils sont secs et brûlent sans bruit, la nation est menacée de quelque malheur.

Après la danse du calumet, on sert le dernier repas de la chasse : il consiste en un ours amené vivant de la forêt : on le met cuire tout entier avec la peau et les entrailles dans une énorme chaudière. Il ne faut rien laisser de l'animal, ne point briser ses os, coutume judaïque; il faut boire jusqu'à la dernière goutte de l'eau dans laquelle il a bouilli : le Sauvage dont l'estomac repousse l'aliment appelle à son secours ses compagnons. Ce repas dure huit ou dix heures : les festoyants en sortent dans un état affreux; quelques-uns paient de leur vie l'horrible plaisir que la superstition impose. Un sachem clôt la cérémonie :

« Guerriers, le Grand-Lièvre a regardé nos flè-
« ches; vous avez montré la sagesse du castor, la
« prudence de l'ours, la force du bison, la vitesse de
« l'orignal. Retirez-vous, et passez la lune de feu
« à la pêche et aux jeux. » Ce discours se termine
par un OAH! cri religieux trois fois répété.

Les bêtes qui fournissent la pelleterie aux Sauvages sont : le blaireau, le renard gris, jaune et rouge, le pécan, le gopher, le racoon, le lièvre gris et blanc, le castor, l'hermine, la martre, le rat musqué, le chat tigre ou carcajou, la loutre, le loup-cervier, la bête puante, l'écureuil noir, gris et rayé, l'ours, et le loup de plusieurs espèces.

Les peaux à tanner se tirent de l'orignal, de l'élan, de la brebis de montagne, du chevreuil, du daim, du cerf et du bison.

LA GUERRE.

CHEZ les Sauvages tout porte les armes, hommes, femmes et enfants; mais le corps des combattants se compose en général du cinquième de la tribu.

Quinze ans est l'âge légal du service militaire. La guerre est la grande affaire des Sauvages et tout le fond de leur politique; elle a quelque chose de plus légitime que la guerre chez les peuples civilisés, parce qu'elle est presque toujours déclarée pour l'existence même du peuple qui l'entreprend : il s'agit de conserver des pays de chasse ou des terrains propres à la culture. Mais, par la raison même que l'Indien ne s'applique que pour vivre à l'art qui lui donne la mort, il en résulte des fureurs implacables entre les tribus : c'est la nourriture de la famille qu'on se dispute. Les haines deviennent individuelles : comme les armées sont peu nombreuses, comme chaque ennemi connoît le nom et le visage de son ennemi, on se bat encore avec acharnement par des antipathies de caractère, et par des ressentimens particuliers; ces enfants du même désert portent dans leurs querelles étrangères quelque chose de l'animosité des troubles civils.

A cette première et générale cause de guerre parmi les Sauvages, viennent se mêler d'autres raisons de prises d'armes, tirées de quelque motif superstitieux, de quelques dissensions domestiques, de quelque intérêt né du commerce des Européens. Ainsi, tuer des femelles de castors étoit devenu chez les hordes du nord de l'Amérique un sujet légitime de guerre.

La guerre se dénonce d'une manière extraordinaire et terrible. Quatre guerriers, peints en noir de la tête aux pieds, se glissent dans les plus profondes ténèbres, chez le peuple menacé : parvenus aux portes des cabanes, ils jettent au foyer de ces cabanes un casse-tête peint en rouge, sur le pied duquel sont marqués, par des signes connus des sachems, les motifs des hostilités : les premiers Romains lançoient une javeline sur le territoire ennemi. Ces hérauts d'armes indiens disparoissent aussitôt dans la nuit comme des fantômes, en poussant le fameux cri ou *woop* de guerre. On le forme en appuyant une main sur la bouche et frappant les lèvres, de manière à ce que le son échappé en tremblotant, tantôt plus sourd, tantôt plus aigu, se termine par une espèce de rugissement dont il est impossible de se faire une idée.

La guerre dénoncée, si l'ennemi est trop foible pour la soutenir, il fuit; s'il se sent fort, il l'accepte : commencent aussitôt les préparatifs et les cérémonies d'usage.

Un grand feu est allumé sur la place publique, et la chaudière de la guerre placée sur le bûcher : c'est la marmite du janissaire. Chaque combattant y jette quelque chose de ce qui lui appartient. On plante aussi deux poteaux où l'on suspend des flèches, des casse-têtes et des plumes, le tout peint en rouge. Les poteaux sont placés au septentrion, à l'orient, au midi ou à l'occident de la place publique, selon le point géographique d'où la bataille doit venir.

Cela fait, on présente aux guerriers la *médecine* de la guerre, vomitif violent, délayé dans deux pintes d'eau qu'il faut avaler d'un trait. Les jeunes gens se dispersent aux environs, mais sans trop s'écarter. Le chef qui doit les commander, après s'être frotté le cou et le visage de graisse d'ours et de charbon pilé, se retire à l'étuve, où il passe deux jours entiers à suer, à jeûner, et à observer ses songes. Pendant ces deux jours, il est défendu aux femmes d'approcher des guerriers; mais elles peuvent parler au chef de l'expédition, qu'elles visitent, afin d'obtenir de lui une part du butin fait sur l'ennemi, car les Sauvages ne doutent jamais du succès de leurs entreprises.

Ces femmes portent différents présents qu'elles déposent aux pieds du chef. Celui-ci note avec des graines ou des coquillages les prières particulières : une sœur réclame un prisonnier pour lui tenir lieu d'un frère mort dans les combats; une matrone exige des chevelures pour se consoler de la perte de ses parents; une veuve requiert un captif pour mari, ou une veuve étrangère pour esclave; une mère demande un orphelin pour remplacer l'enfant qu'elle a perdu.

Les deux jours de retraite écoulés, les jeunes guerriers se rendent à leur tour auprès du chef de guerre : ils lui déclarent leur dessein de prendre part à l'expédition; car, bien que le conseil ait résolu la guerre, cette résolution ne lie personne, l'engagement est purement volontaire.

Tous les guerriers se barbouillent de noir et de rouge de la manière la plus capable, selon eux, d'épouvanter l'ennemi. Ceux-ci se font des barres longitudinales ou transversales sur les joues; ceux-là, des marques rondes ou triangulaires; d'autres y tracent des figures de serpents. La poitrine découverte et les bras nus d'un guerrier offrent l'histoire de ses exploits : des chiffres particuliers expriment le nombre des chevelures qu'il a enlevées, les combats où il s'est trouvé, les dangers qu'il a courus. Ces hiéroglyphes, imprimés dans la peau en points bleus, restent ineffaçables : ce sont des piqûres fines, brûlées avec de la gomme de pin.

Les combattants, entièrement nus ou vêtus d'une tunique sans manches, ornent de plumes la seule touffe de cheveux qu'ils conservent sur le sommet de la tête. A leur ceinture de cuir est passé le couteau pour découper le crâne; le casse-tête pend à la même ceinture : dans la main droite ils tiennent l'arc ou la carabine; sur l'épaule gauche ils portent le carquois garni de flèches, ou la corne remplie de poudre et de balles. Les Cimbres, les Teutons et les Francs essayoient ainsi de se rendre formidables aux yeux des Romains.

Le chef de guerre sort de l'étuve, un collier de porcelaine rouge à la main, et adresse un discours à ses frères d'armes : « Le Grand-Esprit ouvre ma
« bouche. Le sang de nos proches tués dans la der-
« nière guerre n'a point été essuyé; leurs corps n'ont
« point été recouverts : il faut aller les garantir des
« mouches. Je suis résolu de marcher par le sentier
« de la guerre; j'ai vu des ours dans mes songes;
« les bons Manitous m'ont promis de m'assister, et
« les mauvais ne me seront pas contraires : j'irai
« donc manger les ennemis, boire leur sang, faire
« des prisonniers. Si je péris, ou si quelques-uns de
« ceux qui consentent à me suivre perdent la vie,
« nos âmes seront reçues dans la contrée des esprits;
« nos corps ne resteront pas couchés dans la pous-

« sière ou dans la boue, car ce collier rouge appar-
« tiendra à celui qui couvrira les morts. »

Le chef jette le collier à terre; les guerriers les plus renommés se précipitent pour le ramasser : ceux qui n'ont point encore combattu, ou qui n'ont qu'une gloire commune, n'osent disputer le collier. Le guerrier qui le relève devient le lieutenant général du chef; il le remplace dans le commandement si ce chef périt dans l'expédition.

Le guerrier possesseur du collier fait un discours. On apporte de l'eau chaude dans un vase. Les jeunes gens lavent le chef de guerre et lui enlèvent la couleur noire dont il est couvert; ensuite ils lui peignent les joues, le front, la poitrine, avec des craies et des argiles de différentes teintes, et le revêtent de sa plus belle robe.

Pendant cette ovation, le chef chante à demi-voix cette fameuse chanson de mort que l'on entonne lorsqu'on va subir le supplice du feu.

« Je suis brave, je suis intrépide, je ne crains
« point la mort; je me ris des tourments; qu'ils
« sont lâches ceux qui les redoutent! des femmes,
« moins que des femmes! Que la rage suffoque mes
« ennemis! puissé-je les dévorer et boire leur sang
« jusqu'à la dernière goutte! »

Quand le chef a achevé la chanson de mort, son lieutenant général commence la chanson de guerre.

« Je combattrai pour la patrie; j'enlèverai des
« chevelures; je boirai dans le crâne de mes enne-
« mis, etc. »

Chaque guerrier, selon son caractère, ajoute à sa

chanson des détails plus ou moins atroces. Les uns
disent : « Je couperai les doigts de mes ennemis avec
« les dents; je leur brûlerai les pieds et ensuite les
« jambes. » Les autres disent : « Je laisserai les vers
« se mettre dans leurs plaies; je leur enlèverai la
« peau du crâne; je leur arracherai le cœur, et je
« le leur enfoncerai dans la bouche. »

Ces infernales chansons n'étoient guère hurlées que
par les hordes septentrionales. Les tribus du midi se
contentoient d'étouffer les prisonniers dans la fumée.

Le guerrier ayant répété sa chanson de guerre,
redit sa chanson de famille : elle consiste dans l'éloge
des aïeux. Les jeunes gens qui vont au combat
pour la première fois gardent le silence.

Ces premières cérémonies achevées, le chef se
rend au conseil des sachems, qui sont assis en rond,
une pipe rouge à la bouche : il leur demande s'ils
persistent à vouloir lever la hache. La délibération
recommence, et presque toujours la première résolution
est confirmée. Le chef de guerre revient sur
la place publique, annonce aux jeunes gens la décision
des vieillards, et les jeunes gens y répondent
par un cri.

On délie le chien sacré qui étoit attaché à un
poteau; on l'offre à Areskoui, dieu de la guerre.
Chez les nations canadiennes, on égorge ce chien,
et, après l'avoir fait bouillir dans une chaudière,
on le sert aux hommes rassemblés. Aucune femme
ne peut assister à ce festin mystérieux. A la fin du
repas, le chef déclare qu'il se mettra en marche tel
jour, au lever ou au coucher du soleil.

L'indolence naturelle des Sauvages est tout à coup remplacée par une activité extraordinaire ; la gaîté et l'ardeur martiale des jeunes gens se communiquent à la nation. Il s'établit des espèces d'ateliers pour la fabrique des traîneaux et des canots.

Les traîneaux employés au transport des bagages, des malades et des blessés, sont faits de deux planches fort minces, d'un pied et demi de long, sur sept pouces de large, relevés sur le devant. Ils ont des rebords où s'attachent des courroies pour fixer les fardeaux. Les Sauvages tirent ce char sans roues à l'aide d'une double bande de cuir, appelée *metump*, qu'ils se passent sur la poitrine, et dont les bouts sont liés à l'avant-train du traîneau.

Les canots sont de deux espèces : les uns plus grands, les autres plus petits. On les construit de la manière suivante :

Des pièces courbes s'unissent par leur extrémité, de façon à former une ellipse d'environ huit pieds et demi dans le court diamètre, de vingt dans le diamètre long. Sur ces maîtresses pièces on attache des côtes minces de bois de cèdre rouge ; ces côtes sont renforcées par un treillage d'osier. On recouvre ce squelette du canot de l'écorce enlevée, pendant l'hiver, aux ormes et aux bouleaux, en jetant de l'eau bouillante sur le tronc de ces arbres. On assemble ces écorces avec des racines de sapin extrêmement souples, et qui sèchent difficilement. La couture est enduite en dedans et en dehors d'une résine dont les Sauvages gardent le secret. Lorsque le canot est fini, et qu'il est garni de ses pagaies d'érable, il ressemble assez à une araignée d'eau, élégant et léger insecte qui marche avec rapidité sur la surface des lacs et des fleuves.

Un combattant doit porter avec lui dix livres de maïs ou d'autres grains, sa natte, son Manitou et son *sac de médecine*.

Le jour qui précède celui du départ, et qu'on appelle le jour des adieux, est consacré à une cérémonie touchante, chez les nations des langues huronne et algonquine. Les guerriers, qui jusqu'alors ont campé sur la place publique ou sur une espèce de Champ-de-Mars, se dispersent dans les villages, et vont faire leurs adieux de cabane en cabane. On les reçoit avec des marques du plus tendre intérêt; on veut avoir quelque chose qui leur ait appartenu; on leur ôte leur manteau pour leur en donner un meilleur; on échange avec eux un calumet : ils sont obligés de manger, ou de vider une coupe. Chaque hutte a pour eux un vœu particulier, et il faut qu'ils répondent par un souhait semblable à leurs hôtes.

Lorsque le guerrier fait ses adieux à sa propre cabane, il s'arrête, debout, sur le seuil de la porte. S'il a une mère, cette mère s'avance la première : il lui baise les yeux, la bouche et les mamelles. Ses sœurs viennent ensuite, et il leur touche le front : sa femme se prosterne devant lui; il la recommande aux bons génies. De tous ses enfants, on ne lui présente que ses fils; il étend sur eux sa hache ou son casse-tête sans prononcer un mot. Enfin, son père paroît le dernier. Le sachem, après lui avoir frappé l'épaule, lui fait un discours pour l'inviter à honorer ses aïeux; il lui dit: « Je suis derrière toi comme tu « es derrière ton fils : si on vient à moi, on fera du « bouillon de ma chair en insultant ta mémoire. »

Le lendemain du jour des adieux est le jour même du départ. A la première blancheur de l'aube, le chef de guerre sort de sa hutte et pousse le cri de mort. Si le moindre nuage a obscurci le ciel, si un songe funeste est survenu, si quelque oiseau ou quelque animal de mauvais augure a été vu, le jour du départ est différé. Le camp, réveillé par le cri de mort, se lève et s'arme.

Les chefs des tribus haussent les étendards formés de morceaux d'écorce ronds, attachés au bout d'un long dard, et sur lesquels se voient, grossièrement dessinés, des Manitous, une tortue, un ours, un castor, etc. Les chefs des tribus sont des espèces de maréchaux de camp, sous le commandement du général et de son lieutenant. Il y a, de plus, des capitaines non reconnus par le gros de l'armée : ce sont des partisans que suivent les aventuriers.

Le recensement ou le dénombrement de l'armée s'opère : chaque guerrier donne au chef, en passant devant lui, un petit morceau de bois marqué d'un sceau particulier. Jusqu'au moment de la remise de leur symbole, les guerriers se peuvent retirer de l'expédition; mais, après cet engagement, quiconque recule est déclaré infâme.

Bientôt arrive le prêtre suprême, suivi du collége des jongleurs ou médecins. Ils apportent des corbeilles de jonc en forme d'entonnoir, des sacs de peau remplis de racines et de plantes. Les guerriers s'asseyent à terre, les jambes croisées, formant un cercle; les prêtres se tiennent debout au milieu.

Le grand jongleur appelle les combattants par leurs noms : le guerrier appelé se lève, et donne son Manitou au jongleur, qui le met dans une des corbeilles de jonc, en chantant ces mots algonquins, *ajouh-oyah-alluya* !

Les Manitous varient à l'infini, parce qu'ils représentent les caprices et les songes des Sauvages : ce sont des peaux de souris rembourrées avec du foin ou du coton, de petits cailloux blancs, des oiseaux empaillés, des dents de quadrupèdes ou de poissons, des morceaux d'étoffe rouge, des branches d'arbre, des verroteries, ou quelques parures européennes, enfin toutes les formes que les bons génies sont sensés avoir prises pour se manifester aux possesseurs de ces Manitous : heureux du moins de se rassurer à si peu de frais, et de se croire, sous un fétu, à l'abri des coups de la fortune! Sous le régime féodal on prenoit acte d'un droit acquis par le don d'une baguette, d'une paille, d'un anneau, d'un couteau, etc.

Les Manitous, distribués en trois corbeilles, sont confiés à la garde du chef de guerre et des chefs de tribus.

De la collection des Manitous, on passe à la bénédiction des plantes médicinales et des instruments de la chirurgie. Le grand jongleur les tire tour à tour du fond d'un sac de cuir ou de poil de buffle; il les dépose à terre, danse à l'entour avec les autres jongleurs, se frappe les cuisses, se démonte le visage, hurle et prononce des mots inconnus. Il finit par déclarer qu'il a communiqué aux simples une vertu surnaturelle, et qu'il a la puissance de rendre à la vie les guerriers expirés. Il s'ouvre les lèvres avec les dents, applique une poudre sur la blessure dont il a sucé le sang avec adresse, et paroît subitement guéri. Quelquefois on lui présente un chien réputé mort; mais, à l'application d'un instrument, le chien se relève sur ses pattes, et l'on crie au miracle. Ce sont pourtant des hommes intrépides qui se laissent enchanter par des prestiges aussi grossiers. Le Sauvage n'aperçoit dans les jongleries de ses prêtres que l'intervention du Grand-Esprit; il ne rougit point d'invoquer à son aide celui qui a fait la plaie, et qui peut la guérir.

Cependant les femmes ont préparé le festin du départ; ce dernier repas est composé de chair de chien comme le premier. Avant de toucher au mets sacré, le chef s'adresse à l'assemblée :

« MES FRÈRES,

«Je ne suis pas encore un homme, je le sais,
«cependant on n'ignore pas que j'ai vu quelque-
«fois l'ennemi. Nous avons été tués dans la dernière
«guerre; les os de nos compagnons n'ont point été
«garantis des mouches; il les faut aller couvrir.
«Comment avons-nous pu rester si long-temps sur
«nos nattes? Le Manitou de mon courage m'ordonne
«de venger l'homme. Jeunesse, ayez du cœur. »

Le chef entonne la chanson du Manitou des

combats [1] ; les jeunes gens en répètent le refrain. Après le cantique, le chef se retire au sommet d'une éminence, se couche sur une peau, tenant à la main un calumet rouge, dont le fourneau est tourné du côté du pays ennemi. On exécute les danses et les pantomimes de la guerre. La première s'appelle la *danse de la découverte.*

Un Indien s'avance seul et à pas lents au milieu des spectateurs ; il représente le départ des guerriers : on le voit marcher, et puis camper au déclin du jour. L'ennemi est découvert ; on se traîne sur les mains pour arriver jusqu'à lui: attaque, mêlée, prise de l'un, mort de l'autre, retraite précipitée ou tranquille, retour douloureux ou triomphant.

Le guerrier qui exécute cette pantomime y met fin par un chant en son honneur et à la gloire de sa famille.

« Il y a vingt neiges que je fis douze prisonniers :
« il y a dix neiges que je sauvai le chef. Mes ancê-
« tres étoient braves et fameux. Mon grand-père
« étoit la sagesse de la tribu et le rugissement de
« la bataille ; mon père étoit un pin dans sa force.
« Ma trisaïeule fut mère de cinq guerriers ; ma
« grand'mère valoit seule un conseil de sachems ;
« ma mère fait de la sagamité excellente. Moi je suis
« plus fort, plus sage que tous mes aïeux. » C'est la chanson de Sparte : *Nous avons été jadis jeunes, vaillants et hardis.*

[1] Voyez *les Natchez.*

Après ce guerrier, les autres se lèvent et chantent pareillement leurs hauts faits; plus ils se vantent, plus on les félicite : rien n'est noble, rien n'est beau comme eux; ils ont toutes les qualités et toutes les vertus. Celui qui se disoit au-dessus de tout le monde applaudit à celui qui déclare le surpasser en mérite. Les Spartiates avoient encore cette coutume : ils pensoient que l'homme qui se donne en public des louanges prend un engagement de les mériter.

Peu à peu tous les guerriers quittent leur place pour se mêler aux danses; on exécute des marches au bruit du tambourin, du fifre et du chichikoué. Le mouvement augmente; on imite les travaux d'un siége, l'attaque d'une palissade : les uns sautent comme pour franchir un fossé; les autres semblent se jeter à la nage; d'autres présentent la main à leurs compagnons pour les aider à monter à l'assaut. Les casse-têtes retentissent contre les casse-têtes; le chichikoué précipite la marche; les guerriers tirent leurs poignards; ils commencent à tourner sur eux-mêmes, d'abord lentement, ensuite plus vite, et bientôt avec une telle rapidité, qu'ils disparoissent dans le cercle qu'ils décrivent : d'horribles cris percent la voûte du ciel. Le poignard que ces hommes féroces se portent à la gorge avec une adresse qui fait frémir, leur visage noir ou bariolé, leurs habits fantastiques, leurs longs hurlements, tout ce tableau d'une guerre sauvage inspire la terreur.

Épuisés, haletants, couverts de sueur, les acteurs

terminent la danse, et l'on passe à l'épreuve des jeunes gens. On les insulte, on leur fait des reproches outrageants, on répand des cendres brûlantes sur leurs cheveux, on les frappe avec des fouets, on leur jette des tisons à la tête; il leur faut supporter ces traitements avec la plus parfaite insensibilité. Celui qui laisseroit échapper le moindre signe d'impatience seroit déclaré indigne de lever la hache.

Le troisième et dernier banquet du chien sacré couronne ces diverses cérémonies : il ne doit durer qu'une demi-heure. Les guerriers mangent en silence; le chef les préside; bientôt il quitte le festin. A ce signal les convives courent aux bagages, et prennent les armes. Les parents et les amis les environnent sans prononcer une parole; la mère suit des regards son fils occupé à charger les paquets sur les traîneaux; on voit couler des larmes muettes. Des familles sont assises à terre; quelques-unes se tiennent debout; toutes sont attentives aux occupations du départ; on lit, écrite sur tous les fronts, cette même question faite intérieurement par diverses tendresses : « Si je n'allois plus le revoir ? »

Enfin le chef de guerre sort, complétement armé, de sa cabane. La troupe se forme dans l'ordre militaire : le grand jongleur, portant les Manitous, paroît à la tête; le chef de guerre marche derrière lui; vient ensuite le porte-étendard de la première tribu, levant en l'air son enseigne; les hommes de cette tribu suivent leur symbole. Les autres tribus défilent après la première; et tirent les traîneaux chargés des chaudières, des nattes et des sacs de maïs ; des guerriers portent sur leurs épaules, quatre à quatre ou huit à huit, les petits et les grands canots : *les filles peintes* ou les courtisanes, avec leurs enfants, accompagnent l'armée. Elles sont aussi attelées aux traîneaux ; mais au lieu d'avoir le *metump* passé par la poitrine, elles l'ont appliqué sur le front. Le lieutenant général marche seul sur le flanc de la colonne.

Le chef de guerre, après quelques pas faits sur la route, arrête les guerriers et leur dit :

« Bannissons la tristesse : quand on va mourir on « doit être content. Soyez dociles à mes ordres. Celui « qui se distinguera recevra beaucoup de petun. Je « donne ma natte à porter à......, puissant guerrier. « Si moi et mon lieutenant nous sommes mis dans « la chaudière, ce sera..... qui vous conduira. Allons, « frappez-vous les cuisses, et hurlez trois fois. »

Le chef remet alors son sac de maïs et sa natte au guerrier qu'il a désigné, ce qui donne à celui-ci le droit de commander la troupe si le chef et son lieutenant périssent.

La marche recommence : l'armée est ordinairement accompagnée de tous les habitants des villages jusqu'au fleuve ou au lac où l'on doit lancer les canots. Alors se renouvelle la scène des adieux : les guerriers se dépouillent et partagent leurs vêtements entre les membres de leur famille. Il est permis, dans ce dernier moment, d'exprimer tout haut sa douleur : chaque combattant est entouré de ses parents qui lui prodiguent des caresses, le pressent dans leurs bras, l'appellent par les plus doux noms qui soient entre les hommes. Avant de se quitter, peut-être pour jamais, on se pardonne les torts qu'on a pu avoir réciproquement. Ceux qui restent prient les Manitous d'abréger la longueur de l'absence, ceux qui partent invitent la rosée à descendre sur la hutte natale; ils n'oublient pas même, dans leurs souhaits de bonheur, les animaux domestiques, hôtes du foyer paternel. Les canots sont lancés sur le fleuve; on s'y embarque, et la flotte s'éloigne. Les femmes, demeurées au rivage, font de loin les derniers signes de l'amitié à leurs époux, à leurs pères et à leurs fils.

Pour se rendre au pays ennemi, on ne suit pas toujours la route directe; on prend quelquefois le chemin le plus long comme le plus sûr. La marche est réglée par le jongleur, d'après les bons ou les mauvais présages : s'il a observé un chat-huant, on s'arrête. La flotte entre dans une crique; on descend à terre, on dresse une palissade; après quoi, les feux étant allumés, on fait bouillir les chaudières. Le souper fini, le camp est mis sous la garde des esprits. Le chef recommande aux guerriers de tenir auprès d'eux leur casse-tête, et de ne pas ronfler trop fort. On suspend aux palissades les Manitous, c'est-à-dire les souris empaillées, les petits cailloux blancs, les brins de paille, les morceaux d'étoffe rouge, et le jongleur commence la prière :

« Manitous, soyez vigilants : ouvrez les yeux et les
« oreilles. Si les guerriers étoient surpris, cela tour-
« neroit à votre déshonneur. Comment ! diroient les

« sachems, les Manitous de notre nation se sont
« laissé battre par les Manitous de l'ennemi ! Vous
« sentez combien cela seroit honteux ; personne ne
« vous donneroit à manger ; les guerriers rêveroient
« pour obtenir d'autres esprits plus puissants que
« vous. Il est de votre intérêt de faire bonne garde ;
« si on enlevoit notre chevelure pendant notre som-
« meil, ce ne seroit pas nous qui serions blâmables,
« mais vous qui auriez tort. »

Après cette admonition aux Manitous, chacun se retire dans la plus parfaite sécurité, convaincu qu'il n'a pas la moindre chose à craindre.

Des Européens qui ont fait la guerre avec les Sauvages, étonnés de cette étrange confiance, demandoient à leurs campagnons de natte s'ils n'étoient jamais surpris dans leurs campements : « Très « souvent », répondoient ceux-ci. « Ne feriez-vous « pas mieux, dans ce cas, disoient les étrangers, de « poser des sentinelles ? » — « Cela seroit fort bien, » répondoit le Sauvage en se tournant pour dormir. L'Indien se fait une vertu de son imprévoyance et de sa paresse, en se mettant sous la seule protection du ciel.

Il n'a point d'heure fixe pour le repos ou pour le mouvement : que le jongleur s'écrie à minuit qu'il a vu une araignée sur une feuille de saule, il faut partir.

Quand on se trouve dans un pays abondant en gibier, la troupe se disperse ; les bagages et ceux qui les portent restent à la merci du premier parti hostile ; mais deux heures avant le coucher du soleil, tous les chasseurs reviennent au camp avec une justesse et une précision dont les Indiens sont seuls capables.

Si l'on tombe dans le *sentier blazed*, ou le *sentier du commerce*, la dispersion des guerriers est encore plus grande : ce sentier est marqué, dans les forêts, sur le tronc des arbres, entaillés à la même hauteur. C'est le chemin que suivent les diverses nations rouges pour trafiquer les unes avec les autres, ou avec les nations blanches. Il est de droit public que ce chemin demeure neutre; on ne trouble point ceux qui s'y trouvent engagés.

La même neutralité est observée dans le *sentier du sang;* ce sentier est tracé par le feu que l'on a mis aux buissons. Aucune cabane ne s'élève sur ce chemin consacré au passage des tribus dans leurs expéditions lointaines. Les partis même ennemis s'y rencontrent, mais ne s'y attaquent jamais. Violer le sentier *du commerce*, ou celui *du sang*, est une cause immédiate de guerre contre la nation coupable du sacrilége.

Si une troupe trouve endormie une autre troupe avec laquelle elle a des alliances, elle reste debout, en dehors des palissades du camp, jusqu'au réveil des guerriers. Ceux-ci étant sortis de leur sommeil, leur chef s'approche de la troupe voyageuse, lui présente quelques chevelures destinées pour ces occasions, et lui dit : « *Vous avez coup ici;* » ce qui signifie : « Vous pouvez passer, vous êtes nos frères, « votre honneur est à couvert. » Les alliés répondent : « Nous avons coup ici; » et ils poursuivent leur chemin. Quiconque prendroit pour ennemie une tribu amie, et la réveilleroit, s'exposeroit à un reproche d'ignorance et de lâcheté.

Si l'on doit traverser le territoire d'une nation neutre, il faut demander le passage. Une députation se rend, avec le calumet, au principal village de cette nation. L'orateur déclare que l'arbre de paix a été planté par les aïeux; que son ombrage s'étend sur les deux peuples; que la hache est enterrée au pied de l'arbre; qu'il faut éclaircir la chaîne d'amitié et fumer la pipe sacrée. Si le chef de la nation neutre reçoit le calumet et fume, le passage est accordé. L'ambassadeur s'en retourne, toujours dansant, vers les siens.

Ainsi l'on avance vers la contrée où l'on porte la guerre, sans plan, sans précaution, comme sans crainte. C'est le hasard qui donne ordinairement les premières nouvelles de l'ennemi : un chasseur reviendra en hâte déclarer qu'il a rencontré des traces d'homme. On ordonne aussitôt de cesser toute espèce de travaux, afin qu'aucun bruit ne se fasse entendre. Le chef part avec les guerriers les plus expérimentés pour examiner les traces. Les Sauvages, qui entendent les sons à des distances infinies, reconnoissent des empreintes sur d'arides bruyères, sur des rochers nus, où tout autre œil que le leur ne verroit rien. Non-seulement ils découvrent ces vestiges, mais ils peuvent dire quelle tribu indienne les a laissés, et de quelle date ils sont. Si la disjonction des deux pieds est considérable, ce sont des Illinois qui ont passé là; si la marque du talon est profonde et l'impression de l'orteil large, on reconnoît les Outchipouois; si le pied a porté de côté, on est sûr que les Pontonétamis sont en course; si l'herbe est à peine foulée, si son pli est à la cime de la plante et non près de la terre, ce sont les traces fugitives des Hurons; si les pas sont tournés en dehors, s'ils tombent à trente-six pouces l'un de l'autre, des Européens ont marqué leur route; les Indiens marchent la pointe du pied en dedans : les deux pieds sur la même ligne. On juge de l'âge des guerriers par la pesanteur ou la légèreté, le raccourci ou l'allongement du pas.

Quand la mousse ou l'herbe n'est plus humide, les traces sont de la veille; ces traces comptent quatre ou cinq jours quand les insectes courent déjà dans l'herbe ou dans la mousse foulée; elles ont huit, dix ou douze jours lorsque la force végétale du sol a reparu, et que des feuilles nouvelles ont poussé : ainsi quelques insectes, quelques brins d'herbe et quelques jours effacent les pas de l'homme et de sa gloire.

Les traces ayant été bien reconnues, on met l'oreille à terre, et l'on juge, par des murmures que l'ouïe européenne ne peut saisir, à quelle distance est l'ennemi.

Rentré au camp, le chef fait éteindre les feux; il défend la parole, il interdit la chasse; les canots sont tirés à terre et cachés dans les buissons. On fait un grand repas en silence, après quoi on se couche.

La nuit qui suit la première découverte de l'ennemi s'appelle *la nuit des songes*. Tous les guerriers sont obligés de rêver et de raconter le lendemain ce qu'ils ont rêvé, afin que l'on puisse juger du succès de l'entreprise.

Le camp offre alors un singulier spectacle : des Sauvages se lèvent et marchent dans les ténèbres, en murmurant leur chanson de mort, à laquelle ils ajoutent quelques paroles nouvelles, comme celles-ci : « J'avalerai quatre serpents blancs, et j'arrache- « rai les ailes à un aigle roux. » C'est le rêve que le guerrier vient de faire et qu'il entremêle à sa chanson. Ses compagnons sont tenus de deviner ce songe, ou le songeur est dégagé du service. Ici les quatre serpents blancs peuvent être pris pour quatre Européens que le songeur doit tuer, et l'aigle roux, pour un Indien auquel il enlèvera la chevelure.

Un guerrier, dans la *nuit des songes*, augmenta sa chanson de mort de l'histoire d'un chien qui avoit des oreilles de feu; il ne put jamais obtenir l'explication de son rêve, et il partit pour sa cabane. Ces usages, qui tiennent du caractère de l'enfance, pourroient favoriser la lâcheté chez l'Européen; mais chez le Sauvage du nord de l'Amérique ils n'avoient point cet inconvénient : on n'y reconnoissoit qu'un acte de cette volonté libre et bizarre dont l'Indien ne se départ jamais, quel que soit l'homme auquel il se soumet un moment par raison ou par caprice.

Dans la *nuit des songes*, les jeunes gens craignent beaucoup que le jongleur n'ait mal rêvé, c'est-à-dire qu'il n'ait eu peur; car le jongleur, par un seul songe, peut faire rebrousser chemin à l'armée, eût-elle marché deux cents lieues. Si quelque guerrier a cru voir les esprits de ses pères, ou s'il s'est figuré entendre leur voix, il oblige aussi le camp à la retraite. L'indépendance absolue et la religion sans lumière gouvernent les actions des Sauvages.

Aucun rêve n'ayant dérangé l'expédition, elle se remet en route. Les *femmes peintes* sont laissées derrière avec les canots ; on envoie en avant une vingtaine de guerriers choisis entre ceux qui ont fait le serment des amis [1]. Le plus grand ordre et le plus profond silence règnent dans la troupe ; les guerriers cheminent à la file, de manière que celui qui suit pose le pied dans l'endroit quitté par le pied de celui qui précède : on évite ainsi la multiplicité des traces. Pour plus de précaution, le guerrier qui ferme la marche répand des feuilles mortes et de la poussière derrière lui. Le chef est à la tête de la colonne. Guidé par les vestiges de l'ennemi, il parcourt leurs sinuosités à travers les buissons, comme un limier sagace. De temps en temps on fait halte et l'on prête une oreille attentive. Si la chasse est l'image de la guerre parmi les Européens, chez les Sauvages la guerre est l'image de la chasse : l'Indien apprend, en poursuivant les hommes, à découvrir les ours. Le plus grand général dans l'état de nature, est le plus fort et le plus vigoureux chasseur ; les qualités intellectuelles, les combinaisons savantes, l'usage perfectionné du jugement, font, dans l'état social, les grands capitaines.

---

[1] Voyez *les Natchez*.

Les coureurs envoyés à la découverte rapportent quelquefois des paquets de roseaux nouvellement coupés; ce sont des défis ou des cartels. On compte les roseaux : leur nombre indique celui des ennemis. Si les tribus qui portoient autrefois ces défis étoient connues, comme celle des Hurons, pour leur franchise militaire, les paquets de jonc disoient exactement la vérité; si, au contraire, elles étoient renommées, comme celle des Iroquois, pour leur génie politique, les roseaux augmentoient ou diminuoient la force numérique des combattants.

L'emplacement d'un camp que l'ennemi a occupé la veille vient-il à s'offrir, on l'examine avec soin : selon la construction des huttes, les chefs reconnoissent les différentes tribus de la même nation et leurs différents alliés. Les huttes qui n'ont qu'un seul poteau à l'entrée sont celles des Illinois. L'addition d'une seule perche, son inclinaison plus ou moins forte, devient un indice. Les ajouppas ronds sont ceux des Outouois. Une hutte dont le toit est plat et exhaussé annonce des *Chairs blanches*. Il arrive quelquefois que les ennemis, avant d'être rencontrés par la nation qui les cherche, ont battu un parti allié de cette nation : pour intimider ceux qui sont à leur poursuite, ils laissent derrière eux un monument de leur victoire. On trouva un jour un large bouleau dépouillé de son écorce. Sur l'aubier nu et blanc étoit tracé un ovale où se détachoient, en noir et en rouge, les figures suivantes : un ours, une feuille de bouleau rongée par un papillon, dix cercles et quatre nattes, un oiseau volant, une lune sur des gerbes de maïs, un canot et trois ajouppas, un pied d'homme et vingt huttes, un hibou et un soleil à son couchant, un hibou, trois cercles et un homme couché, un casse-tête et trente têtes rangées sur une ligne droite, deux hommes debout sur un petit cercle, trois têtes dans un arc avec trois lignes.

L'ovale avec des hiéroglyphes désignoit un chef illinois appelé Atabou; on le reconnoissoit par les marques particulières qui étoient celles qu'il avoit au visage; l'ours étoit le Manitou de ce chef; la feuille de bouleau rongée par un papillon représentoit le symbole national des Illinois; les dix cercles nombroient mille guerriers, chaque cercle étant posé pour cent; les quatre nattes proclamoient quatre avantages obtenus; l'oiseau volant marquoit le départ des Illinois; la lune sur des herbes de maïs signifioit que ce départ avoit eu lieu dans la lune du blé vert; le canot et les trois ajouppas racontoient que les mille guerriers avoient voyagé trois jours par eau; le pied d'homme et les vingt huttes dénotoient vingt jours de marche par terre; le hibou étoit le symbole des Chicassas; le soleil à son couchant montroit que les Illinois étoient arrivés à l'ouest du camp des Chicassas; le hibou, les trois cercles et l'homme couché, disoient que trois cents Chicassas avoient été surpris pendant la nuit; le casse-tête et les trente têtes rangées sur une ligne droite déclaroient que les Illinois avoient tué trente Chicassas. Les deux hommes debout sur un petit cercle annonçoient qu'ils emmenoient vingt prisonniers; les trois têtes dans l'arc comptoient trois morts du côté des Illinois, et les trois lignes indiquoient trois blessés.

Un chef de guerre doit savoir expliquer avec rapidité et précision ces emblèmes; et par les connoissances qu'il a de la force et des alliances de l'ennemi, il doit juger du plus ou moins d'exactitude historique de ces trophées. S'il prend le parti d'avancer, malgré les victoires vraies ou prétendues de l'ennemi, il se prépare au combat.

De nouveaux investigateurs sont dépêchés. Ils s'avancent en se courbant le long des buissons, et quelquefois en se traînant sur les mains. Ils montent sur les plus hauts arbres; quand ils ont découvert les huttes hostiles, il se hâtent de revenir au camp, et de rendre compte au chef de la position de l'ennemi. Si cette position est forte, on examine par quel stratagème on pourra la lui faire abandonner.

Un des stratagèmes les plus communs est de contrefaire le cri des bêtes fauves. Des jeunes gens se dispersent dans les taillis, imitant le bramement des cerfs, le mugissement des buffles, le glapissement des renards. Les Sauvages sont accoutumés à cette ruse; mais telle est leur passion pour la chasse, et telle est la parfaite imitation de la voix des animaux, qu'ils sont continuellement pris à ce leurre. Ils sortent de leur camp, et tombent dans des embuscades. Ils se rallient, s'ils le peuvent, sur un terrain défendu par des obstacles naturels, tels qu'une chaussée dans un marais, une langue de terre entre deux lacs.

Cernés dans ce poste, on les voit alors, au lieu de chercher à se faire jour, s'occuper paisiblement de différents jeux, comme s'ils étoient dans leurs villages. Ce n'est jamais qu'à la dernière extrémité que deux troupes d'Indiens se déterminent à une attaque de vive force; elles aiment mieux lutter de patience et de ruse; et comme ni l'une ni l'autre n'a de provisions, ou ceux qui bloquent un défilé sont contraints à la retraite, ou ceux qui y sont enfermés sont obligés de s'ouvrir un passage.

La mêlée est épouvantable; c'est un grand duel comme dans les combats antiques : l'homme voit l'homme. Il y a dans le regard humain animé par la colère quelque chose de contagieux, de terrible qui se communique. Les cris de mort, les chansons de guerre, les outrages mutuels font retentir le champ de bataille; les guerriers s'insultent comme les héros d'Homère; ils se connoissent tous par leur nom : « Ne te souvient-il plus, se disent-ils, du jour « où tu désirois que tes pieds eussent la vitesse du « vent pour fuir devant ma flèche? Vieille femme! te « ferai-je apporter de la sagamité nouvelle, et de la « cassine brûlante dans le nœud du roseau? — Chef « babillard, à la large bouche! répondent les autres, « on voit bien que tu es accoutumé à porter le jupon; « ta langue est comme la feuille du tremble; elle « remue sans cesse. »

Les combattants se reprochent ainsi leurs imperfections naturelles : ils se donnent le nom de boiteux, de louche, de petit; ces blessures faites à l'amour-propre augmentent leur rage. L'affreuse coutume de scalper l'ennemi augmente la férocité du combat. On met le pied sur le cou du vaincu : de la main gauche on saisit le toupet de cheveux que les Indiens gardent sur le sommet de la tête ; de la main droite on trace, à l'aide d'un étroit couteau, un cercle dans le crâne, autour de la chevelure : ce trophée est souvent enlevé avec tant d'adresse, que la cervelle reste à découvert sans avoir été entamée par la pointe de l'instrument.

Lorsque deux partis ennemis se présentent en rase campagne, et que l'un est plus foible que l'autre, le plus foible creuse des trous dans la terre ; il y descend et s'y bat, ainsi que dans ces villes de guerre dont les ouvrages, presque de niveau avec le sol, présentent peu de surface au boulet. Les assiégeants lancent leurs flèches comme des bombes, avec tant de justesse, qu'elles retombent sur la tête des assiégés.

Des honneurs militaires sont décernés à ceux qui ont abattu le plus d'ennemis : on leur permet de porter des plumes de killiou. Pour éviter les injustices, les flèches de chaque guerrier portent une marque particulière : en les retirant du corps de la victime, on connoît la main qui les a lancées.

L'arme à feu ne peut rendre témoignage de la gloire de son maître. Lorsque l'on tue avec la balle, le casse-tête ou la hache, c'est par le nombre des chevelures enlevées que les exploits sont comptés.

Pendant le combat, il est rare que l'on obéisse au chef de guerre, qui lui-même ne cherche qu'à se distinguer personnellement. Il est rare que les vainqueurs poursuivent les vaincus : ils restent sur le champ de bataille à dépouiller les morts, à lier les prisonniers, à célébrer le triomphe par des danses et des chants : on pleure les amis que l'on a perdus : leurs corps sont exposés avec de grandes lamentations sur les branches des arbres : les corps des ennemis demeurent étendus dans la poussière.

Un guerrier détaché du camp porte à la nation la nouvelle de la victoire et du retour de l'armée [1] : les vieillards s'assemblent; le chef de guerre fait au conseil le rapport de l'expédition : d'après ce rapport on se détermine à continuer la guerre ou à négocier la paix.

Si l'on se décide à la paix, les prisonniers sont conservés comme moyen de la conclure : si l'on s'obstine à la guerre, les prisonniers sont livrés au supplice. Qu'il me soit permis de renvoyer les lecteurs à l'épisode d'*Atala* et aux *Natchez* pour le détail. Les femmes se montrent ordinairement cruelles dans ces vengeances : elles déchirent les prisonniers avec leurs ongles, les percent avec les instruments des travaux domestiques, et apprêtent le repas de leur chair. Ces chairs se mangent grillées ou bouillies; et les cannibales connoissent les parties les plus succulentes de la victime. Ceux qui ne dévorent pas leurs ennemis, du moins boivent leur sang, et s'en barbouillent la poitrine et le visage.

Mais les femmes ont aussi un beau privilége : elles peuvent sauver les prisonniers en les adop-

---

[1] Ce retour est décrit dans le xie livre des *Natchez*.

tant pour frères ou pour maris, surtout si elles ont perdu des frères ou des maris dans le combat. L'adoption confère les droits de la nature : il n'y a point d'exemple qu'un prisonnier adopté ait trahi la famille dont il est devenu membre, et il ne montre pas moins d'ardeur que ses nouveaux compatriotes en portant les armes contre son ancienne nation ; de là les aventures les plus pathétiques. Un père se trouve assez souvent en face d'un fils : si le fils terrasse le père, il le laisse aller une première fois ; mais il lui dit : « Tu m'as donné la vie, je te la « rends : nous voilà quittes. Ne te présente plus de- « vant moi, car je t'enlèverois la chevelure. »

Toutefois les prisonniers adoptés ne jouissent pas d'une sûreté complète. S'il arrive que la tribu où ils servent fasse quelque perte, on les massacre : telle femme qui avoit pris soin d'un enfant, le coupe en deux d'un coup de hache.

Les Iroquois, renommés d'ailleurs pour leur cruauté envers les prisonniers de guerre, avoient un usage qu'on auroit dit emprunté des Romains, et qui annonçoit le génie d'un grand peuple : ils incorporoient la nation vaincue dans leur nation sans la rendre esclave ; ils ne la forçoient même pas d'adopter leurs lois ; ils ne la soumettoient qu'à leurs mœurs.

Toutes les tribus ne brûloient pas leurs prisonniers ; quelques-unes se contentoient de les réduire en servitude. Les sachems, rigides partisans des vieilles coutumes, déploroient cette humanité, dégénération, selon eux, de l'ancienne vertu. Le christianisme, en se répandant chez les Indiens, avoit contribué à adoucir des caractères féroces. C'étoit au nom d'un Dieu sacrifié par les hommes que les missionnaires obtenoient l'abolition des sacrifices humains : ils plantoient la croix à la place du poteau du supplice, et le sang de Jésus-Christ rachetoit le sang du prisonnier.

RELIGION.

Lorsque les Européens abordèrent en Amérique, ils trouvèrent parmi les Sauvages des croyances religieuses presque effacées aujourd'hui. Les peuples de la Floride et de la Louisiane adoroient presque tous le soleil, comme les Péruviens et les Mexicains. Ils avoient des temples, des prêtres ou jongleurs, des sacrifices; ils mêloient seulement à ce culte du midi le culte et les traditions de quelque divinité du nord.

Les sacrifices publics avoient lieu au bord des fleuves; ils se faisoient aux changements de saison, ou à l'occasion de la paix ou de la guerre. Les sacrifices particuliers s'accomplissoient dans les huttes. On jetoit au vent les cendres profanes, et l'on allumoit un feu nouveau. L'offrande aux bons et aux mauvais génies consistoit en peaux de bêtes, ustensiles de ménage, armes, colliers, le tout de peu de valeur.

Mais une superstition commune à tous les Indiens, et pour ainsi dire la seule qu'ils aient conservée, c'étoit celle des *Manitous*. Chaque Sauvage a son Manitou, comme chaque Nègre a son fétiche : c'est un oiseau, un poisson, un quadrupède, un reptile, une pierre, un morceau de bois, un lambeau d'étoffe, un objet coloré, un ornement américain ou européen. Le chasseur prend soin de ne tuer ni blesser l'animal qu'il a choisi pour Manitou : quand ce malheur lui arrive, il cherche par tous les moyens possibles à apaiser les mânes du dieu mort; mais il n'est parfaitement rassuré que quand il a *rêvé* un autre Manitou.

Les songes jouent un grand rôle dans la religion du Sauvage; leur interprétation est une science, et leurs illusions sont tenues pour des réalités. Chez les peuples civilisés c'est souvent le contraire : les réalités sont des illusions.

Parmi les nations indigènes du Nouveau-Monde le dogme de l'immortalité de l'âme n'est pas distinctement exprimé, mais elles en ont toutes une idée confuse, comme le témoignent leurs usages, leurs fables, leurs cérémonies funèbres, leur piété envers les morts. Loin de nier l'immortalité de l'âme, les Sauvages la multiplient : ils semblent l'accorder aux âmes des bêtes, depuis l'insecte, le reptile, le poisson et l'oiseau, jusqu'au plus grand quadrupède. En effet, des peuples qui voient et qui entendent partout des *esprits* doivent naturellement supposer qu'ils en portent un en eux-mêmes, et que les êtres animés, compagnons de leur solitude, ont aussi leurs intelligences divines.

Chez les nations du Canada, il existoit un système complet de fables religieuses, et l'on remarquoit, non sans étonnement, dans ces fables, des traces des fictions grecques et des vérités bibliques.

Le Grand-Lièvre assembla un jour sur les eaux sa cour composée de l'orignal, du chevreuil, de l'ours et des autres quadrupèdes. Il tira un grain de sable du fond du grand lac, et il en forma la terre. Il créa ensuite les hommes des corps morts des divers animaux.

Une autre tradition fait d'Areskoui ou d'Agresgoué, dieu de la guerre, l'Être suprême ou le Grand-Esprit.

Le Grand-Lièvre fut traversé dans ses desseins; le dieu des eaux, Michabou, surnommé le Grand-Chat-Tigre, s'opposa à l'entreprise du Grand-Lièvre; celui-ci ayant à combattre Michabou ne put créer que six hommes : un de ces hommes monta au ciel; il eut commerce avec la belle Athaënsic, divinité des vengeances. Le Grand-Lièvre s'apercevant qu'elle étoit enceinte, la précipita d'un coup de pied sur la terre: elle tomba sur le dos d'une tortue.

Quelques jongleurs prétendent qu'Athaënsic eut deux fils, dont l'un tua l'autre; mais on croit généralement qu'elle ne mit au monde qu'une fille, laquelle devint mère de Tahouet-Saron et de Jouskeka. Jouskeka tua Tahouet-Saron.

Athaënsic est quelquefois prise pour la lune, et

Jouskeka pour le soleil. Areskoui, dieu de la guerre, devient aussi le soleil. Parmi les Natchez, Athaënsic, déesse de la vengeance, étoit la *femme-chef* des mauvais Manitous, comme Jouskeka étoit la *femme-chef* des bons.

A la troisième génération, la race de Jouskeka s'éteignit presque tout entière : le Grand-Esprit envoya un déluge. Messou, autrement Saketchak, voyant ce débordement, député un corbeau pour s'enquérir de l'état des choses, mais le corbeau s'acquitta mal de sa commission; alors Messou fit partir le rat musqué, qui lui apporta un peu de limon. Messou rétablit la terre dans son premier état; il lança des flèches contre le tronc des arbres qui restoient encore debout, et ces flèches devinrent des branches. Il épousa ensuite, par reconnoissance, une femelle du rat musqué : de ce mariage naquirent tous les hommes qui peuplent aujourd'hui le monde.

Il y a des variantes à ces fables : selon quelques autorités, ce ne fut pas Messou qui fit cesser l'inondation, mais la tortue sur laquelle Athaënsic tomba du ciel : cette tortue, en nageant, écarta les eaux avec ses pattes, et découvrit la terre. Ainsi c'est la vengeance qui est la mère de la nouvelle race des hommes.

Le Grand-Castor est, après le Grand-Lièvre, le plus puissant des Manitous : c'est lui qui a formé le lac Nipissingue : les cataractes que l'on trouve dans la rivière des Ontaouois, qui sort du Nipissingue, sont les restes des chaussées que le Grand-

Castor avoit construites pour former ce lac; mais il mourut au milieu de son entreprise. Il est enterré au haut d'une montagne à laquelle il a donné sa forme. Aucune nation ne passe au pied de son tombeau sans fumer en son honneur.

Michabou, dieu des eaux, est né à Méchillinakinac, sur le détroit qui joint le lac Huron au lac Michigan. De là il se transporta au Détroit, jeta une digue au saut Sainte-Marie, et, arrêtant les eaux du lac Alimipigon, il fit le lac Supérieur pour prendre des castors. Michabou apprit de l'araignée à tisser des filets, et il enseigna ensuite le même art aux hommes.

Il y a des lieux où les génies se plaisent particulièrement. A deux journées au-dessous du saut Antoine, on voit la grande Wakon-Teebe (la caverne du Grand-Esprit): elle renferme un lac souterrain d'une profondeur inconnue; lorsqu'on jette une pierre dans ce lac, le Grand-Lièvre fait entendre une voix redoutable. Des caractères sont gravés par les esprits sur la pierre de la voûte.

Au soleil couchant du lac Supérieur sont des montagnes formées de pierres qui brillent comme la glace des cataractes en hiver. Derrière ces montagnes s'étend un lac bien plus grand que le lac Supérieur. Michabou aime particulièrement ce lac et ces montagnes[1]. Mais c'est au lac Supérieur que le Grand-Esprit a fixé sa résidence; on l'y voit se promener au clair de la lune: il se plaît aussi à cueillir

---

[1] Cette ancienne tradition d'une chaîne de montagnes et d'un lac immense situé au nord-ouest du lac Supérieur indique assez les montagnes Rocheuses et l'océan Pacifique.

le fruit d'un groseillier qui couvre la rive méridionale du lac. Souvent, assis sur la pointe d'un rocher, il déchaîne les tempêtes. Il habite dans le lac une île qui porte son nom : c'est là que les âmes des guerriers tombés sur le champ de bataille se rendent pour jouir du plaisir de la chasse.

Autrefois, du milieu du lac Sacré émergeoit une montagne de cuivre que le Grand-Esprit a enlevée et transportée ailleurs depuis long-temps; mais il a semé sur le rivage des pierres du même métal qui ont une vertu singulière : elles rendent invisibles ceux qui les portent. Le Grand-Esprit ne veut pas qu'on touche à ces pierres. Un jour des Algonquins furent assez téméraires pour en enlever une; à peine étoient-ils rentrés dans leurs canots, qu'un Manitou de plus de soixante coudées de hauteur, sortant du fond d'une forêt, les poursuivit : les vagues lui alloient à peine à la ceinture; il obligea les Algonquins de jeter dans les flots le trésor qu'ils avoient ravi.

Sur les bords du lac Huron, le Grand-Esprit a fait chanter le lièvre blanc comme un oiseau, et donné la voix d'un chat à l'oiseau bleu.

Athaënsic a planté dans les îles du lac Érié *l'herbe à la puce* : si un guerrier regarde cette herbe, il est saisi de la fièvre; s'il la touche, un feu subtil court sur sa peau. Athaënsic planta encore au bord du lac Érié le cèdre blanc pour détruire la race des hommes : la vapeur de l'arbre fait mourir l'enfant dans le sein de la jeune mère, comme la pluie fait couler la grappe sur la vigne.

Le Grand-Lièvre a donné la sagesse au chat-huant

du lac Érié. Cet oiseau fait la chasse aux souris pendant l'été; il les mutile et les emporte toutes vivantes dans sa demeure, où il prend soin de les engraisser pour l'hiver. Cela ne ressemble pas trop mal aux maîtres des peuples.

A la cataracte du Niagara habite le Génie redoutable des Iroquois.

Auprès du lac Ontario, des ramiers mâles se précipitent le matin dans la rivière Gennessé; le soir ils sont suivis d'un pareil nombre de femelles; ils vont chercher la belle Endaé, qui fut retirée de la contrée des âmes par le chant de son époux.

Le petit oiseau du lac Ontario fait la guerre au serpent noir. Voici ce qui a donné lieu à cette guerre.

Hondioun étoit un fameux chef des Iroquois constructeurs de cabanes. Il vit la jeune Almilao, et il fut étonné. Il dansa trois fois de colère, car Almilao étoit fille de la nation des Hurons, ennemis des Iroquois. Hondioun retourna à sa hutte en disant : « C'est égal; » mais l'âme du guerrier ne parloit pas ainsi.

Il demeura couché sur la natte pendant deux soleils, il ne put dormir : au troisième soleil il ferma les yeux, et vit un ours dans ses songes. Il se prépara à la mort.

Il se lève, prend ses armes, traverse les forêts, et arrive à la hutte d'Almilao, dans le pays des ennemis. Il faisoit nuit.

Almilao entend marcher dans sa cabane; elle dit : « Akouessan, assieds-toi sur ma natte. » Handioun s'assit sans parler sur la natte. Athaënsic et sa rage étoient dans son cœur. Almilao jette un bras autour du guerrier iroquois sans le connoître, et cherche ses lèvres. Hondioun l'aima comme la lune.

Akouessan l'Abénaquis, allié des Hurons, arrive; il s'approche dans les ténèbres : les amants dormoient. Il se glisse auprès d'Almilao, sans apercevoir Hondioun roulé dans les peaux de la couche. Akouessan enchanta le sommeil de sa maîtresse.

Hondioun s'éveille, étend la main, touche la chevelure d'un guerrier. Le cri de guerre ébranle la cabane. Les sachems des Hurons accourent. Akouessan l'Abénaquis n'étoit plus.

Hondioun, le chef iroquois, est attaché au poteau des prisonniers; et chante sa chanson de mort; il appelle Almilao au milieu du feu, et invite la fille huronne à lui dévorer le cœur. Celle-ci pleuroit et surioit : la vie et la mort étoient sur ses lèvres.

Le Grand Lièvre fit entrer l'âme d'Hondioun dans le serpent noir, et celle d'Almilao dans le petit oiseau du lac Ontario. Le petit oiseau attaque le serpent noir, et l'étend mort d'un coup de bec. Akouessan fut changé en homme marin.

Le Grand-Lièvre fit une grotte de marbre noir et vert dans le pays des Abénaquis; il planta un arbre dans le lac salé (la mer), à l'entrée de la grotte. Tous les efforts des Chairs blanches n'ont jamais pu arracher cet arbre. Lorsque la tempête souffle sur le lac sans rivage, le Grand-Lièvre descend du rocher bleu, et vient pleurer sous l'arbre Hondioun, Almilao et Akouessan.

C'est ainsi que les fables des Sauvages amènent

le voyageur du fond des lacs du Canada aux rivages de l'Atlantique. Moïse, Lucrèce et Ovide sembloient avoir légué à ces peuples, le premier sa tradition, le second sa mauvaise physique, le troisième ses métamorphoses. Il y avoit dans tout cela assez de religion, de mensonge et de poésie pour s'instruire, s'égarer et se consoler.

GOUVERNEMENT.

LES NATCHEZ.

Despotisme dans l'état de nature.

PRESQUE toujours on a confondu l'état de nature avec l'état sauvage : de cette méprise il est arrivé qu'on s'est figuré que les Sauvages n'avoient point de gouvernement, que chaque famille étoit simplement conduite par son chef ou par son père; qu'une chasse ou une guerre réunissoit occasionnellement les familles dans un intérêt commun; mais que cet intérêt satisfait, les familles retournoient à leur isolement et à leur indépendance.

Ce sont là de notables erreurs. On retrouve parmi les Sauvages le type de tous les gouvernements connus des peuples civilisés, depuis le despotisme jusqu'à la république, en passant par la monarchie limitée ou absolue, élective ou héréditaire.

Les Indiens de l'Amérique septentrionale connoissent les monarchies et les républiques représentatives ; le fédéralisme étoit une des formes politiques les plus communes employées par eux : l'étendue de leur désert avoit fait pour la science de leurs gouvernements ce que l'excès de la population a produit pour les nôtres.

L'erreur où l'on est tombé relativement à l'existence politique du gouvernement sauvage est d'autant plus singulière, que l'on auroit dû être éclairé par l'histoire des Grecs et des Romains : à la naissance de leur empire ils avoient des institutions très compliquées.

Les lois politiques naissent chez les hommes avant les lois civiles, qui sembleroient néanmoins devoir précéder les premières ; mais il est de fait que le *pouvoir* s'est réglé avant le *droit*, parce que les hommes ont besoin de se défendre contre l'arbitraire avant de fixer les rapports qu'ils ont entre eux.

Les lois politiques naissent spontanément avec l'homme, et s'établissent sans antécédents ; on les rencontre chez les hordes les plus barbares.

Les lois civiles, au contraire, se forment par les usages : ce qui étoit une coutume religieuse pour le mariage d'une fille et d'un garçon, pour la naissance d'un enfant, pour la mort d'un chef de famille, se transforme en loi par le laps de temps. La propriété particulière, inconnue des peuples chasseurs, est encore une source de lois civiles qui manquent à l'état de nature. Aussi n'existoit-il point chez les Indiens de l'Amérique septentrionale de code de délits et de peines. Les crimes contre les choses et les personnes étoient punis par la famille, non par la loi. La vengeance étoit la justice : le droit naturel poursuivoit, chez l'homme sauvage, ce que le droit public atteint chez l'homme policé.

Rassemblons d'abord les traits communs à tous les gouvernements des Sauvages, puis nous entrerons dans le détail de chacun de ces gouvernements.

Les nations indiennes sont divisées en tribus; chaque tribu a un chef héréditaire différent du chef militaire, qui tire son droit de l'élection, comme chez les anciens Germains.

Les tribus portent un nom particulier : la tribu de l'Aigle, de l'Ours, du Castor, etc. Les emblèmes qui servent à distinguer les tribus deviennent des enseignes à la guerre, des sceaux au bas des traités.

Les chefs des tribus et des divisions de tribus tirent leurs noms de quelque qualité, de quelque défaut de leur esprit ou de leur personne, de quelque circonstance de leur vie. Ainsi l'un s'appelle *le bison blanc*, l'autre *la jambe cassée*, *la bouche plate*, *le jour sombre*, *le dardeur*, *la belle voix*, *le tueur de castors*, *le cœur de feu*, etc.

Il en fut ainsi dans la Grèce : à Rome, Coclès tira son nom de ses yeux rapprochés, ou de la perte de son œil, et Cicéron, de la verrue ou de l'industrie de son aïeul. L'histoire moderne compte ses rois et ses guerriers, *Chauve*, *Bègue*, *Roux*, *Boiteux*, *Martel* ou *marteau*, *Capet* ou *grosse-tête*, etc.

Les conseils des nations indiennes se composent des chefs des tribus, des chefs militaires, des matrones, des orateurs, des prophètes ou jongleurs, des médecins ; mais ces conseils varient selon la constitution des peuples.

Le spectacle d'un conseil de Sauvages est très pittoresque. Quand la cérémonie du calumet est achevée, un orateur prend la parole. Les membres du conseil sont assis ou couchés à terre dans diverses attitudes : les uns, tout nus, n'ont pour s'envelopper qu'une peau de buffle; les autres, tatoués de la tête aux pieds, ressemblent à des statues égyptiennes; d'autres entremêlent à des ornements sauvages, à des plumes, à des becs d'oiseau, à des griffes d'ours, à des cornes de buffle, à des os de castors, à des dents de poisson, entremêlent, dis-je, des ornements européens. Les visages sont bariolés de diverses couleurs, ou peinturés de blanc ou de noir. On écoute attentivement l'orateur; chacune de ses pauses est accueillie par le cri d'applaudissement, *oah! oah!*

Des nations aussi simples ne devroient avoir rien à débattre en politique; cependant il est vrai qu'aucun peuple civilisé ne traite plus de choses à la fois. C'est une ambassade à envoyer à une tribu pour la féliciter de ses victoires, un pacte d'alliance à conclure ou à renouveler, une explication à demander sur la violation d'un territoire, une députation à faire partir pour aller pleurer sur la mort d'un chef, un suffrage à donner dans une diète, un chef à élire, un compétiteur à écarter, une médiation à offrir ou à accepter pour faire poser les armes à deux peuples, une balance à maintenir, afin que telle nation ne devienne pas trop forte et ne menace pas la liberté des autres. Toutes ces affaires sont discutées avec ordre; les raisons pour et contre sont déduites avec clarté. On a connu des sachems qui possédoient à fond toutes ces matières, et qui parloient avec une profondeur de vue et de jugement dont peu d'hommes d'État en Europe seroient capables.

Les délibérations du conseil sont marquées dans des colliers de diverses couleurs, archives de l'État qui renferment les traités de guerre, de paix et d'alliance, avec toutes les conditions et clauses de ces traités. D'autres colliers contiennent les harangues prononcées dans les divers conseils. J'ai mentionné ailleurs la mémoire artificielle dont usoient les Iroquois pour retenir un long discours. Le travail se partageoit entre des guerriers qui, au moyen de quelques osselets, apprenoient par cœur, ou plutôt écrivoient dans leur mémoire la partie du discours qu'ils étoient chargés de reproduire [1].

Les arrêtés des sachems sont quelquefois gravés sur des arbres en signes énigmatiques. Le temps, qui ronge nos vieilles chroniques, détruit également celles des Sauvages, mais d'une autre manière; il étend une nouvelle écorce sur le papyrus qui garde l'histoire de l'Indien : au bout d'un petit nombre d'années, l'Indien et son histoire ont disparu à l'ombre du même arbre.

[1] On peut voir dans *les Natchez* la description d'un conseil de Sauvages, tenu sur le rocher du Lac : les détails en sont rigoureusement historiques.

Passons maintenant à l'histoire des institutions particulières des gouvernements indiens, en commençant par le despotisme.

Il faut remarquer d'abord que partout où le despotisme est établi, règne une espèce de civilisation *physique,* telle qu'on la trouve chez la plupart des peuples de l'Asie, et telle qu'elle existoit au Pérou et au Mexique. L'homme qui ne peut plus se mêler des affaires publiques, et qui livre sa vie à un maître comme une brute ou comme un enfant, a tout le temps de s'occuper de son bien-être matériel. Le système de l'esclavage soumettant à cet homme d'autres bras que les siens, ces machines labourent son champ, embellissent sa demeure, fabriquent ses vêtements et préparent son repas. Mais, parvenue à un certain degré, cette civilisation du despotisme reste stationnaire; car le tyran supérieur, qui veut bien permettre quelques tyrannies particulières, conserve toujours le droit de vie et de mort sur ses sujets, et ceux-ci ont soin de se renfermer dans une médiocrité qui n'excite ni la cupidité ni la jalousie du pouvoir.

Sous l'empire du despotisme, il y a donc commencement de luxe et d'administration, mais dans une mesure qui ne permet pas à l'industrie de se développer, ni au génie de l'homme d'arriver à la liberté par les lumières.

Ferdinand de Soto trouva des peuples de cette nature dans les Florides, et vint mourir au bord du Mississipi. Sur ce grand fleuve s'étendoit la domination des Natchez. Ceux-ci étoient originaires du

Mexique, qu'ils ne quittèrent qu'après la chute du trône de Montezume. L'époque de l'émigration des Natchez concorde avec celle des Chicassais, qui venoient du Pérou, également chassés de leur terre natale par l'invasion des Espagnols.

Un chef surnommé *le Soleil* gouvernoit les Natchez : ce chef prétendoit descendre de l'astre du jour. La succession au trône avoit lieu par les femmes : ce n'étoit pas le fils même du Soleil qui lui succédoit, mais le fils de sa sœur ou de sa plus proche parente. Cette *Femme-Chef,* tel étoit son nom, avoit avec le Soleil une garde de jeunes gens appelés *Allouez*.

Les dignitaires au-dessous du Soleil étoient les deux chefs de guerre, les deux prêtres, les deux officiers pour les traités, l'inspecteur des ouvrages et des greniers publics, homme puissant, appelé le *Chef de la farine,* et les quatre maîtres des cérémonies.

La récolte, faite en commun et mise sous la garde du Soleil, fut dans l'origine la cause principale de l'établissement de la tyrannie. Seul dépositaire de la fortune publique, le monarque en profita pour se faire des créatures : il donnoit aux uns aux dépens des autres ; il inventa cette hiérarchie de places qui intéressent une foule d'hommes au pouvoir, par la complicité dans l'oppression. Le Soleil s'entoura de satellites prêts à exécuter ses ordres. Au bout de quelques générations, des classes se formèrent dans l'État : ceux qui descendoient des généraux ou des officiers des Allouez se prétendirent nobles; on les crut. Alors furent inventées une multitude de lois : chaque individu se vit obligé de porter au Soleil une partie de sa chasse ou de sa pêche. Si celui-ci commandoit tel ou tel travail, on étoit tenu de l'exécuter sans en recevoir de salaire. En imposant la corvée, le Soleil s'empara du droit de juger. « Qu'on me defasse de ce chien, » disoit-il, et ses gardes obéissoient.

Le despotisme du Soleil enfanta celui de la Femme-Chef, et ensuite celui des nobles. Quand une nation devient esclave, il se forme une chaîne de tyrans depuis la première classe jusqu'à la dernière. L'arbitraire du pouvoir de la Femme-Chef prit le caractère du sexe de cette souveraine; il se porta du côté des mœurs. La Femme-Chef se crut maîtresse de prendre autant de maris et d'amants qu'elle le voulut; elle faisoit ensuite étrangler les objets de ses caprices. En peu de temps il fut admis que le jeune Soleil, en parvenant au trône, pouvoit faire étrangler son père, lorsque celui-ci n'étoit pas noble.

Cette corruption de la mère de l'héritier du trône descendit aux autres femmes. Les nobles pouvoient abuser des vierges, et même des jeunes épouses, dans toute la nation. Le Soleil avoit été jusqu'à ordonner une prostitution générale des femmes, comme cela se pratiquoit à certaines initiations babyloniennes.

A tous ces maux il n'en manquoit plus qu'un, la superstition : les Natchez en furent accablés. Les prêtres s'étudièrent à fortifier la tyrannie par la dégradation de la raison du peuple. Ce devint un

honneur insigne, une action méritoire pour le ciel
que de se tuer sur le tombeau d'un noble; il y avoit
des chefs dont les funérailles entraînoient le massacre de plus de cent victimes. Ces oppresseurs
sembloient n'abandonner le pouvoir absolu dans la
vie que pour hériter de la tyrannie de la mort : on
obéissoit encore à un cadavre, tant on étoit façonné
à l'esclavage! Bien plus, on sollicitoit quelquefois,
dix ans d'avance, l'honneur d'accompagner le Soleil
au pays des âmes. Le ciel permettoit une justice : ces
mêmes Allouez, par qui la servitude avoit été fon-
dée, recueilloient le fruit de leurs œuvres; l'opinion
les obligeoit de se percer de leur poignard aux ob-
sèques de leur maître; le suicide devenoit le digne
ornement de la pompe funèbre du despotisme. Mais
que servoit au souverain des Natchez d'emmener
sa garde au-delà de la vie ? pouvoit-elle le défendre
contre l'éternel vengeur des opprimés ?

Une Femme-Chef étant morte, son mari, qui
n'étoit pas noble, fut étouffé. La fille aînée de la
Femme-Chef, qui lui succédoit en dignité, ordonna
l'étranglement de douze enfants : ces douze corps
furent rangés autour de ceux de l'ancienne Femme-
Chef et de son mari. Ces quatorze cadavres étoient
déposés sur un brancard pompeusement décoré.

Quatorze Allouez enlevèrent le lit funèbre. Le
convoi se mit en marche : les pères et mères des
enfants étranglés ouvroient la marche, marchant
lentement deux à deux, et portant leurs enfants
morts dans leurs bras. Quatorze victimes qui s'é-
toient dévouées à la mort suivoient le lit funèbre,

tenant dans leurs mains le cordon fatal qu'elles avoient filé elles-mêmes. Les plus proches parents de ces victimes les environnoient. La famille de la Femme-Chef fermoit le cortége.

De dix pas en dix pas, les pères et les mères qui précédoient la Théorie laissoient tomber les corps de leurs enfants; les hommes qui portoient le brancard marchoient sur ces corps, de sorte que quand on arriva au temple les chairs de ces tendres hosties tomboient en lambeaux.

Le convoi s'arrêta au lieu de la sépulture. On déshabilla les quatorze personnes dévouées; elles s'assirent à terre; un Allouez s'assit sur les genoux de chacune d'elles, un autre leur tint les mains par-derrière; on leur fit avaler trois morceaux de tabac et boire un peu d'eau; on leur passa le lacet au cou, et les parents de la Femme-Chef tirèrent, en chantant, sur les deux bouts du lacet.

On a peine à comprendre comment un peuple chez lequel la propriété individuelle étoit inconnue, et qui ignoroit la plupart des besoins de la société, avoit pu tomber sous un pareil joug. D'un côté des hommes nus, la liberté de la nature; de l'autre des exactions sans exemples, un despotisme qui passe ce qu'on a vu de plus formidable au milieu des peuples civilisés; l'innocence et les vertus primitives de l'état politique à son berceau, la corruption et les crimes d'un gouvernement décrépit : quel monstrueux assemblage!

Une révolution simple, naturelle, presque sans effort, délivra en partie les Natchez de leurs chaînes. Accablés du joug des nobles et du Soleil, ils se contentèrent de se retirer dans les bois; la solitude leur rendit la liberté. Le Soleil demeuré au *grand village*, n'ayant plus rien à donner aux Allouez, puisqu'on ne cultivoit plus le champ commun, fut abandonné de ces mercenaires. Ce Soleil eut pour successeur un prince raisonnable: Celui-ci ne rétablit point les gardes; il abolit les usages tyranniques, rappela ses sujets, et leur fit aimer son gouvernement. Un conseil de vieillards formé par lui détruisit le principe de la tyrannie, en réglant d'une manière nouvelle la propriété commune.

Les nations sauvages, sous l'empire des idées primitives, ont un invincible éloignement pour la propriété particulière, fondement de l'ordre social. De là, chez quelques Indiens, cette propriété commune, ce champ public des moissons, ces récoltes déposées dans des greniers où chacun vient puiser selon ses besoins; mais de là aussi la puissance des chefs qui veillent à ces trésors, et qui finissent par les distribuer au profit de leur ambition.

Les Natchez régénérés trouvèrent un moyen de se mettre à l'abri de la propriété particulière, sans tomber dans l'inconvénient de la propriété commune. Le champ public fut divisé en autant de lots qu'il y avoit de familles. Chaque famille emportoit chez elle la moisson contenue dans un de ces lots. Ainsi le grenier public fut détruit, en même temps que le champ commun resta, et comme chaque famille ne recueilloit pas précisément le produit du carré qu'elle avoit labouré et semé, elle ne pouvoit pas dire qu'elle avoit un droit particulier à la jouissance de ce qu'elle avoit reçu. Ce ne fut plus la communauté de la terre, mais la communauté du travail qui fit la propriété commune.

Les Natchez conservèrent l'extérieur et les formes de leurs anciennes institutions : ils ne cessèrent point d'avoir une monarchie absolue, un Soleil, une Femme-Chef, et différents ordres ou différentes classes d'hommes ; mais ce n'étoit plus que des souvenirs du passé, souvenirs utiles aux peuples, chez lesquels il n'est jamais bon de détruire l'autorité des aïeux. On entretint toujours le feu perpétuel dans le temple; on ne toucha pas même aux cendres des anciens chefs déposées dans cet édifice, parce qu'il y a crime à violer l'asile des morts, et qu'après tout la poussière des tyrans donne d'aussi grandes leçons que celle des autres hommes.

LES MUSCOGULGES.

Monarchie limitée dans l'état de nature.

A l'orient du pays des Natchez accablés par le despotisme, les Muscogulges présentoient dans l'échelle des gouvernements des Sauvages la monarchie constitutionnelle ou limitée.

Les Muscogulges forment avec les Siminoles, dans l'ancienne Floride, la confédération des Creeks. Ils ont un chef appelé Mico, roi ou magistrat.

Le Mico, reconnu pour le premier homme de la nation, reçoit toutes sortes de marques de respect.

Lorsqu'il préside le conseil, on lui rend des hommages presque abjects ; lorsqu'il est absent, son siége reste vide.

Le Mico convoque le conseil pour délibérer sur la paix et sur la guerre ; à lui s'adressent les ambassadeurs et les étrangers qui arrivent chez la nation.

La royauté du Mico est élective et inamovible. Les vieillards nomment le Mico ; le corps des guerriers confirme la nomination. Il faut avoir versé son sang dans les combats, ou s'être distingué par sa raison, son génie, son éloquence, pour aspirer à la place de Mico. Ce souverain, qui ne doit sa puissance qu'à son mérite, s'élève sur la confédération des Creeks, comme le soleil pour animer et féconder la terre.

Le Mico ne porte aucune marque de distinction : hors du conseil, c'est un simple sachem qui se mêle à la foule, cause, fume, boit la coupe avec tous les guerriers : un étranger ne pourroit le reconnoître. Dans le conseil même, où il reçoit tant d'honneurs, il n'a que sa voix ; toute son influence est dans sa sagesse : son avis est généralement suivi, parce que son avis est presque toujours le meilleur.

La vénération des Muscogulges pour le Mico est extrême. Si un jeune homme est tenté de faire une chose déshonnête, son compagnon lui dit : « Prends « garde, le Mico te voit ; » le jeune homme s'arrête : c'est l'action du despotisme invisible de la vertu.

Le Mico jouit cependant d'une prérogative dangereuse. Les moissons, chez les Muscogulges, se font en commun. Chaque famille, après avoir reçu son lot, est obligée d'en porter une partie dans un grenier public, où le Mico puise à volonté. L'abus d'un pareil privilége produisit la tyrannie des Soleils des Natchez, comme nous venons de le voir.

Après le Mico, la plus grande autorité de l'État réside dans le conseil des vieillards. Ce conseil décide de la paix et de la guerre, et applique les ordres du Mico : institution politique singulière. Dans la monarchie des peuples civilisés, le roi est le pouvoir exécutif, et le conseil ou l'assemblée nationale, le pouvoir législatif; ici, c'est l'opposé : le monarque fait les lois et le conseil les exécute. Ces Sauvages ont peut-être pensé qu'il y avoit moins de péril à investir un conseil de vieillards du pouvoir exécutif, qu'à remettre ce pouvoir aux mains d'un seul homme. D'un autre côté, l'expérience ayant prouvé qu'un seul homme d'un âge mûr, d'un esprit réfléchi, élabore mieux des lois qu'un corps délibérant, les Muscogulges ont placé le pouvoir législatif dans le roi.

Mais le conseil des Muscogulges a un vice capital : il est sous la direction immédiate du grand jongleur, qui le conduit par la crainte des sortiléges et par la divination des songes. Les prêtres forment chez cette nation un collége redoutable qui menace de s'emparer des divers pouvoirs.

Le chef de guerre, indépendant du Mico, exerce une puissance absolue sur la jeunesse armée. Néanmoins, si la nation est dans un péril imminent, le Mico devient, pour le temps limité, général au dehors, comme il est magistrat au dedans.

Tel est, ou plutôt tel étoit le gouvernement muscogulge, considéré en lui-même et à part. Il a d'autres rapports comme gouvernement fédératif.

Les Muscogulges, nation fière et ambitieuse, vinrent de l'ouest et s'emparèrent de la Floride après avoir extirpé les Yamases, ses premiers habitants[1]. Bientôt après, les Siminoles, arrivant de l'est, firent alliance avec les Muscogulges. Ceux-ci étant les plus forts, forcèrent ceux-là d'entrer dans une confédération, en vertu de laquelle les Siminoles envoient des députés au grand village des Muscogulges, et se trouvent ainsi gouvernés en partie par le Mico de ces derniers.

Les deux nations réunies furent appelées par les Européens la nation des Creeks, et divisées par eux en Creeks supérieurs, les Muscogulges, et en Creeks inférieurs, les Siminoles. L'ambition des Muscogulges n'étant pas satisfaite, ils portèrent la guerre chez les Chéroquois et chez les Chicassais, et les obligèrent d'entrer dans l'alliance commune; confédération aussi célèbre dans le midi de l'Amérique septentrionale que celle des Iroquois dans le nord. N'est-il pas singulier de voir des Sauvages tenter la réunion des Indiens dans une république fédérative,

---

[1] Ces traditions des migrations indiennes sont obscures et contradictoires. Quelques hommes instruits regardent les tribus des Florides comme un débris de la grande nation des Allighewis, qui habitoient les vallées du Mississipi et de l'Ohio, et que chassèrent, vers les douzième et treizième siècles, les Lennilénaps (les Iroquois et les Sauvages Delawares), horde nomade et belliqueuse, venue du nord et de l'ouest, c'est-à-dire des côtes voisines du détroit de Behring.

16.

au même lieu où les Européens devoient établir un gouvernement de cette nature ?

Les Muscogulges, en faisant des traités avec les blancs, ont stipulé que ceux-ci ne vendroient point d'eau-de-vie aux nations alliées. Dans les villages des Créeks on ne souffroit qu'un seul marchand européen : il y résidoit sous la sauvegarde publique. On ne violoit jamais à son égard les lois de la plus exacte probité ; il alloit et venoit, en sûreté de sa fortune comme de sa vie.

Les Muscogulges sont enclins à l'oisiveté et aux fêtes ; ils cultivent la terre ; ils ont des troupeaux et des chevaux de race espagnole ; ils ont aussi des esclaves. Le serf travaille aux champs, cultive dans le jardin les fruits et les fleurs, tient la cabane propre et prépare les repas. Il est logé, vêtu et nourri comme ses maîtres. S'il se marie, ses enfants sont libres ; ils rentrent dans leur droit naturel par la naissance. Le malheur du père et de la mère ne passe point à leur postérité ; les Muscogulges n'ont point voulu que la servitude fût héréditaire : belle leçon que les Sauvages ont donnée aux hommes civilisés !

Tel est néanmoins l'esclavage : quelle que soit sa douceur, il dégrade les vertus. Le Muscogulge, hardi, bruyant, impétueux, supportant à peine la moindre contradiction, est servi par le Yamase, timide, silencieux, patient, abject. Ce Yamase, ancien maître des Florides, est cependant de race indienne : il combattit en héros pour sauver son pays de l'invasion des Muscogulges ; mais la fortune le trahit.

Qui a mis entre le Yamase d'autrefois et le Yamase d'aujourd'hui, entre ce Yamase vaincu et ce Muscogulge vainqueur, une si grande différence? deux mots : liberté et servitude.

Les villages muscogulges sont bâtis d'une manière particulière : chaque famille a presque toujours quatre maisons ou quatre cabanes pareilles. Ces quatre cabanes se font face les unes aux autres, et forment entre elles une cour carrée d'environ un demi-arpent : on entre dans cette cour par les quatre angles. Les cabanes, construites en planches, sont enduites en dehors et en dedans d'un mortier rouge qui ressemble à de la terre de brique. Des morceaux d'écorce de cyprès, disposés comme des écailles de tortue, servent de toiture aux bâtiments.

Au centre du principal village, et dans l'endroit le plus élevé, est une place publique environnée de quatre longues galeries. L'une de ces galeries est la salle du conseil, qui se tient tous les jours pour l'expédition des affaires. Cette salle se divise en deux chambres par une cloison longitudinale : l'appartement du fond est ainsi privé de lumière; on n'y entre que par une ouverture surbaissée, pratiquée au bas de la cloison. Dans ce sanctuaire sont déposés les trésors de la religion et de la politique : les chapelets de corne de cerf, la coupe à médecine, les chichikoués, le calumet de paix, l'étendard national, fait d'une queue d'aigle. Il n'y a que le Mico, le chef de guerre et le grand-prêtre, qui puissent entrer dans ce lieu redoutable.

La chambre extérieure de la salle du conseil est

coupée en trois parties par trois petites cloisons transversales, à hauteur d'appui. Dans ces trois balcons s'élèvent trois rangs de gradins appuyés contre les parois du sanctuaire. C'est sur ces bancs couverts de nattes que s'asseyent les sachems et les guerriers.

Les trois autres galeries, qui forment, avec la galerie du conseil, l'enceinte de la place publique, sont pareillement divisées chacune en trois parties; mais elles n'ont point de cloison longitudinale. Ces galeries se nomment *galeries du banquet* : on y trouve toujours une foule bruyante occupée de divers jeux.

Les murs, les cloisons, les colonnes de bois de ces galeries, sont chargés d'ornements hiéroglyphiques qui renferment les secrets sacerdotaux et politiques de la nation. Ces peintures représentent des hommes dans diverses attitudes, des oiseaux et des quadrupèdes à tête d'hommes, des hommes à tête d'animaux. Le dessin de ces monuments est tracé avec hardiesse et dans les proportions naturelles; la couleur en est vive, mais appliquée sans art. L'ordre d'architecture des colonnes varie dans les villages selon la tribu qui habite ces villages : à Otasses, les colonnes sont tournées en spirale, parce que les Muscogulges d'Otasses sont de la tribu du Serpent.

Il y a chez cette nation une ville de paix et une ville de sang. La ville de paix est la capitale même de la confédération des Creeks, et se nomme *Apalachucla*. Dans cette ville on ne verse jamais le sang;

et quand il s'agit d'une paix générale, les députés des Creeks y sont convoqués.

La ville de sang est appelée *Coveta;* elle est située à douze milles d'Apalachucla : c'est là que l'on délibère de la guerre.

On remarque, dans la confédération des Creeks, les Sauvages qui habitent le beau village d'Uche, composé de deux mille habitants, et qui peut armer cinq cents guerriers. Ces Sauvages parlent la langue *savanna* ou *savantica,* langue radicalement différente de la langue muscogulge. Les alliés du village d'Uche sont ordinairement, dans le conseil, d'un avis différent des autres alliés, qui les voient avec jalousie; mais on est assez sage de part et d'autre pour n'en pas venir à une rupture.

Les Siminoles, moins nombreux que les Muscogulges, n'ont guère que neuf villages, tous situés sur la rivière Flint. Vous ne pouvez faire un pas dans leur pays sans découvrir des savanes, des lacs, des fontaines, des rivières de la plus belle eau.

Le Siminole respire la gaîté, le contentement, l'amour; sa démarche est légère, son abord ouvert et serein; ses gestes décèlent l'activité de la vie : il parle beaucoup et avec volubilité; son langage est harmonieux et facile. Ce caractère aimable et volage est si prononcé chez ce peuple, qu'il peut à peine prendre un maintien digne dans les assemblées politiques de la confédération.

Les Siminoles et les Muscogulges sont d'une assez grande taille, et, par un contraste extraordinaire, leurs femmes sont la plus petite race de femmes connue en Amérique : elles atteignent rarement la hauteur de quatre pieds deux ou trois pouces; leurs mains et leurs pieds ressemblent à ceux d'une Européenne de neuf ou dix ans. Mais la nature les a dédommagées de cette espèce d'injustice : leur taille est élégante et gracieuse; leurs yeux sont noirs, extrêmement longs, pleins de langueur et de modestie. Elles baissent leurs paupières avec une sorte de pudeur voluptueuse : si on ne les voyoit pas, lorsqu'elles parlent, on croiroit entendre des enfants qui ne prononcent que des mots à moitié formés.

Les femmes creeks travaillent moins que les autres femmes indiennes : elles s'occupent de broderies, de teinture et d'autres petits ouvrages. Les esclaves leur épargnent le soin de cultiver la terre; mais elles aident pourtant, ainsi que les guerriers, à recueillir la moisson.

Les Muscogulges sont renommés pour la poésie et pour la musique. La troisième nuit de la fête du maïs nouveau, on s'assemble dans la galerie du conseil; on se dispute le prix du chant. Ce prix est décerné, à la pluralité des voix, par le Mico; c'est une branche de chêne vert : les Hellènes briguoient une branche d'olivier. Les femmes concourent, et souvent obtiennent la couronne; une de leurs odes est restée célèbre :

Chanson de la chair blanche.

« La chair blanche vient de la Virginie. Elle étoit riche; elle avoit des étoffes bleues, de la poudre, des armes et du poison françois [1]. La Chair blanche vit Tibeïma l'Ikouessen [2].

« Je t'aime, dit-elle à la fille peinte : quand je m'approche de toi, je sens fondre la moelle de mes os; mes yeux se troublent; je me sens mourir.

« La fille peinte, qui vouloit les richesses de la chair blanche, lui répondit : Laisse-moi graver mon nom sur tes lèvres; presse mon sein contre ton sein.

« Tibeïma et la chair blanche bâtirent une cabane. L'Ikouessen dissipa les grandes richesses de l'étranger, et fut infidèle. La chair blanche le sut; mais elle ne put cesser d'aimer. Elle alloit de porte en porte mendier des grains de maïs pour faire vivre Tibeïma. Lorsque la chair blanche pouvoit obtenir un peu de feu liquide [3], elle le buvoit pour oublier sa douleur.

« Toujours aimant Tibeïma, toujours trompé par elle, l'homme blanc perdit l'esprit et se mit à courir dans les bois. Le père de la fille peinte, illustre sachem, lui fit des réprimandes : le cœur d'une femme qui a cessé d'aimer est plus dur que le fruit du papaya.

« La chair blanche revint à sa cabane. Elle étoit nue; elle portoit une longue barbe hérissée; ses yeux étoient creux, ses lèvres pâles : elle s'assit sur une natte pour demander l'hospitalité dans sa propre cabane. L'homme blanc avoit faim : comme il étoit devenu insensé, il se croyoit un enfant, et prenoit Tibeïma pour sa mère.

[1] Eau-de-vie. [2] Courtisane. [3] Eau-de-vie.

« Tibeïma, qui avoit retrouvé des richesses avec un autre guerrier dans l'ancienne cabane de la chair blanche, eut horreur de celui qu'elle avoit aimé. Elle le chassa. La chair blanche s'assit sur un tas de feuilles à la porte, et mourut. Tibeïma mourut aussi. Quand le Siminole demande quelles sont les ruines de cette cabane recouverte de grandes herbes, on ne lui répond point. »

Les Espagnols avoient placé, dans les beaux déserts de la Floride, une fontaine de Jouvence. N'étois-je donc pas autorisé à choisir ces déserts, pour le pays de quelques autres illusions ?

On verra bientôt ce que sont devenus les Creeks, et quel sort menace ce peuple qui marchoit à grands pas vers la civilisation.

LES HURONS ET LES IROQUOIS.

§. République dans l'état de nature.

Si les Natchez offrent le type du despotisme dans l'état de nature, les Creeks, le premier trait de la monarchie limitée, les Hurons et les Iroquois présentoient, dans le même état de nature, la forme du gouvernement républicain. Ils avoient, comme les Creeks, outre la constitution de la nation proprement dite, une assemblée générale représentative et un pacte fédératif.

Le gouvernement des Hurons différoit un peu de celui des Iroquois. Auprès du conseil des tribus s'élevoit un chef héréditaire dont la succession se continuoit par les femmes, ainsi que chez les Natchez. Si la ligne de ce chef venoit à manquer, c'étoit la plus noble matrone de la tribu qui choisissoit un chef nouveau. L'influence des femmes devoit être considérable chez une nation dont la politique et la nature leur donnoient tant de droits. Les historiens attribuent à cette influence une partie des bonnes et des mauvaises qualités du Huron.

Chez les nations de l'Asie, les femmes sont esclaves, et n'ont aucune part au gouvernement; mais, chargées des soins domestiques, elles sont soustraites, en général, aux plus rudes travaux de la terre.

Chez les nations d'origine germanique, les femmes étoient libres, mais elles restoient étrangères aux actes de la politique, sinon à ceux du courage et de l'honneur.

Chez les tribus du nord de l'Amérique, les femmes participoient aux affaires de l'État, mais elles étoient employées à ces pénibles ouvrages qui sont dévolus aux hommes dans l'Europe civilisée. Esclaves et bêtes de somme dans les champs et à la chasse, elles devenoient libres et reines dans les assemblées de la famille et dans les conseils de la nation. Il faut remonter aux Gaulois pour retrouver quelque chose de cette condition des femmes chez un peuple.

Les Iroquois ou les Cinq nations [1], appelés, dans la langue algonquine, les *Agannonsioni*, étoient

[1] Six, selon la division des Anglois.

une colonie des Hurons. Ils se séparèrent de ces derniers à une époque ignorée; ils abandonnèrent les bords du lac Huron, et se fixèrent sur la rive méridionale du fleuve Hochelaga (le Saint-Laurent), non loin du lac Champlain. Dans la suite, ils remontèrent jusqu'au lac Ontario, et occupèrent le pays situé entre le lac Erié et les sources de la rivière d'Albany.

Les Iroquois offrent un grand exemple du changement que l'oppression et l'indépendance peuvent opérer dans le caractère des hommes. Après avoir quitté les Hurons, ils se livrèrent à la culture des terres, devinrent une nation agricole et paisible, d'où ils tirèrent leur nom d'*Agannonsioni*.

Leurs voisins, les *Adirondacs*, dont nous avons fait les *Algonquins*, peuple guerrier et chasseur qui étendoit sa domination sur un pays immense, méprisèrent les Hurons émigrants dont ils achetoient les récoltes. Il arriva que les Algonquins invitèrent quelques jeunes Iroquois à une chasse; ceux-ci s'y distinguèrent de telle sorte que les Algonquins jaloux les massacrèrent.

Les Iroquois coururent aux armes pour la première fois : battus d'abord, ils résolurent de périr jusqu'au dernier, ou d'être libres. Un génie guerrier, dont ils ne s'étoient point doutés, se déploya tout à coup en eux. Ils défirent à leur tour les Algonquins, qui s'allièrent avec les Hurons, dont les Iroquois tiroient leur origine. Ce fut au moment le plus chaud de cette querelle que Jacques Cartier et ensuite Champlain, abordèrent au Canada. Les

Algonquins s'unirent aux étrangers, et les Iroquois eurent à lutter contre les François, les Algonquins et les Hurons.

Bientôt les Hollandois arrivèrent à Manhatte (New-York). Les Iroquois recherchèrent l'amitié de ces nouveaux Européens, se procurèrent des armes à feu, et devinrent, en peu de temps, plus habiles au maniement de ces armes que les blancs eux-mêmes. Il n'y a point chez les peuples civilisés d'exemple d'une guerre aussi longue et aussi implacable que celle que firent les Iroquois aux Algonquins et aux Hurons. Elle dura plus de trois siècles. Les Algonquins furent exterminés, et les Hurons réduits à une tribu réfugiée sous la protection du canon de Québec. La colonie françoise du Canada, au moment de succomber elle-même aux attaques des Iroquois, ne fut sauvée que par un calcul de la politique de ces Sauvages extraordinaires [1].

Il est probable que les Indiens du nord de l'Amérique furent gouvernés d'abord par des rois, comme les habitants de Rome et d'Athènes, et que ces monarchies se changèrent ensuite en républiques aristocratiques : on retrouvoit, dans les principales bourgades huronnes et iroquoises, des familles

---

[1] D'autres traditions, comme on l'a vu, font des Iroquois une colonne de cette grande migration des Lennilénaps, venus des bords de l'océan Pacifique. Cette colonne des Iroquois et des Hurons auroit chassé les peuplades du nord du Canada, parmi lesquelles se trouvoient les Algonquins, tandis que les Indiens Delawares, plus au midi, auroient descendu jusqu'à l'Atlantique, en dispersant les peuples primitifs établis à l'est et à l'ouest des Alleghanys.

nobles, ordinairement au nombre de trois. Ces familles étoient la souche des trois tribus principales : l'une de ces tribus jouissoit d'une sorte de prééminence; les membres de cette première tribu se traitoient de *frères*, et les membres des deux autres tribus de *cousins*.

Ces trois tribus portoient le nom des tribus huronnes : la tribu du Chevreuil, celle du Loup, celle de la Tortue. La dernière se partageoit en deux branches, la grande et la petite Tortue.

Le gouvernement, extrêmement compliqué, se composoit de trois conseils : le conseil des assistants, le conseil des vieillards, le conseil des guerriers en état de porter les armes, c'est-à-dire du corps de la nation.

Chaque famille fournissoit un député au conseil des assistants; ce député étoit nommé par les femmes, qui choisissoient souvent une femme pour les représenter. Le conseil des assistants étoit le conseil suprême : ainsi la première puissance appartenoit aux femmes dont les hommes ne se disoient que les lieutenants; mais le conseil des vieillards prononçoit en dernier ressort, et devant lui étoient portées en appel les délibérations du conseil des assistants.

Les Iroquois avoient pensé qu'on ne se devoit pas priver de l'assistance d'un sexe dont l'esprit délié et ingénieux est fécond en ressources, et sait agir sur le cœur humain; mais ils avoient aussi pensé que les arrêts d'un conseil de femmes pourroient être passionnés; ils avoient voulu que ces arrêts fussent tempérés et comme refroidis par le jugement des vieillards. On retrouvoit ce conseil des femmes chez nos pères les Gaulois.

Le second conseil ou le conseil des vieillards étoit le modérateur entre le conseil des assistants et le conseil composé du corps des jeunes guerriers.

Tous les membres de ces trois conseils n'avoient pas le droit de prendre la parole : des orateurs choisis par chaque tribu traitoient devant les conseils des affaires de l'État : ces orateurs faisoient une étude particulière de la politique et de l'éloquence.

Cette coutume, qui seroit un obstacle à la liberté chez les peuples civilisés de l'Europe, n'étoit qu'une mesure d'ordre chez les Iroquois. Parmi ces peuples, on ne sacrifioit rien de la liberté particulière à la liberté générale. Aucun membre des trois conseils ne se regardoit lié individuellement par la délibération des conseils. Toutefois il étoit sans exemple qu'un guerrier eût refusé de s'y soumettre.

La nation iroquoise se divisoit en cinq cantons : ces cantons n'étoient point dépendants les uns des autres; ils pouvoient faire la paix et la guerre séparément. Les cantons neutres leur offroient dans ces cas leurs bons offices.

Les cinq cantons nommoient de temps en temps des députés qui renouveloient l'alliance générale. Dans cette diète, tenue au milieu des bois, on traitoit de quelques grandes entreprises pour l'honneur et la sûreté de toute la nation. Chaque député faisoit un rapport relatif au canton qu'il représentoit, et l'on délibéroit sur des moyens de prospérité commune.

Les Iroquois étoient aussi fameux par leur politique que par leur armes. Placés entre les Anglois et les François, ils s'aperçurent bientôt de la rivalité de ces deux peuples. Ils comprirent qu'ils seroient recherchés par l'un et par l'autre : ils firent alliance avec les Anglois qu'ils n'aimoient pas, contre les François qu'ils estimoient, mais qui s'étoient unis aux Algonquins et aux Hurons. Cependant ils ne vouloient pas le triomphe complet d'un des deux partis étrangers : ainsi les Iroquois étoient prêts à disperser la colonie françoise du Canada, lorsqu'un ordre du conseil des sachems arrêta l'armée et la força de revenir ; ainsi les François se voyoient au moment de conquérir la Nouvelle-Jersey, et d'en chasser les Anglois, lorsque les Iroquois firent marcher leurs cinq nations au secours des Anglois, et les sauvèrent.

L'Iroquois ne conservoit de commun avec le Huron que le langage : le Huron, gai, spirituel, volage, d'une valeur brillante et téméraire, d'une taille haute et élégante, avoit l'air d'être né pour être l'allié des François.

L'Iroquois étoit au contraire d'une forte stature : poitrine large, jambes musculaires, bras nerveux. Les grands yeux ronds de l'Iroquois étincellent d'indépendance; tout son air étoit celui d'un héros; on voyoit reluire sur son front les hautes combinaisons de la pensée et les sentiments élevés de l'âme. Cet homme intrépide ne fut point étonné des armes à feu, lorsque, pour la première fois, on en usa contre lui; il tint ferme au sifflement des balles et au bruit du canon, comme s'il les eût entendus toute sa vie; il n'eut pas l'air d'y faire plus d'attention qu'à un orage. Aussitôt qu'il se put procurer un mousquet, il s'en servit mieux qu'un Européen. Il n'abandonna pas pour cela le casse-tête, le couteau, l'arc et la flèche; mais il y ajouta la carabine, le pistolet, le poignard et la hache; il sembloit n'avoir jamais assez d'armes pour sa valeur. Doublement paré des instruments meurtriers de l'Europe et de l'Amérique, avec sa tête ornée de panaches, ses oreilles découpées, son visage barbouillé de noir, ses bras teints de sang, ce noble champion du Nouveau-Monde devint aussi redoutable à voir qu'à combattre sur le rivage qu'il défendit pied à pied contre l'étranger.

C'étoit dans l'éducation que les Iroquois plaçoient la source de leur vertu. Un jeune homme ne s'asseyoit jamais devant un vieillard : le respect pour l'âge étoit pareil à celui que Lycurgue avoit fait naître à Lacédémone. On accoutumoit la jeunesse à supporter les plus grandes privations, ainsi qu'à braver les plus grands périls. De longs jeûnes commandés par la politique au nom de la religion, des chasses dangereuses, l'exercice continuel des armes, des jeux mâles et virils, avoient donné au caractère de l'Iroquois quelque chose d'indomptable. Souvent de petits garçons s'attachoient les bras ensemble, mettoient un charbon ardent sur leurs bras liés, et luttoient à qui soutiendroit plus long-temps la douleur. Si une jeune fille commettoit une faute, et que sa mère lui jetât de l'eau au visage, cette seule réprimande portoit quelquefois la jeune fille à s'étrangler.

L'Iroquois méprisoit la douleur comme la vie : un sachem de cent années affrontoit les flammes du bûcher; il excitoit les ennemis à redoubler de cruauté; il les défioit de lui arracher un soupir. Cette magnanimité de la vieillesse n'avoit pour but que de donner un exemple aux jeunes guerriers, et de leur apprendre à devenir dignes de leurs pères.

Tout se ressentoit de cette grandeur chez ce peuple : sa langue, presque tout aspirée, étonnoit l'oreille. Quand un Iroquois parloit, on eût cru ouïr un homme qui, s'exprimant avec effort, passoit successivement des intonations les plus sourdes aux intonations les plus élevées.

Tel étoit l'Iroquois avant que l'ombre et la destruction de la civilisation européenne se fussent étendues sur lui.

Bien que j'aie dit que le droit civil et le droit criminel sont à peu près inconnus des Indiens, l'usage en quelques lieux a suppléé à la loi.

Le meurtre, qui chez les Francs se rachetoit par une composition pécuniaire en rapport avec l'état des personnes, ne se compense chez les Sauvages que par la mort du meurtrier. Dans l'Italie du moyen âge, les familles respectives prenoient fait et cause pour tout ce qui concernoit leurs membres : de là ces vengeances héréditaires qui divisoient la nation lorsque les familles ennemies étoient puissantes.

Chez les peuplades du nord de l'Amérique, la famille de l'homicide ne vient pas à son secours, mais les parents de l'homicidé se font un devoir de le venger. Le criminel que la loi ne menace pas, que ne défend pas la nature, ne rencontrant d'asile, ni dans les bois où les alliés du mort le poursuivent, ni chez les tribus étrangères qui le livreroient, ni à son foyer domestique qui ne le sauveroit pas, devient si misérable, qu'un tribunal vengeur lui seroit un bien. Là au moins il y auroit une forme, une manière de le condamner ou de l'acquitter : car, si la loi frappe, elle conserve, comme le temps qui sème et moissonne. Le meurtrier indien, las d'une vie errante, ne trouvant pas de famille publique pour le punir, se remet entre les mains d'une famille particulière qui l'immole : au défaut de la force armée, le crime conduit le criminel aux pieds du juge et du bourreau.

Le meurtre involontaire s'expioit quelquefois par des présents. Chez les Abénaquis la loi prononçoit : on exposoit le corps de l'homme assassiné sur une espèce de claie en l'air, l'assassin, attaché à un poteau, étoit condamné à prendre sa nourriture, et à passer plusieurs jours à ce pilori de la mort.

ÉTAT ACTUEL

DES

SAUVAGES DE L'AMÉRIQUE SEPTENTRIONALE.

Si je présentois au lecteur ce tableau de l'Amérique sauvage comme l'image fidèle de ce qui existe aujourd'hui, je tromperois le lecteur : j'ai peint ce qui fut beaucoup plus que ce qui est. On retrouve sans doute encore plusieurs traits du caractère indien dans les tribus errantes du Nouveau-Monde; mais l'ensemble des mœurs, l'originalité des coutumes, la forme primitive des gouvernements, enfin le génie américain a disparu. Après avoir raconté le passé, il me reste à compléter mon travail en retraçant le présent.

Quand on aura retranché du récit des premiers navigateurs et des premiers colons qui reconnurent et défrichèrent la Louisiane, la Floride, la Géorgie, les deux Carolines, la Virginie, le Maryland, la Delaware, la Pensylvanie, le New-Jersey, le New-York, et tout ce qu'on appela la Nouvelle-Angleterre, l'Acadie et le Canada, on ne pourra guère évaluer la population sauvage comprise entre le Mississipi et le fleuve Saint-Laurent, au moment de la découverte de ces contrées, au-dessous de trois millions d'hommes.

Aujourd'hui la population indienne de toute

l'Amérique septentrionale, en n'y comprenant ni les Mexicains ni les Esquimaux, s'élève à peine à quatre cent mille âmes. Le recensement des peuples indigènes de cette partie du Nouveau-Monde n'a pas été fait; je vais le faire. Beaucoup d'hommes, beaucoup de tribus manqueront à l'appel : dernier historien de ces peuples, c'est leur registre mortuaire que je vais ouvrir.

En 1534, à l'arrivée de Jacques Cartier au Canada, et à l'époque de la fondation de Québec par Champlain, en 1608, les Algonquins, les Iroquois, les Hurons, avec leurs tribus alliées ou sujettes, savoir : les Etchemins, les Souriquois, les Bersiamites, les Papinaclets, les Montagnès, les Attikamègues, les Nipissings, les Temiscamins, les Amikouès, les Cristinaux, les Assiniboïls, les Pouteouatamis, les Nokais, les Otchagras, les Miamis, armoient à peu près cinquante mille guerriers; ce qui suppose chez les Sauvages une population d'à peu près deux cent cinquante mille âmes. Au dire de Laboutan, chacun des cinq grands villages iroquois renfermoit quatorze mille habitants. Aujourd'hui on ne rencontre, dans le bas Canada, que six hameaux de Sauvages devenus chrétiens : les Hurons de Corette, les Abénaquis de Saint-François, les Algonquins, les Nipissings, les Iroquois du lac des Deux-Montagnes, et les Osouékatchies; foibles échantillons de plusieurs races qui ne sont plus, et qui, recueillis par la religion, offrent la double preuve de sa puissance à conserver et de celle des hommes à détruire.

Le reste des cinq nations iroquoises est enclavé dans les possessions angloises et américaines, et le nombre de tous les Sauvages que je viens de nommer est tout au plus de deux mille cinq cents à trois mille âmes.

Les Abénaquis, qui, en 1587, occupoient l'Acadie (aujourd'hui le Nouveau-Brunswick et la Nouvelle-Écosse), les Sauvages du Maine, qui détruisirent tous les établissements des blancs en 1675, et qui continuèrent leurs ravages jusqu'en 1748; les mêmes hordes qui firent subir le même sort au New-Hampshire; les Wampanoags, les Nipmucks, qui livrèrent des espèces de batailles rangées aux Anglois, assiégèrent Hadley, et donnèrent l'assaut à Brookfield, dans le Massachusetts; les Indiens qui, dans les mêmes années 1673 et 1675; combattirent les Européens; les Pequots du Connecticut; les Indiens qui négocièrent la cession d'une partie de leurs terres avec les États de New-York, de New-Jersey, de la Pensylvanie, de la Delaware; les Pyscataways du Maryland; les tribus qui obéissoient à Powhatan, dans la Virginie; les Paraoustis, dans les Carolines, tous ces peuples ont disparu [1].

Des nations nombreuses, que Ferdinand de Soto rencontra dans les Florides (et il faut comprendre sous ce nom tout ce qui forme aujourd'hui les États de la Géorgie, de l'Alabama, du Mississipi

---

[1] La plupart de ces peuples appartenoient à la grande nation des Lennilénaps, dont les deux branches principales étoient les Iroquois et les Hurons au nord, et les Indiens Delawares au midi.

et du Tennessée), il ne reste plus que les Creeks, les Chéroquois et les Chicassais [1].

Les Creeks, dont j'ai peint les anciennes mœurs, ne pourroient mettre sur pied, dans ce moment, deux mille guerriers. Des vastes pays qui leur appartenoient, ils ne possèdent plus qu'environ huit mille milles carrés dans l'État de Géorgie, et un territoire à peu près égal dans l'Alabama. Les Chéroquois et les Chicassais, réduits à une poignée d'hommes, vivent dans un coin des États de Géorgie et de Tennessée; les derniers, sur les deux rives du fleuve Hiwassée.

Tout foibles qu'ils sont, les Creeks ont combattu vaillamment les Américains dans les années 1813 et 1814. Les généraux Jackson, White, Clayborne, Floyd, leur firent éprouver de grandes pertes à Talladéga, Hillabes, Autossées, Bécanachaca, et surtout à Entonopeka. Ces Sauvages avoient fait des progrès sensibles dans la civilisation, et surtout dans l'art de la guerre, employant et dirigeant très bien l'artillerie. Il y a quelques années qu'ils jugèrent et mirent à mort un de leurs Mico ou rois, pour avoir vendu des terres aux blancs sans la participation du conseil national.

Les Américains, qui convoitent le riche territoire où vivent encore les Muscogulges et les Siminoles,

---

[1] On peut consulter avec fruit, pour la Floride, un ouvrage intitulé : *Vue de la Floride occidentale, contenant sa géographie, sa topographie, etc., suivie d'un appendice sur ses antiquités, les titres de concession des terres et des canaux, et accompagnée d'une carte de la côte, des plans de Pensacola et de l'entrée du port.* Philadelphie, 1817.

ont voulu les forcer à le leur céder pour une somme d'argent, leur proposant de les transporter ensuite à l'occident du Missouri. L'État de Géorgie a prétendu qu'il avoit acheté ce territoire ; le congrès américain à mis quelque obstacle à cette prétention ; mais tôt ou tard les Creeks, les Chéroquois et les Chicassais, serrés entre la population blanche du Mississipi, du Tennessée, de l'Alabama et de la Géorgie, seront obligés de subir l'exil ou l'extermination.

En remontant le Mississipi, depuis son embouchure jusqu'au confluent de l'Ohio, tous les Sauvages qui habitoient ces deux bords, les Biloxis, les Torimas, les Kappas, les Sotouïs, les Bayagoulas, les Colapissas, les Tansas, les Natchez et les Yazous ne sont plus.

Dans la vallée de l'Ohio, les nations qui erroient encore le long de cette rivière et de ses affluents se soulevèrent en 1810 contre les Américains. Elles mirent à leur tête un jongleur ou prophète qui annonçoit la victoire, tandis que son frère, le fameux Thécumseh, combattoit : trois mille Sauvages se trouvèrent réunis pour recouvrer leur indépendance. Le général américain Harrison marcha contre eux avec un corps de troupes ; il les rencontra, le 6 novembre 1811, au confluent du Tippacanoé et du Wabash. Les Indiens montrèrent le plus grand courage, et leur chef Thécumseh déploya une habileté extraordinaire : il fut pourtant vaincu.

La guerre de 1812, entre les Américains et les Anglois, renouvela les hostilités sur les frontières du désert; les Sauvages se rangèrent presque tous du parti des Anglois; Thécumseh étoit passé à leur service : le colonel Proctor, Anglois, dirigeoit les opérations. Des scènes de barbarie eurent lieu à Cikago et aux forts Meigs et Milden : le cœur du capitaine Wells fut dévoré dans un repas de chair humaine. Le général Harrison accourut encore, et battit les Sauvages à l'affaire du Thames. Thécumseh y fut tué : le colonel Proctor dut son salut à la vitesse de son cheval.

La paix ayant été conclue entre les États-Unis et l'Angleterre en 1814, les limites des deux empires furent définitivement réglées. Les Américains ont assuré par une chaîne de postes militaires leur domination sur les Sauvages.

Depuis l'embouchure de l'Ohio jusqu'au saut de Saint-Antoine, sur le Mississipi, on trouve sur la rive occidentale de ce dernier fleuve les Saukis, dont la population s'élève à quatre mille huit cents âmes; les Renards, à mille six cents âmes; les Winebegos, à mille six cents, et les Ménomènes, à mille deux cents. Les Illinois sont la souche de ces tribus.

Viennent ensuite les Sioux, de race mexicaine, divisés en six nations : la première habite en partie le haut Mississipi; la seconde, la troisième, la quatrième et la cinquième tiennent les rivages de la rivière Saint-Pierre; la sixième s'étend vers le Missouri. On évalue ces six nations siouses à environ quarante-cinq mille âmes.

Derrière les Sioux, en s'approchant du Nouveau-Mexique, se trouvent quelques débris des Osages, des Cansas, des Octotatas, des Mactotatas, des Ajouès et des Panis.

Les Assiboins errent, sous divers noms, depuis les sources septentrionales du Missouri jusqu'à la grande rivière Rouge, qui se jette dans la baie d'Hudson : leur population est de vingt-cinq mille âmes.

Les Cypowois, de race algonquine, et ennemis des Sioux, chassent, au nombre de trois ou quatre mille guerriers, dans les déserts qui séparent les grands lacs du Canada du lac Winnepic.

Voilà tout ce que l'on sait de plus positif sur la population des Sauvages de l'Amérique septentrionale. Si l'on joint à ces tribus connues les tribus moins fréquentées qui vivent au-delà des montagnes Rocheuses, on aura bien de la peine à trouver les quatre cent mille individus mentionnés au commencement de ce dénombrement. Il y a des voyageurs qui ne portent pas à plus de cent mille âmes la population indienne en deçà des montagnes Rocheuses, et à plus de cinquante mille au-delà de ces montagnes, y compris les Sauvages de la Californie.

Poussées par les populations européennes vers le nord-ouest de l'Amérique septentrionale, les populations sauvages viennent, par une singulière destinée, expirer au rivage même sur lequel elles débarquèrent, dans des siècles inconnus, pour prendre possession de l'Amérique. Dans la langue iroquoise, les Indiens se donnoient le nom d'*hommes de toujours*, ONGOUE-ONOUE. Ces *hommes de toujours* ont passé, et l'étranger ne laissera bientôt aux héritiers légitimes de tout un monde que la terre de leur tombeau.

Les raisons de cette dépopulation sont connues : l'usage des liqueurs fortes, les vices, les maladies, les guerres, que nous avons multipliés chez les Indiens, ont précipité la destruction de ces peuples ; mais il n'est pas tout-à-fait vrai que l'état social, en venant se placer dans les forêts, ait été une cause efficiente de cette destruction.

L'Indien n'étoit pas *sauvage;* la civilisation européenne n'a point agi sur *le pur état de nature;* elle a agi sur *la civilisation américaine commençante;* si elle n'eût rien rencontré, elle eût créé quelque chose; mais elle a trouvé des mœurs et les a détruites, parce qu'elle étoit plus forte, et qu'elle n'a pas cru se devoir mêler à ces mœurs.

Demander ce que seroient devenus les habitants de l'Amérique si l'Amérique eût échappé aux voiles de nos navigateurs, seroit sans doute une question inutile, mais pourtant curieuse à examiner. Auroient-ils péri en silence, comme ces nations plus avancées dans les arts, qui, selon toutes les probabilités, fleurirent autrefois dans les contrées qu'arrosent l'Ohio, le Muskingum, le Tennessée, le Mississipi inférieur et le Tumbec-bee?

Écartant un moment les grands principes du christianisme, mettant à part les intérêts de l'Europe, un esprit philosophique auroit pu désirer que les peuples du Nouveau-Monde eussent eu le temps de se développer hors du cercle de nos institutions.

Nous en sommes réduits partout aux formes usées

d'une civilisation vieillie (je ne parle pas des populations de l'Asie, arrêtées depuis quatre mille ans dans un despotisme qui tient de l'enfance). On a trouvé chez les Sauvages du Canada, de la Nouvelle-Angleterre et des Florides, des commencements de toutes les coutumes et de toutes les lois des Grecs, des Romains et des Hébreux. Une civilisation d'une nature différente de la nôtre auroit pu reproduire les hommes de l'antiquité, ou faire jaillir des lumières inconnues d'une source encore ignorée. Qui sait si nous n'eussions pas vu aborder un jour à nos rivages quelque Colomb américain venant découvrir l'Ancien-Monde?

La dégradation des mœurs indiennes a marché de pair avec la dépopulation des tribus. Les traditions religieuses sont devenues beaucoup plus confuses; l'instruction, répandue d'abord par les missionnaires du Canada, a mêlé des idées étrangères aux idées natives des indigènes. On aperçoit aujourd'hui, au travers des fables grossières, les croyances chrétiennes défigurées. La plupart des Sauvages portent des croix pour ornements, et les traiteurs protestants leur vendent ce que leur donnoient les missionnaires catholiques. Disons, à l'honneur de notre patrie et à la gloire de notre religion, que les Indiens s'étoient fortement attachés aux François; qu'ils ne cessent de les regretter, et qu'*une robe noire* (un missionnaire) est encore en vénération dans les forêts américaines. Si les Anglois, dans leurs guerres avec les États-Unis, on vu presque tous les Sauvages s'enrôler sous la bannière britannique, c'est que les Anglois de Québec ont encore parmi eux des descendants des François, et qu'ils occupent le pays qu'*Ononthio* [1] a gouverné. Le Sauvage continue de nous aimer dans le sol que nous avons foulé, dans la terre où nous fûmes ses premiers hôtes, et où nous avons laissé les tombeaux : en servant les nouveaux possesseurs du Canada, il reste fidèle à la France dans les ennemis des François.

Voici ce qu'on lit dans un *Voyage* récent fait aux sources du Mississipi. L'autorité de ce passage est d'autant plus grande, que l'auteur, dans un autre endroit de son Voyage, s'arrête pour argumenter contre les Jésuites de nos jours.

« Pour rendre justice à la vérité, les mission-
« naires françois, en général, se sont toujours distin-
« gués partout par une vie exemplaire et conforme
« à leur état. Leur bonne foi religieuse, leur charité
« apostolique, leur douceur insinuante, leur pa-
« tience héroïque, et leur éloignement du fanatisme
« et du rigorisme, fixent dans ces contrées des
« époques édifiantes dans les fastes du christianisme;
« et pendant que la mémoire des del Vilde, des Vo-
« dilla, etc., sera toujours en exécration dans tous
« les cœurs vraiment chrétiens, celle des Daniel,
« des Brébeuf, etc., ne perdra jamais de la vénéra-
« tion que l'histoire des découvertes et des missions
« leur consacre à juste titre. De là cette prédilection
« que les Sauvages témoignent pour les François,

---

[1] *La grande Montagne.* Nom sauvage des gouverneurs françois du Canada.

« prédilection qu'ils trouvent naturellement dans le
« fond de leur âme, nourrie par les traditions que
« leurs pères ont laissées en faveur des premiers
« apôtres du Canada, alors la Nouvelle-France [1]. »

Cela confirme ce que j'ai écrit autrefois sur les missions du Canada. Le caractère brillant de la valeur françoise, notre désintéressement, notre gaité, notre esprit aventureux, sympathisoient avec le génie des Indiens; mais il faut convenir aussi que la religion catholique est plus propre à l'éducation du Sauvage que le culte protestant.

Quand le christianisme commença au milieu d'un monde civilisé et des spectacles du paganisme, il fut simple dans son extérieur, sévère dans sa morale, métaphysique dans ses arguments, parce qu'il s'agissoit d'arracher à l'erreur des peuples séduits par les sens, ou égarés par des systèmes de philosophie. Quand le christianisme passa des délices de Rome et des écoles d'Athènes aux forêts de la Germanie, il s'environna de pompes et d'images, afin d'enchanter la simplicité du Barbare. Les gouvernements protestants de l'Amérique se sont peu occupés de la civilisation des Sauvages : ils n'ont songé qu'à trafiquer avec eux : or, le commerce qui accroît la civilisation parmi les peuples déjà civilisés, et chez lesquels l'intelligence a prévalu sur les mœurs, ne produit que la corruption chez les peuples où les mœurs sont supérieures à l'intelligence. La religion est évidemment la loi primitive : les pères

---

[1] *Voyage de Beltrami* 1823.

Jogues, Lallemant et Brébeuf étoient des législateurs d'une tout autre espèce que les traiteurs anglois et américains.

De même que les notions religieuses des Sauvages se sont brouillées, les institutions politiques de ces peuples ont été altérées par l'irruption des Européens. Les ressorts du gouvernement indien étoient subtils et délicats; le temps ne les avoit point consolidés; la politique étrangère, en les touchant, les a facilement brisés. Ces divers conseils balançant leurs autorités respectives, ces contre-poids formés par les assistants, les sachems, les matrones, les jeunes guerriers, toute cette machine a été dérangée : nos présents, nos vices, nos armes, ont acheté, corrompu ou tué les personnages dont se composoient ces pouvoirs divers.

Aujourd'hui les tribus indiennes sont conduites tout simplement par un chef : celles qui se sont confédérées se réunissent quelquefois dans des diètes générales; mais aucune loi ne réglant ces assemblées, elles se séparent presque toujours sans avoir rien arrêté : elles ont le sentiment de leur nullité et le découragement qui accompagne la foiblesse.

Une autre cause a contribué à dégrader le gouvernement des Sauvages : l'établissement des postes militaires américains et anglois au milieu des bois. Là, un commandant se constitue le protecteur des Indiens dans le désert; à l'aide de quelques présents, il fait comparoître les tribus devant lui; il se déclare leur père et l'envoyé d'un des *trois mondes blancs;* les Sauvages désignent ainsi les Espagnols, les François et les Anglois. Le commandant apprend à ses *enfants rouges* qu'il va fixer telles limites, défricher tel terrain, etc. Le Sauvage finit par croire qu'il n'est pas le véritable possesseur de la terre dont on dispose sans son aveu; il s'accoutume à se regarder comme d'une espèce inférieure au blanc; il consent à recevoir des ordres, à chasser, à combattre pour des maîtres. Qu'a-t-on besoin de se gouverner quand on n'a plus qu'à obéir?

Il est naturel que les mœurs et les coutumes se soient détériorées avec la religion et la politique, que tout ait été emporté à la fois.

Lorsque les Européens pénétrèrent en Amérique, les Sauvages vivoient et se vêtissoient du produit de leurs chasses, et n'en faisoient entre eux aucun négoce. Bientôt les étrangers leur apprirent à le troquer pour des armes, des liqueurs fortes, divers ustensiles de ménage, des draps grossiers et des parures. Quelques François, qu'on appela *coureurs de bois*, accompagnèrent d'abord les Indiens dans leurs excursions. Peu à peu il se forma des compagnies de commerçants qui poussèrent des postes avancés et placèrent des factoreries au milieu des déserts. Poursuivis, par l'avidité européenne et par la corruption des peuples civilisés, jusqu'au fond de leurs bois, les Indiens échangent, dans ces magasins, de riches pelleteries contre des objets de peu de valeur, mais qui sont devenus pour eux des objets de première nécessité. Non-seulement ils trafiquent de la chasse faite, mais ils disposent de la chasse à venir, comme on vend une récolte sur pied.

Ces avances accordées par les traiteurs plongent les Indiens dans un abîme de dettes : ils ont alors toutes les calamités de l'homme du peuple de nos cités, et toutes les détresses du Sauvage. Leurs chasses, dont ils cherchent à exagérer les résultats, se transforment en une effroyable fatigue : ils y mènent leurs femmes; ces malheureuses, employées à tous les services du camp, tirent les traîneaux, vont chercher les bêtes tuées, tannent les peaux, font dessécher les viandes. On les voit, chargées des fardeaux les plus lourds, porter encore leurs petits enfants à leurs mamelles ou sur leurs épaules. Sont-elles enceintes et près d'accoucher, pour hâter leur délivrance et retourner plus vite à l'ouvrage, elles s'appliquent le ventre sur une barre de bois élevée à quelques pieds de terre; laissant pendre en bas leurs jambes et leur tête, elles donnent ainsi le jour à une misérable créature, dans toute la rigueur de la malédiction : *In dolore paries filios!*

Ainsi la civilisation, en entrant par le commerce chez les tribus américaines, au lieu de développer leur intelligence, les a abruties. L'Indien est devenu perfide, intéressé, menteur, dissolu : sa cabane est un réceptacle d'immondices et d'ordure. Quand il étoit nu ou couvert de peaux de bêtes, il avoit quelque chose de fier et de grand; aujourd'hui des haillons européens, sans couvrir sa nudité, attestent seulement sa misère : c'est un mendiant à la porte d'un comptoir; ce n'est plus un Sauvage dans ses forêts,

Enfin il s'est formé une espèce de peuple métis, né du commerce des aventuriers européens et des femmes sauvages. Ces hommes, que l'on appelle *Bois brûlés*, à cause de la couleur de leur peau, sont les gens d'affaires ou les courtiers de change entre les peuples dont ils tirent leur double origine : parlant à la fois la langue de leurs pères et de leurs mères, interprètes des traiteurs auprès des Indiens, et des Indiens auprès des traiteurs, ils ont les vices des deux races. Ces bâtards de la nature civilisée et de la nature sauvage se vendent tantôt aux Américains, tantôt aux Anglois, pour leur livrer le monopole des pelleteries ; ils entretiennent les rivalités des compagnies angloises de la baie d'Hudson, du Nord-Ouest, et des compagnies américaines ; *Fur Colombian American company*, *Missouri's fur company*, et autres : ils font eux-mêmes des chasses au compte des traiteurs et avec des chasseurs soldés par les compagnies.

Le spectacle est alors tout différent des chasses indiennes : les hommes sont à cheval ; il y a des fourgons qui transportent les viandes sèches et les fourrures ; les femmes et les enfants sont traînés sur des petits chariots par des chiens. Ces chiens, si utiles dans les contrées septentrionales, sont encore une charge pour leurs maîtres ; car ceux-ci, ne pouvant les nourrir pendant l'été, les mettent en pension à crédit chez les gardiens, et contractent ainsi de nouvelles dettes. Les dogues affamés sortent quelquefois de leur chenil ; ne pouvant aller à la chasse, ils vont à la pêche : on les voit se plonger dans les rivières, et saisir le poisson jusqu'au fond de l'eau.

On ne connoît en Europe que cette grande guerre de l'Amérique qui a donné au monde un peuple libre. On ignore que le sang a coulé pour les chétifs intérêts de quelques marchands fourreurs. La compagnie de la baie d'Hudson vendit, en 1811, à lord Selkirk, un grand terrain sur le bord de la rivière Rouge; l'établissement se fit en 1812. La compagnie du Nord-Ouest ou du Canada en prit ombrage : les deux compagnies, alliées à diverses tribus indiennes, et secondées des Bois brûlés, en vinrent aux mains. Cette petite guerre domestique, qui fut horrible, avoit lieu dans les déserts glacés de la baie d'Hudson : la colonie de lord Selkirk fut détruite au mois de juin 1815, précisément au moment où se donnoit la bataille de Waterloo. Sur ces deux théâtres, si différents par l'éclat et par l'obscurité, les malheurs de l'espèce humaine étoient les mêmes. Les deux compagnies épuisées ont senti qu'il valoit mieux s'unir que se déchirer : elles poussent aujourd'hui de concert leurs opérations à l'ouest, jusqu'à Colombia, au nord, jusque sur les fleuves qui se jettent dans la mer Polaire.

En résumé, les plus fières nations de l'Amérique septentrionale n'ont conservé de leur race que la langue et le vêtement; encore celui-ci est-il altéré : elles ont un peu appris à cultiver la terre et à élever des troupeaux. De guerrier fameux qu'il étoit, le Sauvage du Canada est devenu berger obscur; espèce de pâtre extraordinaire, conduisant ses cavales avec un casse-tête et ses moutons avec des flèches. Philippe, successeur d'Alexandre, mourut greffier à Rome ; un Iroquois chante et danse pour quelques pièces de monnoie à Paris : il ne faut pas voir le lendemain de la gloire.

En traçant ce tableau d'un monde sauvage, en parlant sans cesse du Canada et de la Louisiane, en regardant sur les vieilles cartes l'étendue des anciennes colonies françoises dans l'Amérique, j'étois poursuivi d'une idée pénible : je me demandois comment le gouvernement de mon pays avoit pu laisser périr ces colonies, qui seroient aujourd'hui pour nous une source inépuisable de prospérité.

De l'Acadie et du Canada à la Louisiane, de l'embouchure du Saint-Laurent à celle du Mississipi, le territoire de la Nouvelle-France entouroit ce qui forma, dans l'origine, la confédération des treize premiers États-Unis. Les onze autres États, le district de la Colombie, les territoires du Michigan, du Nord-Ouest, du Missouri, de l'Orégon et d'Arkansa, nous appartenoient ou nous appartiendroient comme ils appartiennent aujourd'hui aux États-Unis, par la cession des Anglois et des Espagnols, nos premiers héritiers dans le Canada et dans la Louisiane.

Prenez votre point de départ entre le 43e et le 44e degré de latitude nord, sur l'Atlantique, au cap Sable de la Nouvelle-Écosse, autrefois l'Acadie ; de ce point, conduisez une ligne qui passe derrière les premiers États-Unis, le Maine, Vernon, New-York, la Pensylvanie, la Virginie, la Caroline et la Géorgie ;

que cette ligne vienne par le Tennessée chercher le Mississipi et la Nouvelle-Orléans, qu'elle remonte ensuite du 29ᵉ degré (latitude des bouches du Mississipi), qu'elle remonte par le territoire d'Arkansa à celui de l'Orégon ; qu'elle traverse les montagnes Rocheuses, et se termine à la pointe Saint-Georges, sur la côte de l'océan Pacifique, vers le 42ᵉ degré de latitude nord ; l'immense pays compris entre cette ligne, la mer Atlantique au nord-est, la mer Polaire au nord, l'océan Pacifique et les possessions russes au nord-ouest, le golfe Mexicain au midi, c'est-à-dire plus des deux tiers de l'Amérique septentrionale reconnoîtroient les lois de la France.

Que seroit-il arrivé si de telles colonies eussent été encore entre nos mains au moment de l'émancipation des États-Unis ? Cette émancipation auroit-elle eu lieu ? notre présence sur le sol américain l'auroit-elle hâtée ou retardée ? La Nouvelle-France elle-même seroit-elle devenue libre ? Pourquoi non ? Quel malheur y auroit-il pour la mère-patrie à voir fleurir un immense empire sorti de son sein, un empire qui répandroit la gloire de notre nom et de notre langue dans un autre hémisphère ?

Nous possédions au-delà des mers de vastes contrées qui pouvoient offrir un asile à l'excédant de notre population, un marché considérable à notre commerce, un aliment à notre marine ; aujourd'hui nous nous trouvons forcés d'ensevelir dans nos prisons des coupables condamnés par les tribunaux, faute d'un coin de terre pour y déposer ces malheureux. Nous sommes exclus du nouvel univers, où le genre humain recommence. Les langues angloise et espagnole servent en Afrique, en Asie, dans les îles de la mer du Sud, sur le continent des deux Amériques, à l'interprétation de la pensée de plusieurs millions d'hommes ; et nous, déshérités des conquêtes de notre courage et de notre génie, à peine entendons-nous parler dans quelques bourgades de la Louisiane et du Canada, sous une domination étrangère, la langue de Racine, de Colbert et de Louis XIV ; elle n'y reste que comme un témoin des revers de notre fortune et des fautes de notre politique.

Ainsi donc la France a disparu de l'Amérique septentrionale, comme ces tribus indiennes avec lesquelles elle sympathisoit, et dont j'ai aperçu quelques débris. Qu'est-il arrivé dans cette Amérique du nord depuis l'époque où j'y voyageois ? C'est maintenant ce qu'il faut dire. Pour consoler les lecteurs, je vais, dans la conclusion de cet ouvrage, arrêter leurs regards sur un tableau miraculeux : ils apprendront ce que peut la liberté pour le bonheur et la dignité de l'homme, lorsqu'elle ne se sépare point des idées religieuses, qu'elle est à la fois intelligente et sainte.

CONCLUSION.

ÉTATS-UNIS.

Si je revoyois aujourd'hui les États-Unis, je ne les reconnoîtrois plus : là où j'ai laissé des forêts, je trouverois des champs cultivés ; là où je me suis frayé un chemin à travers les halliers, je voyagerois sur de grandes routes. Le Mississipi, le Missouri, l'Ohio, ne coulent plus dans la solitude ; de gros vaisseaux à trois mâts les remontent, plus de deux cents bateaux à vapeur en vivifient les rivages. Aux Natchez, au lieu de la hutte de Céluta, s'élève une ville charmante d'environ cinq mille habitants. Chactas pourroit être aujourd'hui député au congrès et se rendre chez Atala par deux routes, dont l'une mène à Saint-Étienne, sur le Tumbec-bee, et l'autre aux Natchitochès : un livre de poste lui indiqueroit les relais au nombre de onze : Washington, Franklin, Homochitt, etc.

L'Alabama et le Tennessée sont divisés, le premier en trente-trois comtés, et il contient vingt et une villes ; le second en cinquante et un comtés, et il renferme quarante-huit villes. Quelques-unes de ces villes, telles que Cahawba, capitale de l'Alabama, conservent leur dénomination sauvage, mais elles sont environnées d'autres villes différemment désignées : il y a chez les Muscogulges, les Siminoles, les Chéroquois et les Chicassais, une cité d'Athènes, une autre de Marathon, une autre de Carthage, une autre de Memphis, une autre de Sparte, une autre de Florence, une autre d'Hampden, des comtés de Colombie et de Marengo : la gloire de tous les pays a placé un nom dans ces mêmes déserts où j'ai rencontré le père Aubry et l'obscure Atala.

Le Kentucky montre un Versailles; un comté appelé *Bourbon* a pour capitale Paris. Tous les exilés, tous les opprimés qui se sont retirés en Amérique, y ont porté la mémoire de leur patrie.

. . . . . Falsi Simoentis ad undam
Libabat cineri Andromache.

Les États-Unis offrent donc dans leur sein, sous la protection de la liberté, une image et un souvenir de la plupart des lieux célèbres de l'ancienne et de la moderne Europe, semblables à ce jardin de la campagne de Rome où Adrien avoit fait répéter les divers monuments de son empire.

Remarquons qu'il n'y a presque point de comtés qui ne renferment une ville, un village, ou un hameau de Washington, touchante unanimité de la reconnoissance d'un peuple.

L'Ohio arrose maintenant quatre États : le Kentucky, l'Ohio proprement dit, l'Indiana et l'Illinois. Trente députés et huit sénateurs sont envoyés au congrès par ces quatre États : la Virginie et le Tennessée touchent l'Ohio sur deux points; il compte sur ses bords cent quatre-vingt-onze comtés et deux cent huit villes. Un canal que l'on creuse au partage de ses rapides, et qui sera fini dans trois ans, rendra le fleuve navigable pour de gros vaisseaux, jusqu'à Pittsbourg.

Trente-trois grandes routes sortent de Washington, comme autrefois les voies romaines partoient de Rome, et aboutissent, en se partageant, à la circonférence des États-Unis. Ainsi on va de Washington à Dover, dans la Delaware; de Washington à la Providence, dans le Rhode-Island; de Washington à Robbinstown, dans le district du Maine; frontière des États britanniques au nord; de Washington à Concorde; de Washington à Montpellier, dans le Connecticut; de Washington à Albany, et de là à Montréal et à Québec; de Washington au Havre de Sackets, sur le lac Ontario; de Washington à la chute et au fort de Niagara; de Washington, par Pittsbourg, au détroit et à Michillinachinac, sur le lac Érié; de Washington, par Saint-Louis sur le Mississipi; à Councile-Bluffs du Missouri; de Washington à la Nouvelle-Orléans et à l'embouchure du Mississipi; de Washington aux Natchez; de Washington à Charlestown, à Savannah et à Saint-Augustin; le tout formant une circulation intérieure de routes de vingt-cinq mille sept cent quarante-sept milles.

On voit, par les points où se lient ces routes, qu'elles parcourent des lieux naguère sauvages, aujourd'hui cultivés et habités. Sur un grand nombre de ces routes, les postes sont montées : des voitures publiques vous conduisent d'un lieu à l'autre à des prix modérés. On prend la diligence pour l'Ohio ou pour la chute de Niagara, comme, de mon temps, on prenoit un guide ou un interprète indien. Des chemins de communication s'embranchent aux voies principales, et sont également pourvus de moyens de transport. Ces moyens sont presque toujours doubles; car des lacs et des rivières se trouvant partout, on peut voyager en bateaux à rames et à voiles, ou sur des bateaux à vapeur.

Des embarcations de cette dernière espèce font des passages réguliers de Boston et de New-York à la Nouvelle-Orléans; elles sont pareillement établies sur le lac du Canada, l'Ontario, l'Érié, le Michigan, le Champlain, sur ces lacs où l'on voyoit à peine, il y a trente ans, quelques pirogues de Sauvages, et où des vaisseaux de ligne se livrent maintenant des combats.

Les bateaux à vapeur aux États-Unis servent non-seulement au besoin du commerce et des voyageurs, mais on les emploie encore à la défense du pays : quelques-uns d'entre eux, d'une immense dimension, placés à l'embouchure des fleuves, armés de canons et d'eau bouillante, ressemblent à la fois à des citadelles modernes et à des forteresses du moyen-âge.

Aux vingt-cinq mille sept cent quarante sept milles de routes générales, il faut ajouter l'étendue de quatre cent dix-neuf routes cantonales, et celle de cinquante-huit mille cent trente-sept milles de routes d'eau. Les canaux augmentent le nombre de ces dernières routes : le canal de Middlesex joint le port de Boston avec la rivière Merrimack; le canal Champlain fait communiquer ce lac avec les mers canadiennes; le fameux canal Érié, ou de New-York, unit maintenant le lac Érié à l'Atlantique; les canaux Sautee, Chesapeake et Albemarne sont dus aux États de la Caroline et de la Virginie; et comme de larges rivières, coulant en diverses directions, se rapprochent par leurs sources, rien de plus facile que de les lier entre elles. Cinq chemins sont déjà connus pour aller à l'océan Pacifique; un seul de ces chemins passe à travers le territoire espagnol.

Une loi du congrès de la session de 1824 à 1825 ordonne l'établissement d'un poste militaire à l'Orégon. Les Américains, qui ont un établissement sur la Colombia, pénètrent ainsi jusqu'au grand Océan, entre les Amériques angloise, russe et espagnole, par une zone de terre d'à peu près six degrés de large.

Il y a cependant une borne naturelle à la colonisation. La frontière des bois s'arrête à l'ouest et au nord du Missouri, à des stepps immenses qui n'offrent pas un seul arbre, et qui semblent se refuser à la culture, bien que l'herbe y croisse abondamment. Cette Arabie verte sert de passage aux colons qui se rendent en caravanes aux montagnes Rocheuses et au Nouveau-Mexique; elle sépare les États-Unis de l'Atlantique des États-Unis de la mer du Sud, comme ces déserts qui, dans l'Ancien-Monde, disjoignent des régions fertiles. Un Américain a proposé d'ouvrir à ses frais un grand chemin ferré, depuis Saint-Louis sur le Mississipi jusqu'à l'embouchure de la Colombia, pour une concession de dix milles en profondeur qui lui seroit faite par le congrès, des deux côtés du chemin : ce gigantesque marché n'a pas été accepté.

Dans l'année 1789, il y avoit seulement soixante-quinze bureaux de poste aux États-Unis : il y en a maintenant plus de cinq mille.

De 1790 à 1795, ces bureaux furent portés de soixante-quinze à quatre cent cinquante-trois; en 1800, ils étoient au nombre de neuf cent trois; en 1805, ils s'élevoient à quinze cent cinquante-huit; en 1810, à deux mille trois cents; en 1815, à trois mille; en 1817, à trois mille quatre cent cinquante-neuf; en 1820, à quatre mille trente; en 1825, à près de cinq mille cinq cents.

Les lettres et dépêches sont transportées par des malles-poste, qui font environ cent cinquante milles par jour, et par des courriers à cheval et à pied.

Une grande ligne de malles-poste s'étend depuis Anson, dans l'État du Maine, par Washington, à Nashville, dans l'État de Tennessée; distance, quatorze cent quarante-huit milles. Une autre ligne joint Highgate, dans l'État de Vermont, à Sainte-Marie en Géorgie; distance, treize cent soixante-neuf milles. Des relais de malles-poste sont montés depuis Washington à Pittsbourg; distance, deux cent vingt-six milles : ils seront bientôt établis jusqu'à Saint-Louis du Mississipi, par Vincennes, et jusqu'à Nashville, par Lexington, Kentucky. Les auberges sont bonnes et propres, et quelquefois excellentes.

Des bureaux pour la vente des terres publiques sont ouverts dans les États de l'Ohio et d'Indiana, dans le territoire du Michigan, du Missouri et des Arkansas, dans les États de la Louisiane, du Mississipi et de l'Alabama. On croit qu'il reste plus de cent cinquante millions d'acres de terre propre à la culture, sans compter le sol des grandes forêts. On évalue ces cent cinquante millions d'acres à environ un milliard cinq cents millions de dollars, estimant les acres l'une dans l'autre à 10 dollars, et n'évaluant le dollar qu'à 3 fr.; calcul extrêmement foible sous tous les rapports.

On trouve dans les États du nord vingt-cinq postes militaires, et vingt-deux dans les États du midi.

En 1790, la population des États-Unis étoit de trois millions neuf cent vingt-neuf mille trois cent vingt-six habitants; en 1800, elle étoit de cinq millions trois cent cinq mille six cent soixante-six; en 1810, de sept millions deux cent trente-neuf mille neuf cent trois; en 1820, de neuf millions six cent neuf mille huit cent vingt-sept. Sur cette population, il faut compter un million cinq cent trente-un mille quatre cent trente-six esclaves.

En 1790, l'Ohio, l'Indiana, l'Illinois, l'Alabama, le Mississipi, le Missouri, n'avoient pas assez de colons pour qu'on les pût recenser. Le Kentucky seul, en 1800, en présentoit soixante-treize mille six cent soixante-dix-sept, et le Tennessée, trente-cinq mille six cent quatre-vingt-onze. L'Ohio, sans habitants en 1790, en comptoit quarante-cinq mille trois cent soixante-cinq en 1800; deux cent trente mille sept cent soixante en 1810, et cinq cent quatre-vingt-un mille quatre cent trente-quatre en 1820; l'Alabama, de 1810 à 1820, est monté de dix mille habitants à cent vingt-sept mille neuf cent un.

Ainsi, la population des États-Unis s'est accrue de dix ans en dix ans, depuis 1790 jusqu'à 1820, dans la proportion de trente-cinq individus sur cent. Six années sont déjà écoulées des dix années qui se compléteront en 1830, époque à laquelle on présume que la population des États-Unis sera à peu près de douze millions huit cent soixante-quinze mille âmes; la part de l'Ohio sera de huit cent cinquante mille habitants, et celle du Kentucky de sept cent cinquante mille.

Si la population continuoit à doubler tous les vingt-cinq ans, en 1855 les États-Unis auroient une population de vingt-cinq millions sept cent cinquante mille âmes; et vingt-cinq ans plus tard, c'est-à-dire en 1880, cette population s'élèveroit au-dessus de cinquante millions.

En 1821, le produit des exportations des productions indigènes et étrangères des États-Unis a monté à la somme de 64,974,382 dollars; le revenu public, dans la même année, s'est élevé à 14,264,000 dollars; l'excédant de la recette sur la dépense a été de 3,334,826 dollars. Dans la même année encore, la dette nationale étoit réduite à 89,204,236 dollars.

L'armée a été quelquefois portée à cent mille hommes : onze vaisseaux de ligne, neuf frégates, cinquante bâtiments de guerre de différentes grandeurs, composent la marine des États-Unis.

Il est inutile de parler des constitutions des divers États; il suffit de savoir qu'elles sont toutes libres.

Il n'y a point de religion dominante ; mais chaque citoyen est tenu de pratiquer un culte chrétien : la religion catholique fait des progrès considérables dans les États de l'ouest.

En supposant, ce que je crois la vérité, que les résumés statistiques publiés aux États-Unis soient exagérés par l'orgueil national, ce qui resteroit de prospérité dans l'ensemble des choses seroit encore digne de toute notre admiration.

Pour achever ce tableau surprenant, il faut se représenter les villes, comme Boston, New-York, Philadelphie, Baltimore, Savannah, la Nouvelle-Orléans, éclairées la nuit, remplies de chevaux et de voitures, offrant toutes les jouissances du luxe qu'introduisent dans leurs ports des milliers de vaisseaux; il faut se représenter ces lacs du Canada, naguère si solitaires, maintenant couverts de frégates, de corvettes, de cutters, de barques, de bateaux à vapeur, qui se croisent avec les pirogues et les canots des Indiens, comme les gros navires et les galères avec les pinques, les chaloupes et les caïques dans les eaux du Bosphore. Des temples et des maisons embellis de colonnes d'architecture grecque s'élèvent au milieu de ces bois, sur le bord de ces fleuves, antiques ornements du désert. Ajoutez à cela de vastes colléges, des observatoires élevés pour la science dans le séjour de l'ignorance sauvage, toutes les religions, toutes les opinions vivant en paix, travaillant de concert à rendre meilleure l'espèce humaine et à développer son intelligence : tels sont les prodiges de la liberté.

L'abbé Raynal avoit proposé un prix pour la solution de cette question : « Quelle sera l'influence « de la découverte du Nouveau-Monde sur l'Ancien- « Monde ? »

Les écrivains se perdirent dans des calculs relatifs à l'exportation et l'importation des métaux, à la dépopulation de l'Espagne, à l'accroissement du commerce, au perfectionnement de la marine : personne, que je sache, ne chercha l'influence de la découverte de l'Amérique sur l'Europe dans l'établissement des républiques américaines. On ne voyoit toujours que les anciennes monarchies à peu près telles qu'elles étoient, la société stationnaire, l'esprit humain n'avançant ni ne reculant; on n'avoit pas la moindre idée de la révolution qui dans l'espace de quarante années s'est opérée dans les esprits.

Le plus précieux des trésors que l'Amérique renfermoit dans son sein c'étoit la liberté; chaque peuple est appelé à puiser dans cette mine inépuisable. La découverte de la république représentative aux États-Unis est un des plus grands événements politiques du monde. Cet événement a prouvé, comme je l'ai dit ailleurs, qu'il y a deux espèces de liberté praticables : l'une appartient à l'enfance des peuples; elle est fille des mœurs et de la vertu : c'étoit celle des premiers Grecs et des premiers Romains, c'étoit celle des Sauvages de l'Amérique; l'autre naît de la vieillesse des peuples; elle est fille des lumières et de la raison : c'est cette liberté des États-Unis qui remplace la liberté de l'Indien. Terre heureuse, qui, dans l'espace de moins de trois siècles, a passé de l'une à l'autre liberté presque sans effort, et par une lutte qui n'a pas duré plus de huit années!

L'Amérique conservera-t-elle sa dernière espèce de liberté? Les États-Unis ne se diviseront-ils pas? N'aperçoit-on pas déjà les germes de ces divisions? Un représentant de la Virginie n'a-t-il pas déjà soutenu la thèse de l'ancienne liberté grecque et romaine avec le système d'esclavage, contre un député du Massachusetts qui défendoit la cause de la liberté moderne sans esclaves, telle que le christianisme l'a faite?

Les États de l'ouest, en s'étendant de plus en plus, trop éloignés des États de l'Atlantique, ne voudront-ils pas avoir un gouvernement à part?

Enfin les Américains sont-ils des hommes parfaits? n'ont-ils pas leurs vices comme les autres hommes? sont-ils moralement supérieurs aux Anglois, dont ils tirent leur origine? Cette émigration étrangère, qui coule sans cesse dans leur population de toutes les parties de l'Europe, ne détruira-t-elle pas à la longue l'homogénéité de leur race? L'esprit mercantile ne les dominera-t-il pas? L'intérêt ne commence-t-il pas à devenir chez eux le défaut national dominant?

Il faut encore le dire avec douleur: l'établissement des républiques du Mexique, de la Colombie, du Pérou, du Chili, de Buenos-Ayres, est un danger pour les États-Unis. Lorsque ceux-ci n'avoient auprès d'eux que les colonies d'un royaume transatlantique, aucune guerre n'étoit probable. Maintenant des rivalités ne naîtront-elles point entre les anciennes républiques de l'Amérique septentrionale et les nouvelles républiques de l'Amérique espagnole ? Celles-ci ne s'interdiront-elles pas des alliances avec des puissances européennes ? Si de part et d'autre on couroit aux armes ; si l'esprit militaire s'emparoit des États-Unis, un grand capitaine pourroit s'élever : la gloire aime les couronnes ; les soldats ne sont que de brillants fabricants de chaînes, et la liberté n'est pas sûre de conserver son patrimoine sous la tutelle de la victoire.

Quoi qu'il en soit de l'avenir, la liberté ne disparoîtra jamais tout entière de l'Amérique ; et c'est ici qu'il faut signaler un des grands avantages de la liberté fille des lumières, sur la liberté fille des mœurs.

La liberté fille des mœurs périt quand son principe s'altère, et il est de la nature des mœurs de se détériorer avec le temps.

La liberté fille des mœurs commence avant le despotisme aux jours d'obscurité et de pauvreté ; elle vient se perdre dans le despotisme et dans les siècles d'éclat et de luxe.

La liberté fille des lumières brille après les âges d'oppression et de corruption ; elle marche avec le principe qui la conserve et la renouvelle ; les lumières dont elle est l'effet, loin de s'affoiblir avec le temps, comme les mœurs qui enfantent la première liberté, les lumières, dis-je, se fortifient au contraire avec le temps : ainsi elles n'abandonnent point la liberté qu'elles ont produite; toujours auprès de cette liberté, elles en sont à la fois la vertu générative et la source intarissable.

Enfin les États-Unis ont une sauvegarde de plus : leur population n'occupe pas un dix-huitième de leur territoire. L'Amérique habite encore la solitude ; long-temps encore ses déserts seront ses mœurs, et ses lumières sa liberté.

Je voudrois pouvoir en dire autant des républiques espagnoles de l'Amérique. Elles jouissent de l'indépendance ; elles sont séparées de l'Europe : c'est un fait accompli, un fait immense sans doute dans ses résultats, mais d'où ne dérive pas immédiatement et nécessairement la liberté.

RÉPUBLIQUES ESPAGNOLES.

Lorsque l'Amérique angloise se souleva contre la Grande-Bretagne, sa position étoit bien différente de la position où se trouve l'Amérique espagnole. Les colonies qui ont formé les États-Unis avoient été peuplées à différentes époques par des Anglois mécontents de leur pays natal, et qui s'en éloignoient afin de jouir de la liberté civile et religieuse. Ceux qui s'établirent principalement dans la Nouvelle-Angleterre appartenoient à cette secte républicaine fameuse sous le second des Stuarts.

La haine de la monarchie se conserva dans le climat rigoureux du Massachusetts, du New-Hampshire et du Maine. Quand la révolution éclata à Boston, on peut dire que ce n'étoit pas une révolution nouvelle, mais la révolution de 1649 qui reparoissoit après un ajournement d'un peu plus d'un siècle, et qu'alloient exécuter les descendants des puritains de Cromwell. Si Cromwell lui-même, qui s'étoit embarqué pour la Nouvelle-Angleterre, et qu'un ordre de Charles Ier contraignit de débarquer; si Cromwell avoit passé en Amérique, il fût demeuré obscur, mais ses fils auroient joui de cette liberté républicaine qu'il chercha dans un crime, et qui ne lui donna qu'un trône.

Des soldats royalistes faits prisonniers sur le champ de bataille, vendus comme esclaves par la faction parlementaire, et que ne rappela point Charles II, laissèrent aussi dans l'Amérique septentrionale des enfants indifférents à la cause des rois.

Comme Anglois, les colons des États-Unis étoient déjà accoutumés à une discussion publique des intérêts du peuple, aux droits du citoyen, au langage et à la forme du gouvernement constitutionnel. Ils étoient instruits dans les arts, les lettres et les sciences; ils partageoient toutes les lumières de leur mère-patrie. Ils jouissoient de l'institution du jury; ils avoient de plus, dans chacun de leurs établissements, des chartes en vertu desquelles ils s'administroient et se gouvernoient. Ces chartes étoient fondées sur des principes si généreux, qu'elles servent encore aujourd'hui de constitutions particulières aux différents États-Unis. Il résulte de ces faits que les États-Unis ne changèrent, pour ainsi dire, pas d'existence au moment de leur révolution ; un congrès américain fut substitué à un parlement anglois ; un président à un roi ; la chaîne du feudataire fut remplacée par le lien du fédéraliste, et il se trouva par hasard un grand homme pour serrer ce lien.

Les héritiers de Pizarre et de Fernand Cortez ressemblent-ils aux enfants des *frères* de Penn et aux fils des *indépendants?* Ont-ils été, dans les vieilles Espagnes, élevés à l'école de la liberté? Ont-ils trouvé dans leur ancien pays les institutions, les enseignements, les exemples, les lumières qui forment un peuple au gouvernement constitutionnel? Avoient-ils des chartes dans ces colonies soumises à l'autorité militaire, où la misère en haillons étoit assise sur des mines d'or? L'Espagne n'a-t-elle pas porté dans le Nouveau-Monde sa religion, ses mœurs, ses coutumes, ses idées, ses principes, et jusqu'à ses préjugés? Une population catholique, soumise à un clergé nombreux, riche et puissant ; une population mêlée de deux millions neuf cent trente-sept mille blancs, de cinq millions cinq cent dix-huit mille nègres et mulâtres libres ou esclaves, de sept millions cinq cent trente mille Indiens ; une population divisée en classe noble et roturière, une population disséminée dans d'immenses forêts, dans une variété infinie de climats, sur deux Amériques et le long des côtes de deux océans ; une population presque sans rapports nationaux, et sans intérêts communs, est-elle aussi propre aux institutions démocratiques que la population homogène, sans distinction de rangs et aux trois quarts et demi protestante, des dix millions de citoyens des États-Unis? Aux États-Unis l'instruction est générale; dans les républiques espagnoles la presque totalité de la population ne sait pas même lire; le curé est le savant des villages; ces villages sont rares, et, pour aller de telle ville à telle autre, on ne met pas moins de trois ou quatre mois. Villes et villages ont été dévastés par la guerre; point de chemins, point de canaux; les fleuves immenses qui porteront un jour la civilisation dans les parties les plus secrètes de ces contrées n'arrosent encore que des déserts.

De ces Nègres, de ces Indiens, de ces Européens, est sortie une population mixte, engourdie dans cet esclavage fort doux que les mœurs espagnoles établissent partout où elles règnent. Dans la Colombie il existe une race née de l'Africain et de l'Indien, qui n'a d'autre instinct que de vivre et de servir. On a proclamé le principe de la liberté des esclaves, et tous les esclaves ont voulu rester chez leurs maîtres.

Dans quelques-unes de ces colonies, oubliées même de l'Espagne, et qu'opprimoient de petits despotes appelés gouverneurs, une grande corruption de mœurs s'étoit introduite; rien n'étoit plus commun que de rencontrer des ecclésiastiques entourés d'une famille dont ils ne cachoient pas l'origine. On a connu un habitant qui faisoit une spéculation de son commerce avec des négresses, et qui s'enrichissoit en vendant les enfants qu'il avoit de ces esclaves.

Les formes démocratiques étoient si ignorées, le nom même d'une république étoit si étranger dans ces pays, que, sans un volume de l'histoire de Rollin, on n'auroit pas su au Paraguay ce que c'étoit qu'un dictateur, des consuls et un sénat. A Guatimala, ce sont deux ou trois jeunes étrangers qui ont fait la constitution. Des nations chez lesquelles l'éducation politique est si peu avancée laissent toujours des craintes pour la liberté.

Les classes supérieures au Mexique sont instruites et distinguées; mais, comme le Mexique manque de ports, la population générale n'a pas été en contact avec les lumières de l'Europe.

La Colombie au contraire a, par l'excellente disposition de ses rivages, plus de communications avec l'étranger, et un homme remarquable s'est élevé dans son sein. Mais est-il certain qu'un soldat généreux puisse parvenir à imposer la liberté aussi facilement qu'il pourroit établir l'esclavage ? La force ne remplace point le temps : quand la première éducation politique manque à un peuple, cette éducation ne peut être que l'ouvrage des années. Ainsi la liberté s'élèveroit mal à l'abri de la dictature, et il seroit toujours à craindre qu'une dictature prolongée ne donnât à celui qui en seroit revêtu le goût de l'arbitraire perpétuel. On tourne ici dans un cercle vicieux. Une guerre civile existe dans la république de l'Amérique centrale.

La république Bolivienne et celle du Chili ont

été tourmentées de révolutions : placées sur l'océan Pacifique, elles semblent exclues de la partie du monde la plus civilisée [1].

Buenos-Ayres a les inconvénients de sa latitude : il est trop vrai que la température de telle ou telle région peut être un obstacle au jeu et à la marche du gouvernement populaire. Un pays où les forces physiques de l'homme sont abattues par l'ardeur du soleil, où il faut se cacher pendant le jour, et rester étendu presque sans mouvement sur une natte, un pays de cette nature ne favorise pas les délibérations du forum. Il ne faut sans doute exagérer en rien l'influence des climats; on a vu tour à tour, au même lieu, dans les zones tempérées, des peuples libres et des peuples esclaves; mais sous le cercle polaire et sous la ligne, il y a des exigences de climat incontestables, et qui doivent produire des effets permanents. Les Nègres, par cette nécessité seule, seront toujours puissants, s'ils ne deviennent pas maîtres dans l'Amérique méridionale.

Les États-Unis se soulevèrent d'eux-mêmes, par lassitude du joug et amour de l'indépendance; quand ils eurent brisé leurs entraves, ils trouvèrent en eux les lumières suffisantes pour se conduire. Une civilisation très avancée, une éducation politique de vieille date, une industrie développée, les portèrent à ce degré de prospérité où nous les voyons

[1] Au moment où j'écris, les papiers publics de toutes les opinions annoncent les troubles, les divisions, les banqueroutes de ces diverses républiques.

aujourd'hui, sans qu'ils fussent obligés de recourir à l'argent et à l'intelligence de l'étranger.

Dans les républiques espagnoles les faits sont d'une tout autre nature.

Quoique misérablement administrées par la mère-patrie, le premier mouvement de ces colonies fut plutôt l'effet d'une impulsion étrangère que l'instinct de la liberté. La guerre de la révolution françoise le produisit. Les Anglois, qui, depuis le règne de la reine Élisabeth, n'avoient cessé de tourner leurs regards vers les Amériques espagnoles, dirigèrent, en 1804, une expédition sur Buenos-Ayres; expédition que fit échouer la bravoure d'un seul François, le capitaine Liniers.

La question, pour les colonies espagnoles, étoit alors de savoir si elles suivroient la politique du cabinet espagnol, alors allié à Buonaparte, ou si, regardant cette alliance comme forcée et contre nature, elles se détacheroient du *gouvernement espagnol* pour se conserver *au roi d'Espagne*.

Dès l'année 1790, Miranda avoit commencé à négocier avec l'Angleterre l'affaire de l'émancipation. Cette négociation fut reprise en 1797, 1801, 1804 et 1807, époque à laquelle une grande expédition se préparoit à Corck pour la Terre-Ferme. Enfin Miranda fut jeté, en 1809, dans les colonies espagnoles; l'expédition ne fut pas heureuse pour lui; mais l'insurrection de Venezuela prit de la consistance, Bolivar l'étendit.

La question avoit changé pour les colonies et pour l'Angleterre; l'Espagne s'étoit soulevée contre

Buonaparte; le régime constitutionnel avoit commencé à Cadix, sous la direction des cortès; ces idées de la liberté étoient nécessairement reportées en Amérique par l'autorité des cortès mêmes.

L'Angleterre, de son côté, ne pouvoit plus attaquer ostensiblement les colonies espagnoles, puisque le roi d'Espagne, prisonnier en France, étoit devenu son allié : aussi publia-t-elle des bills afin de défendre aux sujets de S. M. B. de porter des secours aux Américains; mais en même temps six ou sept mille hommes, enrôlés malgré ces bills diplomatiques, alloient soutenir l'insurrection de la Colombie.

Revenue à l'ancien gouvernement, après la restauration de Ferdinand, l'Espagne fit de grandes fautes : le gouvernement constitutionnel, rétabli par l'insurrection des troupes de l'île de Léon, ne se montra pas plus habile; les cortès furent encore moins favorables à l'émancipation des colonies espagnoles que ne l'avoit été le gouvernement absolu. Bolivar, par son activité et ses victoires, acheva de briser des liens qu'on n'avoit pas cherché d'abord à rompre. Les Anglois, qui étoient partout, au Mexique, à la Colombie, au Pérou, au Chili avec lord Cochrane, finirent par reconnoître publiquement ce qui étoit en grande partie leur ouvrage secret.

On voit donc que les colonies espagnoles n'ont point été, comme les États-Unis, poussées à l'émancipation par un principe puissant de liberté; que ce principe n'a pas eu, à l'origine des troubles, cette vitalité, cette force qui annonce la ferme volonté des nations. Une impulsion venue du dehors, des intérêts politiques et des événements extrêmement compliqués, voilà ce qu'on aperçoit au premier coup d'œil. Les colonies se détachoient de l'Espagne, parce que l'Espagne étoit envahie; ensuite elles se donnoient des constitutions, comme les cortès en donnoient à la mère-patrie; enfin on ne leur proposoit rien de raisonnable, et elles ne voulurent pas reprendre le joug. Ce n'est pas tout : l'argent et les spéculations de l'étranger tendoient encore à leur enlever ce qui pouvoit rester de natif et de national à leur liberté.

De 1822 à 1826 dix emprunts ont été faits en Angleterre pour les colonies espagnoles, montant à la somme de 20,978,000 liv. sterl. Ces emprunts, l'un portant l'autre, ont été contractés à 75 c. Puis on a défalqué, sur ces emprunts, deux années d'intérêt à 6 pour 100; ensuite on a retenu pour 7,000,000 de liv. sterl. de fournitures. De compte fait, l'Angleterre a déboursé une somme réelle de 7,000,000 de liv. sterl., ou 175,000,000 de francs; mais les républiques espagnoles n'en restent pas moins grevées d'une dette de 20,978,000 liv. sterl.

A ces emprunts, déjà excessifs, vinrent se joindre cette multitude d'associations ou de compagnies destinées à exploiter les mines, pêcher des perles, creuser les canaux, ouvrir les chemins, défricher les terres de ce nouveau monde qui sembloit découvert pour la première fois. Ces compagnies s'élevèrent au nombre de vingt-neuf, et le capital nominal des sommes employées par elles fut de 14,767,500 liv, sterl. Les souscripteurs ne fournirent qu'environ un quart de cette somme, c'est donc 3,000,000 sterl. (ou 75,000,000 de francs) qu'il faut ajouter aux 7,000,000 sterl. (ou 175,000,000 de francs) des emprunts : en tout 250,000,000 de fr. avancés par l'Angleterre aux colonies espagnoles, et pour lesquelles elle répète une somme nominale de 35,745,500 liv. sterl., tant sur les gouvernements que sur les particuliers.

L'Angleterre a des vice-consuls dans les plus petites baies, des consuls dans les ports de quelque importance, des consuls généraux, des ministres plénipotentiaires à la Colombie et au Mexique. Tout le pays est couvert de maisons de commerce angloises, de commis-voyageurs anglois, agents de compagnies angloises pour l'exploitation des mines, de minéralogistes anglois, de militaires anglois, de fournisseurs anglois, de colons anglois à qui l'on a vendu 3 schellings l'acre de terre qui revenoit à 12 sous et demi à l'actionnaire. Le pavillon anglois flotte sur toutes les côtes de l'Atlantique et de la mer du Sud; des barques remontent et descendent toutes les rivières navigables, chargées des produits des manufactures angloises ou de l'échange de ces produits; des paquebots, fournis par l'amirauté, partent régulièrement chaque mois de la Grande-Bretagne pour les différents points des colonies espagnoles.

De nombreuses faillites ont été la suite de ces entreprises immodérées; le peuple, en plusieurs endroits, a brisé les machines pour l'exploitation des mines ; les mines vendues ne se sont point trouvées; des procès ont commencé entre les négociants américains-espagnols et les négociants anglois; et des discussions se sont élevées entre les gouvernements relativement aux emprunts.

Il résulte de ces faits que les anciennes colonies de l'Espagne, au moment de leur émancipation, sont devenues des espèces de colonies angloises. Les nouveaux maîtres ne sont point aimés, car on n'aime point les maîtres; en général l'orgueil britannique humilie ceux même qu'il protége; mais il n'en est pas moins vrai que cette espèce de suprématie étrangère comprime dans les républiques espagnoles l'élan du génie national.

L'indépendance des États-Unis ne se combina point avec tant d'intérêts divers : l'Angleterre n'avoit point éprouvé, comme l'Espagne, une invasion et une révolution politique tandis que ses colonies se détachoient d'elle. Les États-Unis furent secourus militairement par la France qui les traita en alliés; ils ne devinrent pas, par une foule d'emprunts, de spéculations et d'intrigues, les débiteurs et le marché de l'étranger.

Enfin l'indépendance des colonies espagnoles n'est pas encore reconnue par la mère-patrie. Cette résistance passive du cabinet de Madrid a beaucoup plus de force et d'inconvénient qu'on ne se l'imagine; le droit est une puissance qui balance longtemps le fait, alors même que les événements ne sont pas en faveur du droit : notre restauration l'a prouvé. Si l'Angleterre, sans faire la guerre aux États-Unis, s'étoit contentée de ne pas reconnoître leur indépendance, les États-Unis seroient-ils ce qu'ils sont aujourd'hui ?

Plus les républiques espagnoles ont rencontré et rencontreront encore d'obstacles dans la nouvelle carrière où elles s'avancent, plus elles auront de mérite à les surmonter. Elles renferment dans leurs vastes limites tous les éléments de prospérité : variété de climat et de sol, forêts pour la marine, ports pour les vaisseaux, double océan qui leur ouvre le commerce du monde. La nature a tout prodigué à ces républiques; tout est riche en dehors et en dedans de la terre qui les porte; les fleuves fécondent la surface de cette terre, et l'or en fertilise le sein. L'Amérique espagnole a donc devant elle un propice avenir; mais lui dire qu'elle peut y atteindre sans efforts, ce seroit la décevoir, l'endormir dans une sécurité trompeuse : les flatteurs des peuples sont aussi dangereux que les flatteurs des rois. Quand on se crée une utopie, on ne tient compte ni du passé, ni de l'histoire, ni des faits, ni des mœurs, ni du caractère, ni des préjugés, ni des passions : enchanté de ses propres rêves, on ne se prémunit point contre les événements, et l'on gâte les plus belles destinées.

J'ai exposé avec franchise les difficultés qui peuvent entraver la liberté des républiques espagnoles, je dois indiquer également les garanties de leur indépendance.

D'abord l'influence du climat, le défaut de chemins et de culture rendroient infructueux les efforts que l'on tenteroit pour conquérir ces républiques. On pourroit occuper un moment le littoral, mais il seroit impossible de s'avancer dans l'intérieur.

La Colombie n'a plus sur son territoire d'Espagnols proprement dits; on les appeloit *les Goths;* ils ont péri ou ils ont été expulsés. Au Mexique, on vient de prendre des mesures contre les natifs de l'ancienne mère-patrie.

Tout le clergé dans la Colombie est américain; beaucoup de prêtres, par une infraction coupable à la discipline de l'église, sont pères de famille comme les autres citoyens; ils ne portent même pas l'habit de leur ordre. Les mœurs souffrent sans doute de cet état de chose; mais il en résulte aussi que le clergé tout catholique qu'il est, craignant des relations plus intimes avec la cour de Rome, est favorable à l'émancipation. Les moines ont été dans les troubles plutôt des soldats que des religieux. Vingt années de révolution ont créé des droits, des propriétés, des places qu'on ne détruiroit pas facilement; et la génération nouvelle, née dans le cours de la révolution des colonies, est pleine d'ardeur pour l'indépendance. L'Espagne se vantoit jadis que le soleil ne se couchoit pas sur ses États : espérons que la liberté ne cessera plus d'éclairer les hommes.

Mais pouvoit-on établir cette liberté dans l'Amérique espagnole par un moyen plus facile et plus sûr que celui dont on s'est servi : moyen qui, appliqué en temps utile lorsque les événements n'avoient encore rien décidé, auroit fait disparoître une foule d'obstacles? je le pense.

Selon moi, les colonies espagnoles auroient beaucoup gagné à se former en monarchies constitutionnelles. La monarchie représentative est, à mon avis, un gouvernement fort supérieur au gouvernement républicain, parce qu'il détruit les prétentions individuelles au pouvoir exécutif, et qu'il réunit l'ordre et la liberté.

Il me semble encore que la monarchie représentative eût été mieux appropriée au génie espagnol, à l'état des personnes et des choses, dans un pays où la grande propriété territoriale domine, où le nombre des Européens est petit, celui des Nègres et des Indiens considérable, où l'esclavage est d'usage public, où la religion de l'État est la religion catholique, où l'instruction surtout manque totalement dans les classes populaires.

Les colonies espagnoles indépendantes de la mère-patrie, formées en grandes monarchies représentatives, auroient achevé leur éducation politique à l'abri des orages qui peuvent encore bouleverser les républiques naissantes. Un peuple qui sort tout à coup de l'esclavage, en se précipitant dans la liberté, peut tomber dans l'anarchie, et l'anarchie enfante presque toujours le despotisme.

Mais s'il existoit un système propre à prévenir ces divisions, on me dira sans doute : « Vous avez passé « au pouvoir : vous êtes-vous contenté de désirer la « paix, le bonheur, la liberté de l'Amérique espa- « gnole? Vous êtes-vous borné à de stériles vœux? »

Ici j'anticiperai sur mes *Mémoires*, et je ferai une confession.

Lorsque Ferdinand fut délivré à Cadix, et que Louis XVIII eut écrit au monarque espagnol pour l'engager à donner un gouvernement libre à ses peuples, ma mission me sembla finie. J'eus l'idée de remettre au roi le portefeuille des affaires étrangères, en suppliant sa majesté de le rendre au vertueux duc de Montmorency. Que de soucis je me serois épargnés? que de divisions j'aurois peut-être épargnées à l'opinion publique! l'amitié et le pouvoir n'auroient pas donné un triste exemple. Couronné de succès, je serois sorti de la manière la plus brillante du ministère, pour livrer au repos le reste de ma vie.

Ce sont les intérêts de ces colonies espagnoles, desquelles mon sujet m'a conduit à parler, qui ont produit le dernier bond de ma quinteuse fortune. Je puis dire que je me suis sacrifié à l'espoir d'assurer le repos et l'indépendance d'un grand peuple.

Quand je songeai à la retraite, des négociations importantes avoient été poussées très loin; j'en avois établi et j'en tenois les fils; je m'étois formé un plan que je croyois utile aux deux Mondes; je me flattois d'avoir posé une base où trouveroient place à la fois et les droits des nations, l'intérêt de ma patrie et celui des autres pays. Je ne puis expliquer les détails de ce plan, on sent assez pourquoi.

En diplomatie, un projet conçu n'est pas un projet exécuté : les gouvernements ont leur routine et leur allure; il faut de la patience : on n'emporte pas d'assaut des cabinets étrangers comme M. le Dauphin prenoit des villes; la politique ne marche pas aussi vite que la gloire à la tête de nos soldats. Résistant par malheur à ma première inspiration, je restai afin d'accomplir mon ouvrage. Je me figurai que l'ayant préparé je le connoîtrois mieux que mon successeur; je craignis aussi que le portefeuille ne fût pas rendu à M. de Montmorency, et qu'un autre ministre n'adoptât quelque système suranné pour les possessions espagnoles. Je me laissai séduire à l'idée d'attacher mon nom à la liberté de la seconde Amérique, sans compromettre cette liberté dans les colonies émancipées, et sans exposer le principe monarchique des États européens.

Assuré de la bienveillance des divers cabinets du continent, un seul excepté, je ne désespérois pas de vaincre la résistance que m'opposoit en Angleterre l'homme d'État qui vient de mourir; résistance qui tenoit moins à lui qu'à la mercantile fort mal entendue de sa nation. L'avenir connoîtra peut-être la correspondance particulière qui eut lieu sur ce grand sujet entre moi et mon illustre ami. Comme tout s'enchaîne dans les destinées d'un homme, il est possible que M. Canning, en s'associant à des projets d'ailleurs peu différents des siens, eût trouvé plus de repos, et qu'il eût évité les inquiétudes politiques qui ont fatigué ses derniers jours. Les talents se hâtent de disparoître; il s'arrange une toute petite Europe à la guise de la médiocrité;

pour arriver aux générations nouvelles, il faudra traverser un désert.

Quoi qu'il en soit, je pensois que l'administration dont j'étois membre me laisseroit achever un édifice qui ne pouvoit que lui faire honneur; j'avois la naïveté de croire que les affaires de mon ministère, en me portant au dehors, ne me jetoient sur le chemin de personne; comme l'astrologue, je regardois le ciel, et je tombai dans un puits. L'Angleterre applaudit à ma chute : il est vrai que nous avions garnison dans Cadix sous le drapeau blanc, et que l'émancipation monarchique des colonies espagnoles, par la généreuse influence du fils aîné des Bourbons, auroit élevé la France au plus haut degré de prospérité et de gloire.

Tel a été le dernier songe de mon âge mûr : je me croyois en Amérique, et je me reveillai en Europe. Il me reste à dire comment je revins autrefois de cette même Amérique, après avoir vu s'évanouir également le premier songe de ma jeunesse.

FIN DU VOYAGE.

E N errant de forêts en forêts, je m'étois rapproché des défrichements américains. Un soir j'avisai au bord d'un ruisseau une ferme bâtie de troncs d'arbres. Je demandai l'hospitalité; elle me fut accordée.

La nuit vint : l'habitation n'étoit éclairée que par la flamme du foyer : je m'assis dans un coin de la cheminée. Tandis que mon hôtesse préparoit le souper, je m'amusai à lire à la lueur du feu, en baissant la tête, un journal anglois tombé à terre. J'aperçus, écrits en grosses lettres, ces mots : FLIGHT OF THE KING, *fuite du roi.* C'étoit le récit de l'évasion de Louis XVI, et de l'arrestation de l'infortuné monarque à Varennes. Le journal racontoit aussi les progrès de l'émigration, et la réunion de presque tous les officiers de l'armée sous le drapeau des princes françois. Je crus entendre la voix de l'honneur, et j'abandonnai mes projets.

Revenu à Philadelphie, je m'y embarquai. Une tempête me poussa en dix-huit jours sur la côte de France, où je fis un demi-naufrage entre les îles de Guernesey et d'Origny. Je pris terre au Havre. Au mois de juillet 1792, j'émigrai avec mon frère. L'armée des princes étoit déjà en campagne, et, sans l'intercession de mon malheureux cousin, Armand de Chateaubriand, je n'aurois pas été reçu. J'avois beau dire que j'arrivois tout exprès de la cataracte de Niagara, on ne vouloit rien entendre, et je fus au moment de me battre pour obtenir l'honneur de porter un havresac. Mes camarades, les officiers du régiment de Navarre, formoient une compagnie au camp des princes, mais j'entrai dans une des compagnies bretonnes. On peut voir ce que je devins, dans la nouvelle préface de mon *Essai historique.*

Ainsi ce qui me sembla un devoir renversa les premiers desseins que j'avois conçus, et amena la première de ces péripéties qui ont marqué ma carrière. Les Bourbons n'avoient pas besoin sans doute qu'un cadet de Bretagne revînt d'outre-mer pour leur offrir son obscur dévouement, pas plus qu'ils n'ont eu besoin de ses services lorsqu'il est sorti de son obscurité : si, continuant mon voyage, j'eusse allumé la lampe de mon hôtesse avec le journal qui a changé ma vie, personne ne se fût aperçu de mon absence, car personne ne savoit que j'existois. Un simple démêlé entre moi et ma conscience me ramena sur le théâtre du monde : j'aurois pu faire ce que j'aurois voulu, puisque j'étois le seul témoin du débat; mais, de tous les témoins, c'est celui aux yeux duquel je craindrois le plus de rougir.

Pourquoi les solitudes de l'Érié et de l'Ontario se présentent-elles aujourd'hui avec plus de charme à ma pensée que le brillant spectacle du Bosphore ?

C'est qu'à l'époque de mon voyage aux États-Unis j'étois plein d'illusions : les troubles de la France commençoient en même temps que commençoit ma vie; rien n'étoit achevé en moi ni dans mon pays. Ces jours me sont doux à rappeler, parce qu'ils ne reproduisent dans ma mémoire que l'innocence des sentiments inspirés par la famille, et par les plaisirs de la jeunesse.

Quinze ou seize ans plus tard, après mon second voyage, la révolution s'étoit déjà écoulée : je ne me berçois plus de chimères; mes souvenirs, qui prenoient alors leur source dans la société, avoient perdu leur candeur. Trompé dans mes deux pèlerinages, je n'avois point découvert le passage du nord-ouest; je n'avois point enlevé la gloire du milieu des bois où j'étois allé la chercher, et je l'avois laissée assise sur les ruines d'Athènes.

Parti pour être voyageur en Amérique, revenu pour être soldat en Europe, je ne fournis jusqu'au bout ni l'une ni l'autre de ces carrières : un mauvais génie m'arracha le bâton et l'épée, et me mit la plume à la main. A Sparte, en contemplant le ciel pendant la nuit, je me souvenois des pays qui avoient déjà vu mon sommeil paisible ou troublé : j'avois salué, sur les chemins de l'Allemagne, dans les bruyères de l'Angleterre, dans les champs de l'Italie, au milieu des mers, dans les forêts canadiennes, les mêmes étoiles que je voyois briller sur la patrie d'Hélène et de Ménélas. Mais que me servoit de me plaindre aux astres, immobiles témoins de mes destinées vagabondes? Un jour leur regard ne se fatiguera plus à me poursuivre; il se fixera sur mon tombeau. Maintenant, indifférent moi-même à mon sort, je ne demanderai pas à ces astres malins de l'incliner par une plus douce influence, ni de me rendre ce que le voyageur laisse de sa vie dans les lieux où il passe.

TABLE.

VOYAGE EN AMÉRIQUE.

Avertissement de l'édition de 1827 .... Page	
Préface..	iij
Introduction....................................	1j
Voyage en Amérique...........................	11
Les Onondagas...............................	31
Journal sans date............................	55
Histoire naturelle...............................	99
Castors......................................	ibid.
Ours...	106
Cerf. — Orignal.............................	107
Bison..	108
Fouine. — Renards..........................	110
Loups. — Rat musqué. — Carcajou.........	111
Oiseaux.....................................	112
Poissons. — Serpents.......................	113
Arbres et Plantes...........................	115
Abeilles.....................................	116
Mœurs des Sauvages...........................	117
Mariages, Enfants, Funérailles.............	118
Moissons, Fêtes, Récolte du sucre d'érable, Pêches, Danses et Jeux.................................	134
Moissons....................................	ibid.
Fêtes..	135
Récolte du sucre d'érable...................	143
Pêches......................................	145
Danses......................................	148
Jeux...	149

ANNÉE. DIVISION ET RÉGLEMENT DU TEMPS. CALENDRIER
NATUREL .... Page 156
    Année. — Division du temps...................... *ibid*.
    Calendrier naturel 158
MÉDECINE.. 160
LANGUES INDIENNES.. 167
CHASSE 177
LA GUERRE.. 191
RELIGION... 221
GOUVERNEMENT.. 229
    Les Natchez................................... *ibid*.
    Les Muscogulges............................... 240
    Les Hurons et les Iroquois.................... 250
ÉTAT ACTUEL DES SAUVAGES DE L'AMÉRIQUE SEPTENTRIO-
NALE... 260
CONCLUSION... 279
    États-Unis.................................... *ibid*.
RÉPUBLIQUES ESPAGNOLES 291
FIN DU VOYAGE... 307

FIN DE LA TABLE.

www.ingramcontent.com/pod-product-compliance
Lightning Source LLC
Chambersburg PA
CBHW050549170426
43201CB00011B/1618